U0518082

国家社会科学基金重大项目
"习近平总书记关于发展全过程人民民主重要论述研究"
（21&ZD006） 的阶段性成果

全过程人民民主

新时代人民民主的新形态

张君 著

**Whole–Process
People's Democracy**
A New Form of
People's Democracy
in the New Era

中国社会科学出版社

图书在版编目（CIP）数据

全过程人民民主：新时代人民民主的新形态 / 张君著 . —北京：
中国社会科学出版社，2024.4（2024.11 重印）

ISBN 978 - 7 - 5227 - 3231 - 2

Ⅰ.①全…　Ⅱ.①张…　Ⅲ.①社会主义民主—研究—中国
Ⅳ.①D62

中国国家版本馆 CIP 数据核字（2024）第 049012 号

出 版 人	赵剑英
责任编辑	喻 苗
责任校对	胡新芳
责任印制	王 超

出　　版	中国社会科学出版社
社　　址	北京鼓楼西大街甲 158 号
邮　　编	100720
网　　址	http://www.csspw.cn
发 行 部	010 - 84083685
门 市 部	010 - 84029450
经　　销	新华书店及其他书店

印　　刷	北京明恒达印务有限公司
装　　订	廊坊市广阳区广增装订厂
版　　次	2024 年 4 月第 1 版
印　　次	2024 年 11 月第 2 次印刷

开　　本	710×1000　1/16
印　　张	17.5
插　　页	2
字　　数	278 千字
定　　价	89.00 元

凡购买中国社会科学出版社图书,如有质量问题请与本社营销中心联系调换
电话:010 - 84083683
版权所有　侵权必究

目　　录

第一章

中国民主的百年历程

英国政治理论与思想史家约翰·邓恩在《民主的历程》一书的序言中写道:"一个古老却没有失去活力的观念认为,人类政治社会应当由普通人(即成年公民),而不是由超人统治。虽然,这不是对我们生活的世界真实状况的合理描述,但它却成为衡量世界应当如何的主导观念。"① 这种观念在西方有着悠久的传统,但对中国来说却是个舶来品。不过,观念的引入替代不了实践的躬行。中国的民主显然不是西方哪一个国家恩赐施舍的,而是中国共产党团结带领中国人民历经百年风雨奋斗得来的。考虑到中国民主的百年历程与中国共产党的百年奋斗紧密相关,在回顾总结中国民主的百年历程时,这里将依据《中共中央关于党的百年奋斗重大成就和历史经验的决议》的阶段划分,将百年历程总体上划分为新民主主义革命时期、社会主义革命和建设时期、改革开放和社会主义现代化建设新时期以及中国特色社会主义新时代四个阶段。

第一节　新民主主义革命时期的民主探索

在新民主主义革命时期,中国共产党作为革命党正式登上历史舞台,在推动民主思想于全国范围内传播的同时,开始了在局部地区探索各种民主政权建设的实践。历史地看,新民主主义革命时期的民主探索,受

_____

① [英] 约翰·邓恩编:《民主的历程》,林猛等译,吉林人民出版社 2010 年版,"原序",第 1 页。

到了新文化运动的显著影响。因此，这里先从中国共产党成立前民主在中国的传播谈起。

一　"南陈北李"的民主观念

"Democracy"一词是在 19 世纪后半叶传入中国的，有着"民主""民主政治""民主主义""民政"等多种译法。① 随着新文化运动的发展，该词被人们广泛熟知和接受，中国共产党的一些主要创始人积极推动了民主思想在全国范围内的传播。作为新文化运动的代表人物和中国共产党的主要创始人，"南陈北李"即陈独秀和李大钊对民主的认识与理解就很具代表性。

1915 年 9 月 15 日，新文化运动的旗手陈独秀在《青年杂志》（1916 年 9 月改名《新青年》）上发表创刊词《敬告青年》，向青年倡导"自主的而非奴隶的""进步的而非保守的""进取的而非退隐的""世界的而非锁国的""实利的而非虚文的"以及"科学的而非想像的"六条要义，提出"国人而欲脱蒙昧时代，羞为浅化之民也，则急起直追，当以科学与人权并重"。② 1919 年 1 月 15 日，陈独秀针对《新青年》创刊三年多来受到的种种反对和攻击，做出了强有力的辩护，并且在科学与人权基础上提出了"德先生""赛先生"的口号。民主和科学由此成为新文化运动高举的两面旗帜。在这一辩护词中，他雄辩地写道：

> 本志同人本来无罪，只因为拥护那德英克拉西（Democracy）和赛因斯（Science）两位先生，才犯了这几条滔天的大罪。要拥护那德先生，便不得不反对孔教，礼法，贞节，旧伦理，旧政治。要拥护那赛先生，便不得不反对旧艺术，旧宗教。要拥护德先生又要拥护赛先生，便不得不反对国粹和旧文学。大家平心细想，本志除了拥护德赛两先生外，还有别项罪案没有呢？若是没有，请你们不用

---

① 朱志敏：《五四运动前后 Democracy 译语演变之考察》，《党史研究与教学》1999 年第 2 期。

② 陈独秀：《敬告青年》，《青年杂志》1915 年第 1 期。

专门非难本志，要有气力有胆量来反对德赛两先生，才算是好汉，才算是根本的办法。

......

西洋人因为拥护德赛两先生，闹了多少事，流了多少血；德赛两先生才渐渐从黑暗中把他们救出，引到光明世界。我们现在认定只有这两位先生，可以救治中国政治上道德上学术上思想上一切的黑暗。若因为拥护这两位先生，一切政府的迫压，社会的攻击笑骂，就是断头流血，都不推辞。①

新文化运动期间，李大钊同样是激进的民主主义者之一。1916 年 5 月 15 日，李大钊在《民彝》杂志创刊号上发表《民彝②与政治》一文，认为彰显民彝之政治即适宜之政治，也就是"惟民主义③为其精神、代议制度为其形质之政治"，"夫代议政治，虽起于阶级之争，而以经久之历验，遂葆有绝美之精神焉"。④ 受十月革命影响，李大钊开始在个人著述中将民主与马克思主义、共产主义运动联系起来进行思考。1918 年 7 月 15 日，他在公开发表的文章中将"Democracy"理解为与专制相对应、包罗广泛的平权主义，例如德国社会党在议院参与修正宪法、俄国革命而来的社会民主以及英国殖民地变成英联邦成员、英国工人和妇女政治社会地位的提升等均是民主之流行。⑤ 1921 年 12 月，李大钊又在题为"由平民政治到工人政治"的讲演中指出，从政治方面看，"Democracy"（直译为德谟克拉西）是一种近于"平民政治"的制度；从社会生活看，它

---

① 陈独秀：《本志罪案之答辩书》，《新青年》1919 年第 1 期。

② 民彝即民之秉彝，是指民众之间的正常伦理。李大钊在《民彝与政治》中写道："《诗》云：'天生烝民，有物有则。民之秉彝，好是懿德。'言天生众民，有形下之器，必有形上之道。道即理也，斯民之生，即本此理以为性，趋于至善而止焉。爰取斯义，锡名民彝，以颜本志。"由此可知，李大钊认为，民彝作为民所持守的常理，是天道之理、民之天性，其趋向是要达到至善的境界。

③ 1915 年 6 月，张东荪首先使用"惟民主义"作为"Democracy"的对应语，从政治精神的角度将其理解为"人民以自身之能力运用其政治"。李大钊使用惟民主义的方式与此相同，同样是从政治精神而非政治形式的角度理解民主。参见朱志敏《五四新文化运动初期的"惟民主义"》，《历史教学》1994 年第 10 期。

④ 李大钊：《民彝与政治》，《民彝》1916 年第 1 期。

⑤ 杨琥编：《李大钊卷》，中国人民大学出版社 2014 年版，第 225—227 页。

又是近代以来的趋势、当前世界的潮流，社会生活的各方面均体现着这种平民主义的精神。相比之下，伊尔革图克拉西（Ergatocracy，即工人政治）是为 1917 年俄国劳工政府成立后的新理想、新制度而创，指称无产阶级专政之后各尽所能、各取所需、阶级全然消灭的未来社会，它也是由德谟克拉西的精神蜕化而来。①

二 建党理念及大革命时期的工农运动

在陈独秀、李大钊等人的带动影响下，中国共产党在建立之初就积极回应了当时盛行的民主热潮，强调民主政治必须建立在最大多数人的真正民意之上，要求运用革命的手段完全打倒非民主的反对派官僚军阀。1925 年，毛泽东在《政治周报》发刊词中公开写道："为什么要革命？为了使中华民族得到解放，为了实现人民的统治，为了使人民得到经济的幸福。"②

1921 年 7 月，党的一大通过的《中国共产党纲领》就明确，"革命军队必须与无产阶级一起推翻资本家阶级的政权"，"承认无产阶级专政，直至阶级斗争结束为止，即直到消灭社会的阶级区分"，"消灭资本家私有制"。③ 1922 年 1 月，共产国际在莫斯科召开远东各国共产党及民族革命团体第一次代表大会，明确指出中国"当前的第一件事便是把中国从外国的羁轭下解放出来，把督军推倒"，创立一个民主主义的共和国，这就对中国共产党后来制定民主革命纲领产生了直接影响。正是在这一会议精神影响下，同年 6 月 15 日发表的《中国共产党对于时局的主张》强调，要解决纠纷的时局，"唯一道路只有打倒军阀建设民主政治"，"无产阶级在目前最切要的工作，还应该联络民主派共同对封建式的军阀革命，以达到军阀覆灭能够建设民主政治为止"。④ 这之后的 7 月，党的二大第一次提出了明确的反帝反封建的民主革命纲领，即打倒军阀，推翻国际

---

① 李大钊：《由平民政治到工人政治》，《民国日报·觉悟》1921 年第 20 期。

② 《毛泽东文集》第 1 卷，人民出版社 1993 年版，第 21 页。

③ 《建党以来重要文献选编（一九二一——一九四九）》第 1 册，中央文献出版社 2011 年版，第 1 页。

④ 《建党以来重要文献选编（一九二一——一九四九）》第 1 册，中央文献出版社 2011 年版，第 88—98 页。

帝国主义的压迫,统一中国为真正的民主共和国。① 同时,二大制定的《关于共产党的组织章程决议案》提出,"我们既然是为无产群众奋斗的政党,我们便要'到群众中去'要组成一个大的'群众党'","党的一切运动都必须深入到广大的群众里面去","必须是不离开群众的"。② 这对建党初期工农运动的广泛开展、政权组织形式的初步探索无疑具有重要的指导意义。

大革命时期,在工人运动方面,党领导建立了罢工工人代表大会、市民代表会议等多种代议机关形式。1925 年 6 月,为声援上海人民开展的五卅运动,广州和香港爆发了规模宏大的省港大罢工。这次罢工是中国历史上罢工规模最大、持续时间最长的一次。罢工期间,党发动香港、广州沙面罢工工人选出代表,在广州召开罢工工人代表大会,以此加强对罢工斗争的领导。由罢工工人代表大会选举产生了 13 人组成的省港罢工委员会,负责处理与罢工有关的一切事宜。罢工委员会下设财政、纠察、法制、审计等办事机构,负责制定法规、决定罢工重大事项、分配食品、建立法庭维持秩序等,履行了革命政权的一些重要职能。1927 年 3 月 21 日,为配合北伐军攻占上海,在中国共产党领导下,上海工人举行第三次武装起义,成为大革命时期工人运动发展的最高峰。3 月 22 日,在周恩来领导下,上海工商学各界举行市民代表会议,宣布上海特别市临时政府成立,制定了《市政府组织条例(草案)》,规定全市最高权力机关为上海特别市市民代表会议。这是中国共产党领导人民在大城市创建政权组织形式的最初尝试。

在农民运动方面,党领导建立了多层级的农民协会,成为农村地区实行革命专政的权力机关。早在中共一大结束不久,党领导的农民运动就在浙江萧山、广东海陆丰等地区逐步兴起。1921 年 9 月 27 日,浙江萧山县衙前村农民召开农民大会,通过了《衙前农民协会宣言》和《衙前农民协会章程》,正式成立了中国第一个农民协会。1925 年 5 月,广东省

---

① 《建党以来重要文献选编(一九二一——一九四九)》第 1 册,中央文献出版社 2011 年版,第 133 页。

② 《建党以来重要文献选编(一九二一——一九四九)》第 1 册,中央文献出版社 2011 年版,第 162—163 页。

举行第一次农民代表大会,成立了广东省农民协会。大革命时期,党还在湖南、湖北、江西等地组建农民协会,发动农民开展反帝反封建的斗争,农民协会成为农村中实行革命专政的权力机关。

三 土地革命时期的工农民主政权

大革命失败后,党经过一番艰苦探索,开始走上在农村建立根据地、以农村包围城市、武装夺取政权的道路。1927年10月,毛泽东率领湘赣边秋收起义的工农革命军到达井冈山地区,着手创建第一个农村革命根据地。此后两年多时间里,党带领人民在全国范围内陆续建立了大小十几块农村革命根据地。这样,根据地的政权建设问题在当时就成为一项亟待研究的时代课题。1928年7月9日,党的六大制定的《政治议决案》提出,"力争建立工农兵代表会议(苏维埃)的政权,这是引进广大的劳动群众参加管理国事的最好的方式,也就是实行工农民权独裁制的最好的方式"①。

土地革命时期,中央苏区在党创建的革命根据地中最具代表性,并且民主政权建设成效也最为显著。1931年11月和1934年1月,中央苏区先后召开了中华苏维埃第一次和第二次全国代表大会。前者通过了《中华苏维埃共和国宪法大纲》,宣告成立中华苏维埃临时中央政府;后者对《中华苏维埃共和国宪法大纲》做了修改。《中华苏维埃共和国宪法大纲》是革命根据地历史上第一部宪法性文件,明确了中华苏维埃共和国实行工农兵代表大会制度,公开宣布"中国苏维埃政权所建设的是工人和农民的民主专政的国家。苏维埃全政权是属于工人、农民、红军兵士及一切劳苦民众的。在苏维埃政权下,所有工人、农民、红军兵士及一切劳苦民众都有权选派代表掌握政权的管理"②。这其中,工农兵代表大会分为乡(市)、区、县、省和全国共5级,全国工农兵代表大会是最高权力机关。各级苏维埃代表均由选举产生,年满16岁的苏维埃共和国

---

① 《建党以来重要文献选编(一九二一——一九四九)》第5册,中央文献出版社2011年版,第378页。

② 《建党以来重要文献选编(一九二一——一九四九)》第8册,中央文献出版社2011年版,第649—650页。

公民均享有选举权和被选举权。得益于较为稳定的社会环境，1931 年 11 月至 1934 年 1 月，中央苏区共进行了 3 次民主选举，并且颁布了《苏维埃地方政府的暂行组织条例》《苏维埃暂行选举法》等一系列有关民主选举的纲领和文件。许多地方的选民参选率达到 80% 以上，兴国全县、上杭才溪区等一些地方甚至达到了 90% 以上。中华苏维埃共和国工农民主政权的实践，从根本上保证了革命根据地人民当家作主，在党领导人民追求民主的奋斗中具有重要地位和意义。

四　抗日战争时期的参议会实践

20 世纪 30 年代，随着日本侵华的不断加剧，中日之间的民族矛盾逐渐上升为中国社会的主要矛盾。为挽救民族危亡，适应建立和巩固抗日民族统一战线的需要，中国共产党将边区的工农民主专政性质的政权调整为抗日民族统一战线性质的政权。1937 年 10 月，毛泽东在《目前抗战形势与党的任务报告提纲》中指出，特区政府要"保持党的领导""保持特区为抗日的先进地区、全国民主化的推动机和新中国的雏形"①。在中国共产党领导下，各抗日根据地陆续建立了抗日民主政权。这类政权的权力机关是各级参议会，一般有边区（省）、县、乡三级参议会。1940 年 3 月，中共中央专门就抗日根据地的政权问题对党内做出指示，明确抗日民主政权的性质是民族统一战线的，"是一切赞成抗日又赞成民主的人们的政权，是几个革命阶级联合起来对于汉奸和反动派的民主专政"，"根据抗日民族统一战线政权的原则，在人员分配上，应规定为共产党员占三分之一，非党的左派进步分子占三分之一，不左不右的中间派占三分之一"。②

陕甘宁边区在抗日战争时期是中共中央所在地，是抗日根据地民主政治建设的模范，与国民党召集的参议会有着本质的不同。1941 年 11 月修正通过的《陕甘宁边区各级参议会选举条例》《陕甘宁边区各级参议会组织条例》规定，边区的各级参议会一方面是起实质作用的民意机关或

---

① 《毛泽东文集》第 2 卷，人民出版社 1993 年版，第 54 页。
② 《建党以来重要文献选编（一九二一——一九四九）》第 17 册，中央文献出版社 2011 年版，第 169—170 页。

人民代表机关，除少量聘请外，采取普遍、直接、平等、无记名的投票选举产生参议会议员，在具体运作中参议会实行民主集中制，按照少数服从多数的原则决定重大问题；另一方面，各级参议会是边区的政权机关，拥有选举、罢免、创制、复决、督促、检查、弹劾等权力，边区和县一级的政府与法院均由同级参议会选举产生，乡一级实行立法行政合一制，由参议会代行乡政府各项职权。①

在民主选举方面，陕甘宁边区积累了丰富的实践经验。1937年底，边区组织开展了乡、县、边区三级的民主选举，经普选产生了500多人组成的边区议会。由于战局紧张，原定于1938年1月召开的边区议会会议延期召开。在1938年国民政府公布《省参议会组织条例》后，为保持名称统一，边区议会改为参议会，议员改称参议员。1939年1月至2月，边区第一届参议会第一次会议在延安召开，选举产生了边区参议会议长、副议长，以及政府主席、副主席。1941年1月30日，《中共陕甘宁边区中央局关于彻底实行"三三制"的选举运动给各级党委的指示》指出，"边区自乡村起可以彻底地实行'三三制'"，"不仅要实行于议会，还要实行于政府机关中"，并且还必须有"合乎'三三制'的各种社会政策与立法"。② 这之后不久，陕甘宁边区就组织了第二次民主选举，在参议会和政府中贯彻了"三三制"原则，即共产党员、党外进步分子和中间派（包括中等资产阶级和开明绅士）各占三分之一。据统计，当时参加选举的选民一般都达到了选民总数的75%—80%，绥德、清涧、延川等县甚至达到90%以上。

1941年11月，陕甘宁边区第二届参议会第一次会议召开，接受并通过了中共陕甘宁边区中央局公布的《陕甘宁边区施政纲领》。这一施政纲领是指导陕甘宁边区建设新民主主义社会的重要宪法性文件，在各抗日民主政权制定的各类宪法性文件中最具代表性。它全面体现了中国共产党团结抗日的基本路线和边区新民主主义社会的基本方针，在边区

---

① 韩延龙、常兆儒编：《革命根据地法制文献选编》上卷，中国社会科学出版社2013年版，第142—145、396—400页。

② 《建党以来重要文献选编（一九二一——一九四九）》第18册，中央文献出版社2011年版，第59—63页。

民意机关和行政机关中宣布实行"三三制"原则，共产党员只占三分之一，并与占三分之二的党外人士实行民主合作；明确保证包括地主、资本家、农民、工人等在内一切抗日人民的民主自由权利，包括人权、政权、财权，以及言论、出版、集会结社、信仰、居住、迁徙的自由权。①

在总结抗日民主政权建设经验基础上，以毛泽东同志为主要代表的中国共产党人将马克思主义基本原理与中国的具体实际相结合，提出了建立人民代表大会制度的理论构想，推动了自身的政权建设理论逐渐走向成熟。1940 年 1 月，毛泽东在《新民主主义论》中首次提出了"人民代表大会"的崭新概念，这一概念与解放战争时期使用的"人民代表会议"含义是一致的。②

> 没有适当形式的政权机关，就不能代表国家。中国现在可以采取全国人民代表大会、省人民代表大会、县人民代表大会、区人民代表大会直到乡人民代表大会的系统，并由各级代表大会选举政府。但必须实行无男女、信仰、财产、教育等差别的真正普遍平等的选举制，才能适合于各革命阶级在国家中的地位，适合于表现民意和指挥革命斗争，适合于新民主主义的精神。这种制度即是民主集中制。……

> 国体——各革命阶级联合专政。政体——民主集中制。这就是新民主主义的政治，这就是新民主主义的共和国，这就是抗日统一战线的共和国，这就是三大政策的新三民主义的共和国，这就是名副其实的中华民国。我们现在虽有中华民国之名，尚无中华民国之实，循名责实，这就是我们今天的工作。③

1945 年 4 月 24 日，在抗日战争胜利前夕，毛泽东向中共七大提交了

---

① 《建党以来重要文献选编（一九二一——一九四九）》第 18 册，中央文献出版社 2011 年版，第 241—244 页。

② 万其刚：《历史的选择——我国人民代表大会制度发展历史考察》，《法学杂志》2004 年第 6 期。

③ 《毛泽东选集》第 2 卷，人民出版社 1991 年版，第 677 页。

《论联合政府》的书面政治报告。他在报告中进一步指出，"新民主主义的政权组织，应该采取民主集中制，由各级人民代表大会决定大政方针，选举政府。它是民主的，又是集中的，就是说，在民主基础上的集中，在集中指导下的民主。只有这个制度，才既能表现广泛的民主，使各级人民代表大会有高度的权力，又能集中处理国事，使各级政府能集中地处理被各级人民代表大会所委托的一切事务，并保障人民的一切必要的民主活动"①。

五 解放战争时期的人民代表会议

抗日战争胜利后，抗日民主政权的历史使命随之终结。随着社会主要矛盾的变化和土地革命的深入，各解放区的政权组织形式开始由参议会向人民代表会议过渡。1945 年 10 月，陕甘宁边区首先将乡参议会改为乡人民代表会议，作为人民管理政权的机关。1946 年 4 月 23 日，陕甘宁边区第三届参议会第一次会议讨论并修正通过了《陕甘宁边区宪法原则》。该法规推动了解放区政权组织形式由参议会向人民代表会议的转变，是后续准备制定的陕甘宁边区自治宪法的指导大纲，并且是边区自治宪法颁布前必须奉行的一部基本法规。根据《陕甘宁边区宪法原则》的有关规定，边区、县、乡人民代表会议（参议会）为人民管理政权机关；人民普遍直接平等无记名选举各级代表，各级代表会选举政府人员；各级政府对各级代表会负责，各级代表对选举人负责；边区各少数民族，在居住集中地区，得划成民族区，组织民族自治政权，在不与省宪抵触原则下，得订立自治法规。② 1947 年 11 月 12 日，《中共中央转发中央工委关于政权形式问题给冀东区党委的指示》规定，在实行土地改革中，解放区各级政权形式应采取从下至上的代表会议制度，名称可称为农民代表会或人民代表会；各级代表会为各级政府最高权力机关，一切权力应集中于代表会，由各级代表会委派各级政府委员会及其他办事机关；各级代表会代表，县以下由区、村人民直接选举，县以上由区、县代表

---

① 《毛泽东选集》第 3 卷，人民出版社 1991 年版，第 1057 页。
② 陕西省档案馆、陕西省社会科学院合编：《陕甘宁边区政府文件选编》第十辑，档案出版社 1991 年版，第 42—44 页。

会间接选举。① 由此，人民代表会议制度在各解放区陆续建立起来，推动了解放区民主建设的发展。

当时，在条件较好的解放区，已经尝试由选民直接选举产生区、村人民代表会议。不过，后来随着新解放区面积的快速增大，尤其是在新解放的大中城市，由于情况比较复杂，人民代表会议很难立即召开，实践中一般是先建立军事管制委员会作为临时性的政权机构。然后，按照中共中央的指示精神，在军事管制委员会领导下，邀请若干人组成各界代表会，听取人民群众的意见，就此进一步发展成新中国成立前后的各界人民代表会议。各界人民代表会议是通过协商、聘请、指定、选举等各种方式产生的，是人民代表大会制度的一种过渡形式。它最初是地方人民政府传达政策、报告工作、征求人民群众意见的协议机构，条件成熟后则可执行人民代表大会的职权，选举产生同级人民政府。

随着解放战争不断取得胜利，探索积累人民民主政权建设经验的必要性快速上升。在晋察冀和晋冀鲁豫两大解放区连成一片后，中共中央于1948年5月决定将两解放区合并为华北解放区，要求其在巩固根据地、支援全国解放战争的同时，摸索、积累政权建设和经济建设的经验，为建立新中国的中央政权做准备。1948年8月7日，542名代表实际参加了在石家庄召开的华北临时人民代表大会，审议通过了《华北人民政府施政方针》。这些代表不是采取普选方式产生的，而是由各地、各团体通过推选产生或者是政府邀请的。《华北人民政府施政方针》是解放战争后期人民民主政权具有宪法性质的代表性施政纲领，规定了人民政府的基本任务及有关各项政策。这其中，在政治方面，要建立各级人民代表会议、由它选举各级人民政府，各级人民代表大会及人民政府必须吸收各民主阶层并使其有职有权；保障人民的合法的民主自由权利，包括人民的政治权利和言论、出版、集会、结社、信仰、迁徙、旅行等自由以及身体自由和安全等。② 正如董必武在华北临时人民代表大会开幕式上所指出的，

---

① 《建党以来重要文献选编（一九二一——一九四九）》第24册，中央文献出版社2011年版，第474—475页。

② 韩延龙、常兆儒编：《革命根据地法制文献选编》上卷，中国社会科学出版社2013年版，第55—57页。

"它是一个临时性的，也是华北一个地区的，但是，它将成为全国人民代表大会的前奏和雏形"①。华北临时人民代表大会和其选举产生的华北人民政府，为后来新中国的成立奠定了基础，积累了民主政权建设的经验。

回顾整个新民主主义革命时期，中国共产党带领中国人民推翻了帝国主义、封建主义、官僚资本主义三座大山，建立了人民当家作主的新中国，为全国范围内发展人民民主打下了根本性的前提基础。这期间，中国共产党和中国人民对建立新型人民民主政权及其组织形式进行了长期的艰辛探索和不懈实践，积累了组建罢工工人代表大会和农民协会、工农兵代表会议、参议会以及人民代表会议等政权组织形式的宝贵经验，这就为后来中国确立人民民主制度、开展全国性的民主建设做好了充分准备。

第二节　社会主义革命和建设时期的民主建构

在社会主义革命和建设时期，中国共产党成为全国范围的执政党，中国人民开启了当家作主的新纪元，人民民主的基本框架和主要制度逐渐建立起来。

一　协商建国实践与中国共产党领导的多党合作和政治协商制度的建立

新中国成立前夕，由于解放战争并未完全结束，占全国人口一半多的新解放区还没有开展土地改革，全国范围内实行普选的条件尚不具备，人民代表大会短时间内没法立即召开，协商建国和实行过渡性的民主政治体制成为当时的必要选择。早在 1948 年 4 月 30 日，中共中央发布《纪念"五一"国际劳动节口号》，公开号召"各民主党派、各人民团体、各社会贤达迅速召开政治协商会议，讨论并实现召集人民代表大会，成立民主联合政府"②。这一号召发布后，全国人民、各民主党派、无党派民

---

① 《董必武选集》，人民出版社 1985 年版，第 199 页。
② 《建党以来重要文献选编（一九二一———一九四九）》第 25 册，中央文献出版社 2011 年版，第 283—284 页。

主人士、各人民团体、少数民族、海外华侨纷纷响应。从同年 8 月开始，各民主党派和各民主阶层人士克服重重困难，应邀从全国各地及海外赶赴解放区，与中国共产党一道共同筹备召开新政治协商会议（后改为中国人民政治协商会议）。1949 年 9 月 7 日，在中国人民政治协商会议第一届全体会议召开前，周恩来专门向政协代表做出明确说明："在全国各地方未能实行普选以前，中国人民政治协商会议和它的地方委员会分别执行全国和地方的人民代表大会的职权。我们现在即将举行的中国人民政治协商会议第一届全体会议，便是执行全国人民代表大会的职权来通过中国人民政治协商会议的组织法、共同纲领和中华人民共和国中央人民政府组织法，并选举中央人民政府委员会。……等到将来根据全国革命形势的发展和土地改革的情况及人民进步的程度，才可能把普选由个别地方逐渐推广到全国，召开全国人民代表大会。"①

1949 年 9 月 21—30 日，中国人民政治协商会议第一届全体会议在北京召开，在正式建立中国共产党领导的多党合作和政治协商制度的同时，完成了协商建国的历史使命。会议通过的《中国人民政治协商会议共同纲领》（以下简称《共同纲领》）是新中国的建国纲领，具有临时宪法性质，确定了中华人民共和国的国体和政体，对其他政治制度也做出了重要安排。国体是指社会各阶级在国家中的地位，这一纲领在总纲中明确规定："中华人民共和国为新民主主义即人民民主主义的国家，实行工人阶级领导的、以工农联盟为基础的、团结各民主阶级和国内各民族的人民民主专政。"② 政体即政权组织形式，根据《共同纲领》的有关规定，中华人民共和国的国家政权属于人民。人民行使国家政权的机关为各级人民代表大会和各级人民政府。各级政权机关一律实行民主集中制。其中，各级人民代表大会由人民用普选方法产生，并由它选举产生各级人民政府。各级人民代表大会闭会期间，各级人民政府为行使各级政权的机关。《共同纲领》还明确了中国人民政治协商会议为人民民主统一战线

---

① 《建党以来重要文献选编（一九二一——一九四九）》第 26 册，中央文献出版社 2011 年版，第 700 页。

② 《建党以来重要文献选编（一九二一——一九四九）》第 26 册，中央文献出版社 2011 年版，第 759 页。

的组织形式，在普选的全国人民代表大会召开前执行全国人民代表大会的职权，这在之后也会继续保留。在民族政策部分，《共同纲领》规定，中华人民共和国境内各民族一律平等，各少数民族聚居的地区实行民族的区域自治，按照民族聚居的人口多少和区域大小，分别建立各种民族自治机关。

二　新中国第一次普选和人民代表大会制度的确立

1950 年 6 月，中央人民政府委员会颁布了《中华人民共和国土地改革法》，大规模的土地改革运动在全国展开。到 1952 年底，全国大陆除部分少数民族地区外，新解放区土地改革基本完成。这一运动彻底废除了两千多年的封建剥削制度，消灭了地主阶级，让 3 亿多无地少地的农民分到了土地，由此进一步巩固了人民民主专政的国家政权。1952 年 10 月，刘少奇率团参加苏共十九大期间，斯大林两次与他谈话，明确建议中国应该尽快制定宪法。中共中央认真考虑并接受了这一建议，决定提前召开全国人大并制定宪法。[①] 1953 年 1 月 13 日，中央人民政府委员会第 20 次会议通过《关于召开全国人民代表大会及地方各级人民代表大会的决议》，认为"必须依照共同纲领的规定，及时地召开由人民用普选方法产生的全国人民代表大会，代替现在由中国人民政治协商会议的全体会议执行全国人民代表大会职权的形式，用普选的地方各级人民代表大会，代替现在由地方各界人民代表会议代行人民代表大会职权的形式"，"决议于一九五三年召开由人民用普选方法产生的乡、县、省（市）各级人民代表大会，并在此基础上接着召开全国人民代表大会"。[②] 同时，成立以毛泽东为主席的中华人民共和国宪法起草委员会和以周恩来为主席的中华人民共和国选举法起草委员会，即行筹备起草宪法和选举法的工作。

1953 年 2 月 11 日，中央人民政府委员会第 22 次会议审议通过《中华人民共和国全国人民代表大会及地方各级人民代表大会选举法》（以下

---

① 孙泽学、贺怀锴：《斯大林、苏联与新中国"五四宪法"的制定》，《中共党史研究》2019 年第 8 期。

② 《建国以来重要文献选编》第 4 册，中央文献出版社 1993 年版，第 16—17 页。

简称《选举法》），同年 3 月 1 日公布施行。正如邓小平在《关于〈中华人民共和国全国人民代表大会及地方各级人民代表大会选举法〉草案的说明》中指出的，"选举法的颁布正标志着我国人民民主政治发展的新阶段"①。根据《选举法》的规定，全国人民代表大会的代表以及省、县和设区的市人民代表大会之代表由下一级人民代表大会选举产生，乡、镇、市辖区和不设区的市人民代表大会的代表，由选民直接选举产生；年满 18 周岁的中华人民共和国公民，不分民族和种族、性别、职业、社会出身、宗教信仰、教育程度、财产状况和居住期限，均有选举权和被选举权；每个选民只有一个投票权。② 作为中国第一部比较完备的社会主义类型的选举法，《选举法》为新中国开展第一次普选提供了有力的制度保障。4 月 3 日，根据《选举法》成立的中央选举委员会发出《关于基层选举工作的指示》和《关于选民资格若干问题的解答》两份文件，新中国第一次普选人民代表正式拉开。

从 1953 年 7 月到 1954 年 5 月，中国各地组织了规模空前的基层人民代表大会代表选举。当时，除少数暂不进行基层选举的地区外，全国进行基层选举的单位共有 214798 个，开展基层选举地区的人口达到 5.7 亿多人，登记选民总数占 18 周岁以上人口总数的 97.18%，参加投票的选民共 2.78 亿人，占登记选民总数的 85.88%，共选出 5669144 名基层人大代表。1954 年 6 月至 7 月，全国 150 个省辖市、2064 个县以及县一级单位和中央直辖市的 170 个区分别召开人民代表大会，选出了省、直辖市和自治区人民代表大会代表 1.668 万人。同年 7 月底至 8 月中旬，各省、直辖市和自治区人民代表大会共选出全国人民代表大会代表 1136 人。此外，军人代表大会、侨务扩大会议分别选出全国人民代表大会代表 60 人和 30 人。这样一来，除台湾因尚待解放而名额暂缺外，第一届全国人民代表大会代表共 1226 人。③ 第一次全国范围的普选和地方各级人民代表大会的召开，是一次规模巨大、影响深远的民主实践。它在显著推动人

---

① 邓小平：《关于〈中华人民共和国全国人民代表大会及地方各级人民代表大会选举法〉草案的说明》，《人民日报》1953 年 3 月 3 日。

② 《建国以来重要文献选编》第 4 册，中央文献出版社 1993 年版，第 24—25 页。

③ 穆兆勇：《新中国第一次全民普选运动始末》，《党史博览》2004 年第 2 期。

民民主制度发展的同时，极大地激发了人民当家作主的热情，提升了人民群众的民主素养和民主观念，也为第一届全国人民代表大会的召开打下了坚实的基础。

1954 年 9 月 15 日至 28 日，第一届全国人民代表大会第一次会议在北京召开，标志着人民代表制度在中国正式确立。此后一直到 1965 年 1 月，全国人民代表大会召开了 3 届，共 10 次会议，对于保障并实现人民当家作主起到了重要作用。

三 "五四宪法"的制定

第一届全国人民代表大会第一次会议通过了在毛泽东领导和主持下起草制定的《中华人民共和国宪法》（又称"五四宪法"），这是中国第一部真正意义上的"人民宪法"。在提交大会正式审议前，该宪法草案已经由全国政协、各民主党派、人民团体以及中央和地方领导机关、社会各方面代表 8000 多人进行了广泛讨论，收到了 5900 多条意见。1954 年 6 月 14 日，中央人民政府委员会第三十次会议决定公布宪法草案，交由全国人民讨论并征求意见。在这一会议上，毛泽东对宪法草案做了阐释，认为这一宪法草案贯穿了民主原则和社会主义原则，"我们的民主不是资产阶级的民主，而是人民民主，这就是无产阶级领导的、以工农联盟为基础的人民民主专政"，"用宪法这样一个根本大法的形式，把人民民主和社会主义原则固定下来，使全国人民有一个清楚的轨道，使全国人民感到有一条清楚的明确的和正确的道路可走，就可以提高全国人民的积极性"。① 这之后，《中华人民共和国宪法（草案）》向社会全文公布，全国范围内人民群众的讨论热情空前高涨。近 3 个月时间里，共有 1.5 亿多人参与讨论，累计提出 118 万多条修改和补充意见，充分体现了鲜明的人民性和真正的民主精神。

《中华人民共和国宪法》是中国第一部社会主义性质的宪法，为人民当家作主的权利提供了根本性法律保障，在中国民主发展史上具有重要的里程碑意义。宪法规定了中国的国家性质即国体是工人阶级领导的、以工农联盟为基础的人民民主国家；根本政治制度即政体是实行民主集

---

① 《毛泽东文集》第 6 卷，人民出版社 1999 年版，第 326、328 页。

中制的人民代表大会制度；全国人民代表大会既是最高国家权力机关，也是行使国家立法权的唯一机关，普选产生地方各级人民代表大会取代原有的各界人民代表会议，成为地方国家权力机关；中华人民共和国国务院即中央人民政府，是最高国家权力机关的执行机关，也是最高国家行政机关。宪法在序言中明确"今后在动员和团结全国人民完成国家过渡时期总任务和反对内外敌人的斗争中，我国的人民民主统一战线将继续发挥它的作用"，同时在正文中从根本法的高度规定了民族区域自治的法律地位，强调各民族一律平等，在保证国家统一的前提下各少数民族聚居的地方实行区域自治。宪法还规定公民在法律上一律平等，年满18岁后都有选举权和被选举权；所有公民的人身自由不受侵犯，并且均有言论、出版、集会、结社、游行、示威、宗教信仰、居住和迁徙的自由。

四　中国人民政治协商会议职能的变化

从新中国成立后到1965年1月，中国人民政治协商会议全国委员会共召开4届，12次会议。这一期间，中国人民政治协商会议的作用以第一届全国人民代表大会的召开为界，可分为前后两个阶段：前期代行全国人民代表大会职权，宣告中华人民共和国的成立，制定了具有临时宪法作用的《共同纲领》，对新中国成立初期的民主政治建设发挥了不可或缺的历史作用；后期虽然不再代行全国人民代表大会的职权，但仍作为人民民主统一战线的组织继续存在，在组织各民主党派、人民团体和各族各界人士进行政治协商和提出批评建议等方面发挥了重要作用。

在第一届全国人民代表大会召开后，中国人民政治协商会议的职能发生明显变化。1954年12月19日，毛泽东在与各民主党派、无党派民主人士座谈政协工作时指出，政协的性质有别于国家权力机关，也不是国家的行政机关，而是党派性的统一战线组织，其任务包括协商国际问题，商量候选人名单，提意见，协调各民族、各党派、各人民团体和社会民主人士领导人员之间的关系，以及学习马列主义。① 在随后召开的中国人民政治协商会议第二届全国委员会第一次会议上，周恩来根据《中国人民政治协商会议章程（草案）》总纲的规定，依照毛泽东的意见，系

---

① 《毛泽东文集》第6卷，人民出版社1999年版，第384—387页。

统阐述了今后人民政协的五点任务:"第一、协商国际问题。第二、对全国人民代表大会代表和地方同级人民代表大会代表的候选人名单以及中国人民政治协商会议各级组织组成人员的人选进行协商。第三、协助国家机关,推动社会力量,解决社会生活中各阶级间相互关系问题;并联系人民群众,向国家有关机关反映群众的意见和提出建议。第四、协商和处理政协内部和党派团体之间的合作问题。第五、在自愿的基础上,学习马克思列宁主义和努力进行思想改造。"① 随后,《中国人民政治协商会议章程》获得审议通过,成为参加人民政协的各党派团体和各族各界人士共同的行为准则以及各级政协设立组织、开展工作的基本依据。1956 年 4 月 25 日,毛泽东在中央政治局扩大会议上发表《论十大关系》的著名讲话,对党和非党的关系首次提出"长期共存,互相监督"的方针。同年 9 月 27 日,党的八大通过的《关于政治报告的决议》指出,"在资产阶级民主革命取得全国胜利以后的人民民主专政,实质上就是无产阶级专政","继续巩固以工农联盟为基础的人民民主统一战线,是加强人民民主专政的必要条件"。② 为此,在处理与各民主党派的关系上,"必须按照长期共存、互相监督的方针,继续加强同各民主党派和无党派民主人士的合作,并且充分发挥人民政治协商会议和各级协商机构的作用"。③

总的来说,在社会主义革命和建设时期,中国开启了人民民主的新纪元,从自身的国情和实际出发,确立了社会主义基本制度,逐步构建起社会主义民主政治的总体框架,人民真正成为国家、社会和自己命运的主人,切实行使着当家作主的权利。一方面,人民代表大会制度作为根本政治制度在全国范围内建立起来,新中国第一部宪法的公布施行为人民当家作主权利提供了根本性的法律保障;另一方面,中国在协商建国实践基础上确立起中国共产党领导的多党合作和政治协商制度,同时建立了民族区域自治制度,这些都成为人民当家作主的重要实践。但是,

---

① 《中国人民政治协商会议第二届全国委员会第一次会议文件》,人民出版社 1955 年版,第 9 页。

② 《建国以来重要文献选编》第 9 册,中央文献出版社 1994 年版,第 349 页。

③ 《建国以来重要文献选编》第 9 册,中央文献出版社 1994 年版,第 350 页。

"文化大革命"期间，中国的社会主义民主政治建设受到严重挫折，民主和法制遭到极大破坏。从 1965 年 1 月起，全国人民代表大会直到 1975 年初都没有召开大会，全国政协直到 1978 年 2 月都没有召开会议。这种极不健康的停滞状态产生于更大的混乱之中，全国人民代表大会及地方各级人民代表大会被夺去权力机关的职能，全国政协机关被迫停止办公，各民主党派被勒令停止活动，公民权利遭到大范围的严重侵犯，社会主义民主政治出现了严重的倒退。①

第三节　改革开放和社会主义现代化建设新时期的民主发展

党的十一届三中全会做出了实行改革开放的历史性决策，中国特色社会主义开始在实践中展开探索，在 40 余年的稳步发展中取得了举世瞩目的显著成就。这期间，中国特色社会主义民主政治稳步成长，逐渐形成了一套人民当家作主的制度体系，成功地走出了一条中国特色社会主义政治发展道路。

一　恢复和巩固原有民主制度，适时进行基层民主的新探索

改革开放之初，中国开始根据自身的实践和情况来决定政治体制改革的内容和步骤，"总的目的是要有利于巩固社会主义制度，有利于巩固党的领导，有利于在党的领导和社会主义制度下发展生产力"②。为此，在反思"文化大革命"时期权力过分集中、法制遭受严重破坏基础上，邓小平格外重视民主和集中的辩证关系③，强调"使民主制度化、法律化"④，民主和法制两手都不能削弱⑤，明确提出"没有民主就没有社会主义，就没有社会主义的现代化"⑥，因此主张采取各种措施继续扩大党

---

① 房宁：《民主的中国经验》，中国社会科学出版社 2013 年版，第 83—88 页。
② 《邓小平文选》第 3 卷，人民出版社 1993 年版，第 241 页。
③ 《邓小平文选》第 2 卷，人民出版社 1994 年版，第 144 页。
④ 《邓小平文选》第 2 卷，人民出版社 1994 年版，第 146 页。
⑤ 《邓小平文选》第 2 卷，人民出版社 1994 年版，第 189 页。
⑥ 《邓小平文选》第 2 卷，人民出版社 1994 年版，第 168 页。

内民主和人民民主。

在"文化大革命"结束后，尤其是党的十一届三中全会召开后，恢复原有民主制度活力被提上议事日程。在党内民主制度建设上，邓小平强调"真正实行民主集中制和集体领导"①，恢复党内民主作风，实现党内民主的制度化。1980年2月制定的《关于党内政治生活的若干准则》，总结了几十年党内政治生活正反两方面的经验教训，归纳出党内政治生活的十二条基本原则，推动了党内政治生活逐步走上正轨。与此同时，以邓小平为核心的第二代中央领导集体采取一系列措施，解决了实际上存在的领导干部职务终身制问题，先是党和国家在1982年初陆续出台了《中共中央关于建立老干部退休制度的决定》《关于老干部离职休养制度的几项规定》等重要文件，推动建立干部离退休制度；然后，党的十二大在新党章中明确规定党的各级领导干部的职务都不是终身的以及干部队伍的"革命化、年轻化、知识化、专业化"标准，同时决定在中央和省一级设立党的顾问委员会，发挥好老干部的参谋作用；当年底制定的1982年宪法也对国家领导人和地方各级领导机构的任期做出了明确规定。② 在人民民主也就是社会主义民主制度建设方面，邓小平强调，"我们大陆讲社会主义民主，和资产阶级民主的概念不同。……我们中国大陆不搞多党竞选，不搞三权分立、两院制"③，因此迅速恢复和巩固了原有的人民代表大会制度、中国共产党领导的多党合作和政治协商制度以及民族区域自治制度。比如说，1982年宪法不仅从全国人大专门委员会设置、委员会会议制度以及地方人大立法权限等多个方面完善了人民代表大会制度，还首次以国家宪法的形式规定了人民政协的性质和作用，同时恢复了1954年宪法关于民族区域自治的规定，并增加了若干新规定；1979年通过的《地方各级人民代表大会和地方各级人民政府组织法》规定，县级以上的地方各级人民代表大会设立常委会；1982年，党的十二大报告明确指出，要继续坚持"长期共存，互相监督"，"肝胆相照，荣辱与共"的方针，加强同各民主党派、无党派民主人士、少数民族人士

---

① 《邓小平文选》第2卷，人民出版社1994年版，第360页。

② 房宁：《民主的中国经验》，中国社会科学出版社2013年版，第90—92页。

③ 《邓小平文选》第3卷，人民出版社1993年版，第220页。

和宗教界爱国人士的合作；1984 年通过的《中华人民共和国民族区域自治法》，以基本法的形式把党和国家的民族区域自治政策固定下来。

改革开放初期，中国除了恢复和巩固原有民主制度外，在扩大基层民主方面实现了新的突破，最重要的发展成就是着手建立涵盖城乡的基层群众自治制度。党的十一届三中全会以后，在恢复和健全城市居民委员会的同时，广西等一些地区的农民开始自发组织起来，以建立自治组织的方式进行自我管理。1980 年 2 月 5 日，广西宜山三岔公社合寨大队的果作生产队以无记名投票形式，选举产生了新的农村基层组织即村民委员会，负责全村的公共事务管理。在总结城乡基层组织建设经验基础上，1982 年宪法以根本法的形式明确了居民委员会与村民委员会的性质、任务和作用，1987 年、1989 年又先后通过了《中华人民共和国村民委员会组织法（试行）》《中华人民共和国城市居民委员会组织法》，进一步保障基层群众的自治和各项民主权利。①

二 加强社会主义民主法制建设，形成中国独特的政治发展道路

20 世纪 90 年代初是中国改革和社会转型的重要节点。当时经过十多年的探索实践，改革开放的目标逐渐明确，尤其是 1992 年党的十四大正式把建立社会主义市场经济体制确立为中国经济体制改革的目标，这对社会主义现代化建设具有重大而深远的意义。随着改革开放和发展社会主义市场经济的实践不断深入，社会各领域干事创业的积极性得到了极大的调动。与此同时，在经济改革和社会转型的双重驱动下，社会主义现代化建设却也面临着一些前所未有的新情况、新问题，亟待进一步加强社会主义民主法制建设。在江泽民看来，"民主总是同法制结合在一起的，什么样的民主就由什么样的法制来体现和保障"②，"没有人民民主和统一的法制就没有社会主义，就没有社会主义现代化"③。加强社会主义民主法制建设，意味着发展人民民主或社会主义民主、健全社会主义法制，它对于发挥人民群众的积极性和创造性，保护广大人民群众的权益，

---

① 房宁：《民主的中国经验》，中国社会科学出版社 2013 年版，第 104—106 页。
② 《江泽民文选》第 2 卷，人民出版社 2006 年版，第 258 页。
③ 《江泽民文选》第 1 卷，人民出版社 2006 年版，第 357 页。

确保改革开放和现代化建设顺利进行，以及整个国家的长治久安，都具有非常重大的意义。① 为此，他强调，社会主义民主是"实现全体人民利益的民主，是与社会主义法制必然结合在一起、保障有领导有秩序地进行社会主义建设的民主"②，"发展社会主义民主，必须与加强社会主义法制结合起来，坚持依法治国的基本方略，促进社会主义民主的制度化、法律化"③。

随着经济社会的不断发展，新情况、新问题往往接踵而至，解决问题的新经验也会随之不断产生。因此，法制建设不可能毕其功于一役，必然有一个不断深化、逐步健全的发展过程。在社会主义现代化建设过程中，面对前所未有的一些新情况、新问题、新经验，同样需要适时地制定新的法律法规，从而为经济社会发展和国家长治久安提供有力的法制保障，这就使得中国社会主义民主政治的法治特征愈加突出。江泽民曾对依法治国的内涵做了清晰阐述，认为实行和坚持依法治国有三重含义："就是使国家各项工作逐步走上法制化的轨道，实现国家政治生活、经济生活、社会生活的法制化、规范化；就是广大人民群众在党的领导下，依照宪法和法律的规定，通过各种途径和形式，管理国家事务，管理经济和文化事业，管理社会事务；就是逐步实现社会主义民主的制度化、法律化。"④ 在同一次讲话中，江泽民阐述了依法治国的重大意义，强调依法治国是我们党和政府管理国家和社会事务的重要方针。这之后的一个多月，也就是 1996 年 3 月，八届全国人大四次会议把"依法治国，建设社会主义法制国家"作为一条基本方针，写入了《国民经济和社会发展"九五"计划和 2010 年远景目标纲要》。1997 年，党的十五大将依法治国正式确立为党领导人民治理国家的基本方略，强调要"进一步扩大社会主义民主，健全社会主义法制，依法治国，建设社会主义法治国家"。1999 年，宪法修正案通过，第五条增加的条款是"中华人民共和国实行依法治国，建设社会主义法治国家"，依法治国的基本方略和奋

---

① 《江泽民文选》第 1 卷，人民出版社 2006 年版，第 641 页。
② 《江泽民文选》第 1 卷，人民出版社 2006 年版，第 356—357 页。
③ 《江泽民文选》第 3 卷，人民出版社 2006 年版，第 221 页。
④ 《江泽民文选》第 1 卷，人民出版社 2006 年版，第 511 页。

斗目标被写入宪法，完成了从党的主张到国家意志的转变。2001 年，"十五"计划纲要提出"依法治国，建设社会主义法治国家，是社会主义现代化的重要目标"。2002 年，党的十六大报告将依法治国列为社会主义民主政治建设的重要内容和目标。① 依法治国的前提要有法可依，因此，建设社会主义民主政治最重要的是坚持和完善人民代表大会制度，通过完善人大及其常委会的各项职能，进一步加强立法工作。正是经过这一阶段的持续立法工作，到 2002 年时，中国已初步形成了有中国特色的社会主义法律体系。

"政治发展道路"这一概念，是江泽民在 2002 年 5 月 31 日的讲话中提出的。当时，在中央党校省部级干部进修班毕业典礼上，江泽民强调，"推进政治体制改革，要从我国国情出发，坚定不移地走自己的政治发展道路，坚持社会主义政治制度的自我完善和发展。我们要发展的是有中国特色社会主义民主政治，决不照搬西方政治制度模式。要着重加强社会主义民主政治制度建设，实现社会主义民主政治的制度化、规范化、程序化"②。这里的政治发展道路，指的就是后来所说的中国特色社会主义政治发展道路。它始于改革开放，并在 20 世纪 80 年代、90 年代不断发展，最终以党的十六大报告正式提出党的领导、人民当家作主和依法治国的有机统一作为形成标志。在正式形成之前，党的十五大报告曾提出"依法治国把坚持党的领导、发扬人民民主和严格依法办事统一起来"，初步明确了党的领导、人民民主和依法治国三者之间的关系，这一论述可视作最终表述的萌芽。③ 1998 年 7 月 17 日，江泽民在学习邓小平理论工作会议上指出，"推进社会主义民主政治，必须处理好党的领导、发扬民主和依法办事的关系。党的领导是关键，发扬民主是基础，依法办事是保证，绝不能把三者割裂开来、对立起来"④。党的十六大报告对三者之间的关系做了系统阐述，强调"党的领导是人民当家作主和依法治国的根本保证，人民当家作主是社会主义民主政治的本质要求，依法

---

① 肖扬：《依法治国基本方略的提出、形成和发展》，《求是》2007 年第 20 期。

② 《十五大以来重要文献选编（下）》，人民出版社 2003 年版，第 2416 页。

③ 席文启、仲计水：《关于中国特色社会主义政治发展道路的几个问题（上）》，《人大研究》2008 年第 10 期。

④ 《十五大以来重要文献选编（上）》，人民出版社 2000 年版，第 489 页。

治国是党领导人民治理国家的基本方略"①，三者必须有机统一起来，这是社会主义民主政治的重要优势，也是发展社会主义民主政治的根本所在。

三　确定中国特色社会主义政治制度体系的基础框架，重视以扩大党内民主带动人民民主

在二十多年的改革开放和现代化建设后，中国的经济基础和社会结构发生了显著变化，既面临着前所未有的发展机遇，也面临着不同以往的严峻挑战，各种政治和社会问题处于易发多发期。一方面，市场经济体制的建立必然触动原有的利益格局，社会上不同利益主体随之出现，利益多元化格局逐步形成，不同利益群体之间的矛盾大量出现；另一方面，不同的利益群体和利益诉求必然带来比以往更为强烈的权利意识，这种权利意识又将催生出更为明确的政治诉求。在社会结构迅速变化、社会矛盾日益增多的转型期，发展社会主义民主政治必须回应现代化进程中出现的各种问题，通过健全民主制度、丰富民主形式，进一步扩大公民有序的政治参与，从而维护和实现人民群众的根本利益。2002年，党的十六大报告在阐述全面建设小康社会的奋斗目标时，提出了"社会更加和谐"的要求。2004年，党的十六届四中全会审议通过了《中共中央关于加强党的执政能力建设的决定》，首次完整提出"构建社会主义和谐社会"这一概念，并将其正式列为全面提高党的执政能力的五大能力之一。2005年，在省部级主要领导干部提高社会主义和谐社会能力专题研讨班上，胡锦涛对社会主义和谐社会的基本特征做了深刻阐述，民主法治位列六大基本特征之首，其内涵为"社会主义民主得到充分发扬，依法治国基本方略得到切实落实，各方面积极因素得到广泛调动"。2006年，党的十六届六中全会在《中共中央关于构建社会主义和谐社会若干重大问题的决定》中，将社会主义和谐社会的六个基本特征即民主法治、公平正义、诚信友爱、充满活力、安定有序、人与自然和谐相处，概括为构建社会主义和谐社会的总要求。

正如胡锦涛所指出的，人民民主是我们党始终高扬的光辉旗帜，必

---

① 《江泽民文选》第3卷，人民出版社2006年版，第553页。

须继续积极稳妥推进政治体制改革，发展更加广泛、更加充分、更加健全的人民民主，同时要把制度建设摆在突出位置，充分发挥中国社会主义政治制度优越性。① 继党的十五大将民族区域自治制度确立为中国必须长期坚持的一项基本政治制度后，党的十七大首次把基层群众自治制度纳入中国特色社会主义政治制度范畴，这无疑是我们党不断推进社会主义政治制度自我完善和发展的生动体现。至此，中国特色社会主义政治制度体系的基础框架逐步稳定下来，它包括了与人民民主专政国体相适应的人民代表大会制度、中国共产党领导的多党合作和政治协商制度、民族区域自治制度以及基层群众自治制度。其中，人民代表大会制度是根本政治制度，其他三项制度均为基本政治制度。在加强人民民主制度建设上，胡锦涛强调，"发展社会主义民主政治，建设社会主义政治文明，最重要的是坚持和完善人民代表大会制度，要坚持和完善中国共产党领导的多党合作和政治协商制度"②。就人民代表大会制度来说，这一阶段最主要的一项成就是取消城乡差别，实现"同票同权"。《中华人民共和国选举法》经过 2010 年修改，城乡每一人大代表所代表的人口数比例由 1∶4 改为 1∶1，实现了城乡按相同人口比例选举人大代表。就中国共产党领导的多党合作和政治协商制度来说，2006 年颁布的《中共中央关于加强人民政协工作的意见》是指导人民政协工作的纲领性文献。它第一次明确提出了人民通过选举、投票行使权利和人民内部各方面在重大决策之前进行充分协商是中国社会主义民主的两种重要形式，强调发展社会主义民主政治、建设社会主义政治文明，要善于运用人民政协这一政治组织和民主形式。

发展社会主义民主政治，建设社会主义政治文明，不仅是全面建设小康社会的重要目标，同时也是社会主义现代化建设的重要目标。它需要在发展中国特色社会主义进程中不断推进，除了加强人民民主制度建设外，还需要坚持以扩大党内民主带动人民民主。对此，党的十六大报告鲜明指出，党内民主是党的生命，对人民民主具有重要的示范和带动作用；党的十七大报告进一步提出，"以扩大党内民主带动人民民主"；

---

① 《胡锦涛文选》第 3 卷，人民出版社 2016 年版，第 632—633 页。

② 《胡锦涛文选》第 2 卷，人民出版社 2016 年版，第 28 页。

党的十八大报告再次强调,"健全党内民主制度体系,以党内民主带动人民民主"。在这一阶段,扩大党内民主采取的制度举措主要体现在:在坚持和尊重党员主体地位上,2004年《中国共产党党员权利保障条例》对党员的知情权、参与权、选择权和监督权等各项权利做了更加规范、完善的规定,对党员权利的保障措施也做了进一步完善。在改革和完善党内选举制度上,党的十六届四中全会强调"改进候选人提名方式,适当扩大差额推荐和差额选举的范围和比例",党的十七大报告进一步提出要改进候选人提名制度和选举方式,逐步扩大基层党组织领导班子直接选举范围。在探索试行党代表任期制和提案制上,继党的十七大报告提出实行党代表大会代表任期制后,2008年制定了《中国共产党全国代表大会和地方各级代表大会代表任期制暂行条例》,2009年《关于加强和改进新形势下党的建设若干重大问题的决定》提出要建立各级党代表大会代表提案制度。在加强党内监督力度上,《中国共产党党内监督条例(试行)》《中国共产党巡视工作条例(试行)》《中共中央关于加强和改进新形势下党的建设若干重大问题的决定》等一系列重要文件的出台,为实施党内监督提供了可靠的制度保障。①

回顾改革开放以来的民主发展史可知,中国先是恢复和巩固了原有民主制度的生机和活力,不断加强社会主义民主法制建设,形成了党的领导、人民当家作主和依法治国有机统一的中国特色社会主义政治发展道路,同时把民族区域自治制度、基层群众自治制度先后纳入中国的基本政治制度行列,人民当家作主的制度体系更加健全、更加完备,民主发展前景持续向好。

第四节　中国特色社会主义新时代的民主创新

在党的十九大报告中,党中央做出了"中国特色社会主义进入新时代"的重大政治判断,其重要标志之一是"我国社会主要矛盾已经转化

---

① 王雪超:《十六大以来党内民主建设的巨大成就与基本经验》,《理论导刊》2013年第2期。

为人民日益增长的美好生活需要和不平衡不充分的发展之间的矛盾"。社会主要矛盾发生的这种变化，是关系全局、影响深远的历史性变化。它意味着中国的改革开放和社会主义现代化建设进入了新的发展阶段，意味着改革的复杂性、敏感性、艰巨性更加突出，对党和国家工作提出更高的要求，倒逼我们在民主发展方面开展新的创新实践。

随着中国特色社会主义进入新时代，我们党团结带领全国各族人民积极因应国内外形势变化，坚持依法治国与依规治党统筹推进、一体建设，推动社会主义民主政治建设迈出新的重大步伐，取得新的历史性成就。党的领导、人民当家作主、依法治国有机统一的制度建设全面加强，社会主义民主政治蓬勃发展，中国特色社会主义民主道路越走越宽广。正是在蓬勃发展的中国特色社会主义民主政治实践基础上，以习近平同志为核心的党中央立足于中华民族伟大复兴战略全局和世界百年未有之大变局，不断深化对民主政治发展规律的认识，深刻回答了新时代发展什么样的社会主义民主政治、怎样发展社会主义民主政治等一系列重大理论和实践问题，创造性地提出"全过程人民民主"这一重大理念，进一步丰富和拓展了中国特色社会主义民主政治的政治内涵、理论内涵与实践内涵，为新时代新征程发展社会主义民主政治、建设社会主义政治文明提供了科学指引和根本遵循。

一 坚持和加强党的全面领导

党的十九大报告提出，党政军民学，东西南北中，党是领导一切的。党始终代表最广大人民根本利益，以实现人民当家作主为己任，是中国各项事业的领导核心。党的领导必然是全面的、系统的、整体的，在各领域、各方面、各环节都有着充分的体现。不管在哪个领域、哪个方面、哪个环节党的领导有所缺失和弱化，都会损害到党和国家事业的顺利发展。

党的领导是中国特色社会主义的最本质特征，与中国特色社会主义民主道路从来都是紧密相连的。进入新时代，中国在取得改革开放和社会主义现代化建设历史性成就的同时，也面临着不少困难和挑战。党中央从深刻的战略考量出发，提出坚持和加强党的全面领导，确保党始终发挥总揽全局、协调各方的领导核心作用，这就为新时代拓宽和完善中国特色社会主义民主道路提供了根本政治保证。

坚持和加强党的全面领导，要求中国的民主政治建设必须自觉维护党中央权威和集中统一领导，不断健全完善党的全面领导的体制机制，确保把党的领导落实到发展社会主义民主政治的各领域、各方面、各环节。近年来，我们党不断提高党内法规制度建设的科学化水平，先后印发了《中央党内法规制定工作五年规划纲要（2013—2017年）》《中央党内法规制定工作第二个五年规划（2018—2022年）》《中国共产党党内法规制定条例》等，据此密集出台了党领导各方面重要工作的一系列党内法规，将党在不同领域的领导方式写入其中，确保党始终总揽全局、协调各方。截至2023年6月底，全党现行有效党内法规共3802部，其中中央党内法规227部，部委党内法规190部，地方党内法规3385部。党的全面领导的组织体系不断健全，486.4万个基层党组织在企业、农村、机关、事业单位、社区各领域发挥着更加突出的领导作用。党的全面领导要求载入了全国人大组织法、全国政协章程中，民主政治建设的重要机构在党的领导下形成了积极主动、独立负责、协调一致的良好发展局面。与此同时，以习近平同志为核心的党中央坚定不移推进全面从严治党，不断加强对权力的制约和监督，党的领导方式和执政方式明显改进，依照宪法法律规定实现对社会主义民主政治进程的领导能力和水平进一步提升。

党内民主是党的生命，对坚持和加强党的全面领导具有极为重要的意义，对中国的民主政治建设也具有显著的示范引领作用。党的十八大以来，我们党大力推进党内民主建设，连续出台了《关于新形势下党内政治生活的若干准则》《县以上党和国家机关党员领导干部民主生活会若干规定》等重要党内法规，党内调查研究、广泛征求意见越来越常态化，党内政治生活的制度化、规范化水平进一步提升，领导干部的民主作风不断增强，形成了越来越浓厚的党内民主氛围，有助于新时代中国特色社会主义民主政治的健全和完善。

法治是民主的保障，是党领导人民治理国家的基本方式，也是现代国家治理在政治制度建设方面的一个重要评价标准。2014年，习近平总书记在庆祝全国人民代表大会成立60周年大会上提出了评价一个国家政治制度是不是民主、有效的八条标准。① 这其中，国家领导层能否依法有序更替、全体人民能否依法管理国家事务和社会事务等方面，就与法治密不可分，都需要借助法治的力量加以推动和保障。从这一意义上说，发展社会主义民主政治，必须坚持依法治国、维护宪法和法律权威，使民主制度化、法律化，使这种制度和法律不因领导人的改变而改变，不因领导人的看法和注意力的改变而改变。为此，中央明确提出全面依法治国，将其纳入"四个全面"战略布局进行部署。党的十八届四中全会做出关于全面推进依法治国若干重大问题的决定，明确全面依法治国总目标是建设中国特色社会主义法治体系、建设社会主义法治国家。党的十九大召开后，中央组建了全面依法治国委员会，对全面依法治国做出一系列重大决策部署，推动中国社会主义法治建设取得重大进展，全面依法治国实践不断走向深化。全面依法治国的提出及其实践，是新时代发展社会主义民主政治的必然要求，对于拓宽和完善中国特色社会主义民主道路具有重要的保障作用。

二　推进社会主义民主政治制度化、规范化和程序化

近年来，中国加快推进社会主义民主政治制度化、规范化和程序化，陆续制定出台立法项目征集和论证工作规范、全国人大常委会法工委基层立法联系点工作规则、向社会公布法律草案征求意见工作规范等一批实施性文件，用一系列扎实有效的法治成果和制度举措保障了人民当家作主。2015 年 3 月，十二届全国人大三次会议通过了修改后的《中华人民共和国立法法》，积极支持和保证人民通过人民代表大会行使国家权

---

① 这里指的是"评价一个国家政治制度是不是民主的、有效的，主要看国家领导层能否依法有序更替，全体人民能否依法管理国家事务和社会事务、管理经济和文化事业，人民群众能否畅通表达利益要求，社会各方面能否有效参与国家政治生活，国家决策能否实现科学化、民主化，各方面人才能否通过公平竞争进入国家领导和管理体系，执政党能否依照宪法法律规定实现对国家事务的领导，权力运用能否得到有效制约和监督"。2021 年 10 月 13 日，习近平总书记在中央人大工作会议上再次强调了这八条标准，并进一步提出："一个国家民主不民主，关键在于是不是真正做到了人民当家作主，要看人民有没有投票权，更要看人民有没有广泛参与权；要看人民在选举过程中得到了什么口头承诺，更要看选举后这些承诺实现了多少；要看制度和法律规定了什么样的政治程序和政治规则，更要看这些制度和法律是不是真得到了执行；要看权力运行规则和程序是否民主，更要看权力是否真正受到人民监督和制约。"

力，有效推进科学立法、民主立法、依法立法。同时，中国不断加强人大自身建设，使各级人大及其常委会成为全面担负起宪法法律赋予的各项职责的工作机关，成为同人民群众保持密切联系的代表机关。2021 年 3 月，十三届全国人大四次会议对全国人大组织法和全国人大议事规则做出修改，将全国人大及其常委会坚持全过程民主写进法律，明确要求全国人大代表充分发挥在全过程民主中的作用。2022 年 3 月，十三届全国人大五次会议表决通过了《全国人民代表大会关于修改〈中华人民共和国地方各级人民代表大会和地方各级人民政府组织法〉的决定》。贯彻全过程人民民主成为此次地方组织法修改的一个重点和亮点，不仅将"坚持和发展全过程人民民主"写入总则，而且还设计了一系列制度机制保证其真正落到实处。①

人民性是马克思主义的鲜明品格，人民民主是社会主义的生命。进入新时代后，中国人民民主的发展步伐进一步加快，人民当家作主的制度程序和参与实践不断完善，全过程特质日益彰显出来，形成了全过程人民民主的新形态。人民代表大会制度是实现人民当家作主的重要途径和最高实现形式，也是发展全过程人民民主的重要制度载体。近年来，中国人民代表大会制度得到进一步的巩固和发展，人大代表与群众全面联系的机制不断加强，人大代表行使代表职权有了更充分的保证和更便利的条件，各级人大及其常委会的职能作用得到有效发挥。2019 年，全国人大常委会制定了《关于加强和改进全国人大代表工作的具体措施》，鼓励支持人大代表进一步密切同人民群众的联系，多从群众呼声中收集接地气的意见建议，为代表履职尽责、发挥作用创造了更加便利的条件。

习近平总书记指出，"在中国社会主义制度下，有事好商量，众人的事情由众人商量，找到全社会意愿和要求的最大公约数，是人民民主的真谛"②。这种商量取向的协商民主，是中国社会主义民主政治中的特有形式和独特优势，是支撑人民群众在国家政治生活和社会生活中实现广泛持续深入参与的关键所在。协商民主推动人民群众在社会主义民主政

---

① 彭东昱、施林：《地方组织法修改：制度建设再现全过程人民民主勃勃生机》，《中国人大》2022 年第 6 期。

② 《习近平谈治国理政》第 2 卷，外文出版社 2017 年版，第 292 页。

治的各领域和全过程实现着广泛、真实、有效的参与，促使中国特色社会主义民主道路不断走向拓宽和完善。党的十八大以来，中国积极挖掘传统政治文化中的协商资源，下大力气推进协商民主体系建设，不断推进协商民主广泛多层制度化发展，将全过程协商深深嵌入社会主义民主政治的各领域、各方面、各环节。仅在 2015 年，中央就连续出台了《关于加强社会主义协商民主建设的意见》《关于加强城乡社区协商的意见》《关于加强政党协商的实施意见》等一系列规范性文件，统筹推进政党协商、人大协商、政府协商、政协协商、人民团体协商、基层协商以及社会组织协商，社会主义协商民主体系的程序更加合理、环节更加完整、形式更加多样，形成了全国范围内协商民主实践上下齐动、竞相发展的良好局面。

发展社会主义民主是历史的选择、人民的选择，全过程人民民主是中国共产党和中国人民在新时代做出的伟大创造。与以往任何时期相比，我们都更加坚定中国特色社会主义民主自信，在坚持和加强党的全面领导下，不断提升社会主义民主政治制度化、规范化和程序化水平，充分发挥中国社会主义民主政治的优势和特点，从而为探索人类政治文明新形态贡献中国智慧和力量。

第 二 章

全过程人民民主重大理念的
提出及发展

　　"民主是全人类共同价值，是中国共产党和中国人民始终不渝坚持的重要理念。"① 习近平总书记的这一重要论断，是中国共产党百年奋斗历程的最好注脚。自成立之日起，中国共产党就把为中国人民谋幸福、为中华民族谋复兴确立作为自己的初心使命，为实现人民当家作主进行了不懈探索和接力奋斗。新民主主义革命时期，我们党领导人民建立了实行人民民主专政的新中国，实现了从几千年封建专制政治向人民民主的伟大飞跃。社会主义革命和建设时期，在巩固人民民主专政、进行社会主义改造基础上，人民当家作主的政治架构、经济基础、法律原则、制度框架基本确立并不断发展。改革开放和社会主义现代化建设新时期，中国成功走出了一条中国特色社会主义政治发展道路，人民当家作主的制度保障更加坚实。随着中国特色社会主义进入新时代，中国社会主义民主政治的制度程序愈加完整，人民群众的参与实践愈发多样，人民民主的理论概括走到了一个新的历史关口。

第一节　民主的时代之问

　　马克思指出，"问题就是公开的、无畏的、左右一切个人的时代声音。问题就是时代的口号，是它表现自己精神状态的最实际的呼声。"②

---

① 《习近平谈治国理政》第 4 卷，外文出版社 2022 年版，第 258 页。
② 《马克思恩格斯全集》第 40 卷，人民出版社 1982 年版，第 289—290 页。

新中国成立 70 多年特别是改革开放 40 多年来，中国人民民主事业经过长期的探索实践，已经迈入了一个新的发展阶段。新的发展阶段有新的问题。在新的历史条件下，人民民主面临着内外部环境挑战叠加、各种矛盾相互交织的复杂局面，需要回答好新的时代之问。

一　国内民主发展需求和创新实践快速增长

从国内看，民主发展的需求和实践快速增长。党的十九大报告做出了"中国特色社会主义进入新时代"的重大政治判断，其重要标志之一就是"我国社会主要矛盾已经转化为人民日益增长的美好生活需要和不平衡不充分的发展之间的矛盾"。在社会主要矛盾发生历史性变化的时代背景下，中国人民不仅对物质文化生活有更多更高需要，在民主、法治、公平、正义、安全、环境等方面的要求也随之日益增长。比如说，人民群众希望通过人大选举、村（居）委会选举、企事业单位职工代表大会选举等方式，按照自己的意愿选出自己信任的人；希望通过广泛、充分、有效的协商讨论和民主监督，直接或间接参与国家治理和社会治理全过程，解决决策失误、权力任性、机会不等、分配不公、发展失衡、贫富分化等群众普遍关注的社会难题以及身边的急难愁盼问题。这些都对新时代发展社会主义民主政治提出了新的时代要求，对中国人民民主事业向前推进产生了更多期待。

在民主发展需求快速上涨的同时，形式多样的人民民主实践蓬勃发展。进入新时代，以习近平同志为核心的党中央进一步高举人民民主伟大旗帜，把人民当家作主更具体、更现实地体现在治国理政的许多政策措施上，推动人民意愿实现更充分表达、更有效落实。比如说，大力推进立法机制创新，打造立体多层的基层立法联系点体系，推动法律草案网上公开征求意见常态化，广泛汇聚民意民智，将基层声音直接反馈到各层级立法工作中，实现人民群众更广泛的政治参与和更有效的民意表达；从传统政治文化和党的历史传统中充分挖掘协商民主资源，不断加大协商民主体系建设力度，推动协商民主广泛多层制度化发展，形成全国范围内协商民主实践上下积极互动、各地竞相发展的良好局面；探索建立"街巷吹哨、部门报到""马上即办""接诉即办"等解民忧工作体系，健全 12345 政务服务便民热线、领导留言板等纾困平台建设，及时解决人民群众的操心事、烦心事、揪心事，真正做到民有所呼、我有所应。① 新时代人民民主的这些生动实践，给中国发展社会主义民主政治注入了强大的生机和活力，在民主理论的创新发展上呼唤着新的提炼和概括。

二 国际意识形态斗争愈演愈烈

从国外看，国际意识形态领域斗争愈演愈烈，民主议题是备受关注的交锋焦点。当今世界面临百年未有之大变局，世界经济重心从大西洋两岸开始向太平洋两岸转移，国际格局和国际体系正在发生深刻调整，全球治理体系进入深度变革阶段。近年来，为遏制中国综合国力的上升，美国在国际社会频繁炒作新兴经济体崛起、逆全球化、"修昔底德陷阱"等议题，轮番采用贸易战、科技战、舆论战等多种攻击手段，持续从经济、政治、意识形态、公众舆论等方面对中国进行极限施压。就意识形态斗争而言，民主议题向来是美国在国际社会打压他国并且屡试不爽的惯用手段。事实上，早在2020年春，拜登尚在角逐美国总统选举民主党党内提名时就公开发文，强调重振美国民主、强化与世界各地的民主同盟，提出在就职后一年内将组织一次全球民主峰会，实现打击腐败、反对威权主义和促进人权的目的。② 2021年12月9日至10日，已经就任美国总统的拜登不顾全球应对新冠疫情的紧迫性，固执兑现了召开所谓"民主峰会"的竞选承诺，意图在国际社会垄断民主话语权，以意识形态为武器持续打压中国。虽然"民主峰会"在国际社会反响寥寥、惨淡收场，但美国仍继续策划了第二次"民主峰会"，继续打着"民主"旗号打压中国。国际意识形态领域斗争的常态化，迫切要求我们加快民主理论创新，打造源自本土、于我有利的民主话语体系。

总言之，国内民主发展需求与国际意识形态斗争两方面的现实需要相互激荡、叠加影响，汇成了一股推动民主理念创新的巨大力量，期盼

---

① 中华人民共和国国务院新闻办公室：《中国的民主》白皮书，人民出版社2021年版，第41页。

② Joseph R. Biden, "Why America Must Lead Again: Rescuing U. S. Foreign Policy After Trump", *Foreign Affairs*, March/April 2020.

着中国共产党在新的时代条件下做出又一个历史性抉择。

第二节　全过程人民民主的提出及发展

问题是时代的声音，回答并指导解决问题是理论的根本任务。① 党的十八大以来，以习近平同志为核心的党中央深刻把握中国社会主要矛盾发生的历史性变化，不断深化对民主政治发展规律的认识，创造性地提出了全过程人民民主的重大理念。当前，全过程人民民主重大理念的提出时间还不长，仍然是一个备受社会关注的新事物，也是一个内涵、外延不断丰富的好事物。

一　全过程人民民主有关表述的发展变化

全过程人民民主不是偶然间提出的，而是有一个加速完善的发展过程，其间包含了多个关键节点。在这些关键节点的助推作用下，全过程人民民主赢得了越来越广泛的关注和支持。

上海是全过程民主的首提地。大型电视纪录片《领航》第六集《人民民主》记录了这样的细节：2019 年 11 月 2 日，初冬的上海，虹桥街道古北社区市民中心会议室里暖意融融，一场行政处罚法修正草案意见建议征询会正在热烈进行。傍晚时分，习近平总书记来到会场和大家亲切交流，把讨论推向了高潮。习近平总书记指出，"这样我们今后每一个立法都是有一个很扎实的基础，这个基础就是民意的基础，这是一个民主的充分的体现，我们这种民主是全过程的民主，希望你们能够再接再厉，为探索走一条中国特色社会主义的民主化道路继续作出贡献"②。这之后，主流媒体对习近平总书记的这一视察活动做了报道，但焦点放在了社区治理和服务等方面，没有注意到全过程民主这一重要创新火花。只有新华社"新华视点"微博从全过程民主的角度做了活动报道，记录了审定后的关于全过程民主的首次论述："我们走的是一条中国特色社会主义政

---

① 《中国共产党第二十次全国代表大会文件汇编》，人民出版社 2022 年版，第 17 页。

② 《领航》第六集《人民民主》，中央电视台网站（http：//tv.cctv.com/2022/10/24/VI-DEXgXXmOCLdM49wE9tkGR8221024.shtml），访问日期 2022 年 11 月 1 日。

治发展道路,人民民主是一种全过程的民主,所有的重大立法决策都是依照程序、经过民主酝酿,通过科学决策、民主决策产生的。希望你们再接再厉,为发展中国特色社会主义民主继续作贡献。"① 值得注意的是,与主流媒体的反应相似,学界对习近平总书记的这一视察讲话同样缺乏必要的学术敏感。直到习近平总书记提出"全过程民主"一周年之际,在上海市人大常委会研究室的推动下,《探索与争鸣》编辑部与上海市政治学会在 2020 年 11 月联合召开圆桌会议,在全国学界最早推出了系统阐释"全过程民主"的专题笔谈。这些笔谈文章发表后,很快引起了学界的关注和讨论,同样也引起了中央有关部门的高度重视。②

从全过程民主到全过程人民民主的升华是在庆祝中国共产党成立 100 周年大会上实现的。2021 年 7 月 1 日,习近平总书记在庆祝中国共产党成立 100 周年大会上对全党提出明确要求,"新的征程上,我们必须紧紧依靠人民创造历史,坚持全心全意为人民服务的根本宗旨,站稳人民立场,贯彻党的群众路线,尊重人民首创精神,践行以人民为中心的发展思想,发展全过程人民民主,维护社会公平正义,着力解决发展不平衡不充分问题和人民群众急难愁盼问题,推动人的全面发展、全体人民共同富裕取得更为明显的实质性进展!"③ 据了解,这一重要讲话在过程稿中曾延续使用"全过程民主"的提法,习近平总书记却认为不能忘记人民,专门在这一提法中增加了"人民"二字,形成了"全过程人民民主"的崭新表述。这样,新表述就不仅仅是对中国社会主义民主政治运作机制的一种提炼概括,而是包含了人民当家作主的价值意蕴,成为价值理念和运作机制的有机统一体。

全过程人民民主重大理念的充分阐释是在中央人大工作会议上做出的。在召开这一重要会议之前,习近平总书记已经明确提出了"发展全过程人民民主"的新要求,全国范围内媒体界和理论界随即掀起了一股持续至今的宣传阐释全过程人民民主的热潮。不过,由于宣传阐释过程

---

① 《习近平:中国的民主是一种全过程的民主》,新华网(http://www.xinhuanet.com/politics/2019 – 11/03/c_ 1125186412. htm),访问日期 2022 年 12 月 18 日。

② 《"全过程人民民主和人民代表大会制度"理论研讨会综述》,彭湃新闻(https://www. thepaper. cn/newsDetail_ forward_ 16076285),访问日期 2023 年 3 月 23 日。

③ 习近平:《在庆祝中国共产党成立 100 周年大会上的讲话》,《求是》2021 年第 14 期。

中存在大而化之和片面泛化的偏差现象，这一定程度上妨碍了对全过程人民民主重大理念的准确把握，急需中央层面对全过程人民民主的宣传阐释工作提供及时必要的指导。从这样的总体考虑出发，2021 年 10 月 13 日至 14 日党中央首次召开中央人大工作会议，习近平总书记出席会议并发表重要讲话。在时任全国人大常委会委员长栗战书看来，"习近平总书记在中央人大工作会议上全面阐述了关于民主的立场、理念、观点，第一次系统阐述了全过程人民民主这一重大理念，清楚表明了中国共产党的'民主观'和中国政治制度运行的内在逻辑"①。这次召开的中央人大工作会议，在新中国历史、党的历史、人大制度历史上都是第一次，对于中国推进新时代社会主义民主政治建设具有重要里程碑意义。习近平总书记用大量篇幅集中论述道：

　　党的十八大以来，我们深化对民主政治发展规律的认识，提出全过程人民民主的重大理念。我国全过程人民民主不仅有完整的制度程序，而且有完整的参与实践。我国实行工人阶级领导的、以工农联盟为基础的人民民主专政的国体，实行人民代表大会制度的政体，实行中国共产党领导的多党合作和政治协商制度、民族区域自治制度、基层群众自治制度等基本政治制度，巩固和发展最广泛的爱国统一战线，形成了全面、广泛、有机衔接的人民当家作主制度体系，构建了多样、畅通、有序的民主渠道。全体人民依法实行民主选举、民主协商、民主决策、民主管理、民主监督，依法通过各种途径和形式管理国家事务，管理经济和文化事业，管理社会事务。我国全过程人民民主实现了过程民主和成果民主、程序民主和实质民主、直接民主和间接民主、人民民主和国家意志相统一，是全链条、全方位、全覆盖的民主，是最广泛、最真实、最管用的社会主义民主。我们要继续推进全过程人民民主建设，把人民当家作主具体地、现实地体现到党治国理政的政策措施上来，具体地、现实地体现到党和国家机关各个方面各个层级工作上来，具体地、现实地

①《切实肩负起新时代新征程赋予人大的新使命新任务　推动人民代表大会制度优势更好转化为国家治理效能》，《光明日报》2021 年 12 月 20 日。

体现到实现人民对美好生活向往的工作上来。①

全过程人民民主绝不是偶然间的灵光乍现,而是中国共产党带领人民发展社会主义民主政治的伟大创造,是推进中国民主不断创新的经验结晶。2021年11月11日,党的十九届六中全会审议通过了《中共中央关于党的百年奋斗重大成就和历史经验的决议》。决议先后3次提到"全过程人民民主",认为发展全过程人民民主是基于新时代社会主要矛盾变化做出的战略考量,是从国内外政治发展成败得失中得出的深刻认识,是新时代新征程展现新气象新作为的实践要求。

全过程人民民主建设永远在路上。党的二十大报告擘画了全面建成社会主义现代化强国、以中国式现代化全面推进中华民族伟大复兴的宏伟蓝图和实践路径,为未来五年党和国家事业发展提出了目标任务、制定了大政方针。这一重要报告总共九处提及"全过程人民民主"(见表2-1),涵盖了三类情形。具体来说,一是谈过去五年的工作和新时代十年的伟大变革时提到两次,认为全面发展全过程人民民主是新时代党和国家事业取得的举世瞩目成就之一。二是谈新时代新征程中国共产党的使命任务时提到三次,将发展全过程人民民主既列为中国式现代化的本质要求之一,同时作为中国未来五年主要目标任务之一和2035年发展总体目标的题中应有之义。三是以全过程人民民主统领中国未来五年的社会主义民主政治建设,明确提出"发展全过程人民民主,保障人民当家作主",并回答了全过程人民民主与社会主义民主政治、协商民主、基层民主的逻辑关系,这就为新时代新征程发展社会主义民主政治指明了行动方向、提供了根本遵循。

表2-1 党的二十大报告中的"全过程人民民主"

序号	文本表述	具体语境	隶属部分
1	扎实推进全过程人民民主	论述党的十九大以来的五年工作	第一部分过去五年的工作和新时代十年的伟大变革
2	全面发展全过程人民民主	论述新时代十年来党和国家事业取得举世瞩目成就	

---

① 习近平:《在中央人大工作会议上的讲话》,《求是》2022年第5期。

续表

序号	文本表述	具体语境	隶属部分
3	发展全过程人民民主	阐述中国式现代化的本质要求	第三部分新时代新征程中国共产党的使命任务
4	全过程人民民主制度更加健全	提出2035年中国发展的总体目标	
5	全过程人民民主制度化、规范化、程序化水平进一步提高	提出未来五年的主要目标任务	
6	发展全过程人民民主	第六部分标题的一部分，统领未来五年中国特色社会主义民主政治建设	第六部分发展全过程人民民主，保障人民当家作主
7	全过程人民民主是社会主义民主政治的本质属性	第六部分总论中的新表述	
8	协商民主是实践全过程人民民主的重要形式	论述协商民主与全过程人民民主的关系	
9	基层民主是全过程人民民主的重要体现	论述基层民主与全过程人民民主的关系	

二　从党的全国代表大会报告角度看全过程人民民主

党的代表大会是党的历史上的重要节点，是党和人民各项事业不断前进的强大推动器。党的全国代表大会报告是党的重大理论创新的集中体现，对于党和人民各项事业的长远发展具有极为重要的指导作用。[①] 全过程人民民主既是党的十八大以来以习近平同志为核心的党中央提出的重大理念，也是新时代以来中国特色社会主义民主政治建设的经验结晶。近三届党的全国代表大会报告的文本变化（见表2-2）反映和体现了这些成绩，是我们理解和把握全过程人民民主的一个重要参考。

---

① 辛向阳：《马克思主义中国化百年历程中理论创新的机制研究》，《思想教育研究》2021年第5期。

表2-2　党的十八大、十九大和二十大报告政治建设部分的标题变化

党的十八大报告第五部分（包含7个标题）	党的十九大报告第六部分（包含6个标题）	党的二十大报告第六部分（包含4个标题）	前后对比
总标题"坚持走中国特色社会主义政治发展道路和推进政治体制改革"	总标题"健全人民当家作主制度体系，发展社会主义民主政治"	总标题"发展全过程人民民主，保障人民当家作主"	强调的点不同：党的十八大强调中国特色，党的十九大强调制度体系，党的二十大强调全过程人民民主
（第五部分总论简要提及）	标题1"坚持党的领导、人民当家作主、依法治国有机统一"	（第六部分总论简要提及）	党的十九大单列，方便强调党的集中统一领导
标题1"支持和保证人民通过人民代表大会行使国家权力"	标题2"加强人民当家作主制度保障"	标题1"加强人民当家作主制度保障"	后面的标题涵括性更好
标题2"健全社会主义协商民主制度"	标题3"发挥社会主义协商民主重要作用"	标题2"全面发展协商民主"	从制度到作用再到全面，可以看出演进脉络
标题3"完善基层民主制度"	（放到标题1中简要提及）	标题3"积极发展基层民主"	"制度"二字略去
标题4"全面推进依法治国"	标题4"深化依法治国实践"	（放到第7部分全面依法治国中谈）	已单列论述
标题5"深化行政体制改革"	标题5"深化机构和行政体制改革"	（放到第7部分全面依法治国中谈）	已单列论述
标题6"健全权力运行制约和监督体系"	（放到第13部分全面从严治党中谈）	（放到第7部分全面依法治国和第15部分全面从严治党中谈）	反映对权力制约和监督的认识角度有变
标题7"巩固和发展最广泛的爱国统一战线"	标题6"巩固和发展爱国统一战线"	标题4"巩固和发展最广泛的爱国统一战线"	提法上前后保持了一致性

　　从近三届党的全国代表大会报告政治建设部分的比较中可以发现这四种变化：一是党的领导在中国特色社会主义民主政治建设中的地位和

作用得到明显强化；二是工作重点从完善人民当家作主制度体系向发挥这套制度体系的治理效能转变；三是对权力制约和监督的认识角度，由民主政治建设转向全面依法治国和全面从严治党；四是受习近平法治思想的影响，全面依法治国内容得以单列，并且已将机构和行政体制改革部分纳入其中。

从党的二十大报告政治建设部分来看，全过程人民民主将总论和分论贯通起来，体现在新时代中国特色社会主义民主政治建设的各部分。就总论而言，比较新颖的表述是："人民民主是社会主义的生命，是全面建设社会主义现代化国家的应有之义。全过程人民民主是社会主义民主政治的本质属性，是最广泛、最真实、最管用的民主。"① 这两句表述的新颖之处在于中间两个半句，共涉及两个理论问题：一方面，"人民民主是全面建设社会主义现代化国家的应有之义"提出的是人民民主与中国式现代化的关系问题；另一方面，"全过程人民民主是社会主义民主政治的本质属性"涉及了全过程人民民主与社会主义民主政治的关系，体现了在民主话语体系中寻找全过程人民民主合适位置的努力。

分论共分四部分，回答了全过程人民民主理论研究和实践探索中的多个问题。第一部分"加强人民当家作主制度保障"的开头，使用了"坚持和完善我国根本政治制度、基本政治制度、重要政治制度"这样的概括性表述，这意味着中国的政治制度体系已经基本实现了成熟和定型。对于这一制度体系的内容，党的十九届四中全会已经做出了回答。党的十九届四中全会审议通过了《中共中央关于坚持和完善中国特色社会主义制度　推进国家治理体系和治理能力现代化若干重大问题的决定》，在决定第三部分"坚持和完善人民当家作主制度体系，发展社会主义民主政治"中共用了五个标题，分别是：坚持和完善人民代表大会制度这一根本政治制度；坚持和完善中国共产党领导的多党合作和政治协商制度；巩固和发展最广泛的爱国统一战线；坚持和完善民族区域自治制度；健全充满活力的基层群众自治制度。这个结论性认识，在2021年10月召开的中央人大工作会议上得到了印证。习近平总书记指出，"我国实行工人阶级领导的、以工农联盟为基础的人民民主专政的国体，实行人民代表

---

① 《中国共产党第二十次全国代表大会文件汇编》，人民出版社2022年版，第31页。

大会制度的政体，实行中国共产党领导的多党合作和政治协商制度、民族区域自治制度、基层群众自治制度等基本政治制度，巩固和发展最广泛的爱国统一战线，形成了全面、广泛、有机衔接的人民当家作主制度体系"①。在概括性表述之后，第一部分主要围绕更好地发挥人民代表大会制度作用来谈的。

第二部分"全面发展协商民主"，可以说既是近十年来协商民主广泛多层制度化发展的显著成果，也是针对协商民主体系建设提出的一个努力方向。该部分的开头提出了"协商民主是实践全过程人民民主的重要形式"的新表述，极具针对性。在全过程人民民主提出后，主流媒体纷纷围绕"全过程人民民主"做文章，谈论协商民主的文章大幅减少。这就给如何准确理解习近平总书记关于社会主义民主的重要论述提出了问题。事实上，习近平总书记在许多场合都对协商民主有大段的集中论述，提出了一系列深具创新性和影响力的重要论断。比如，有事好商量，众人的事情由众人商量，是人民民主的真谛；协商民主是中国社会主义民主政治的特有形式和独特优势；协商民主深深嵌入了中国社会主义民主政治全过程。这些重要论断已经深刻揭示了协商民主与全过程人民民主之间的内在关联。如果仅从协商是全过程人民民主的一个环节的角度做宣传，忽略其对于全过程人民民主的关键支撑作用，那么在宣传上势必是肤浅的、表面的。这部分的新表述，就是要解决协商民主与全过程人民民主到底是什么关系的问题。

第三部分"积极发展基层民主"开头提出"基层民主是全过程人民民主的重要体现"，这同样有助于我们厘清基层民主与全过程人民民主的关系问题，同时也与全过程人民民主重大理念的提出语境相契合。2019年11月2日，习近平总书记正是在上海基层调研时提出，"这是一个民主的充分的体现。我们这种民主是全过程的民主"。事实上，早在浙江任职期间，他就提出"基层是社会的细胞，历来是民主政治的发源地和实验田"②。因此可以说，全过程人民民主在基层有着最广泛、最充分的生动实践，体现在基层群众自治的各领域、各方面、各环节，保证了人民

---

① 习近平：《在中央人大工作会议上的讲话》，《求是》2022年第5期。
② 鲍洪俊：《习近平：基层民主越健全，社会越和谐》，《人民日报》2006年9月25日。

群众在日常社会生活中依法管理自己的事情，直接行使民主选举、民主协商、民主决策、民主管理、民主监督的一系列权利，实现了民事民管、民事民议、民事民办、民事民享。

第四部分是"巩固和发展最广泛的爱国统一战线"。最广泛的爱国统一战线已经成为人民当家作主制度体系中的重要制度构成，党的十九届四中全会将其列于人民代表大会制度、中国共产党领导的多党合作和政治协商制度之后以及民族区域自治制度、基层群众自治制度之前。一方面，这与统一战线的独特作用有关，有利于促进政党关系、民族关系、宗教关系、阶层关系、海内外同胞关系和谐；另一方面，这更与当前中国面临的形势任务相关。党的二十大报告明确提到，近五年来我们"面对国际局势急剧变化，特别是面对外部讹诈、遏制、封锁、极限施压"；与此同时，在全党全国各族人民迈上全面建设社会主义现代化国家新征程、向第二个百年奋斗目标进军的关键时刻，我们无疑面临着更加复杂、更为艰巨的任务，这都需要我们在新征程上充分运用好统一战线这个强大法宝，真正做到"为全面建设社会主义现代化国家而团结奋斗"。

第三节　全过程人民民主的相对位置

理论是由一系列概念合理编织而成的体系。每个概念有其固定清晰的特定位置，这既体现在某一概念在整个体系中的等级或者说位阶上，也体现在其与同等级概念之间的相互分工、相互衔接上。全过程人民民主一经提出，在广受理论界和学术界关注的同时，对中国既有的社会主义民主话语体系产生很大影响。清华大学景跃进教授在学术研讨时提出全过程人民民主究竟是一级概念还是二级概念的问题，认为从习近平总书记在中央人大工作会议上的讲话内容可以推断全过程人民民主是一级概念。中共中央党校肖立辉教授则认为，在中国民主的概念根系中，中国式民主或者中国特色社会主义民主政治是一级概念，人民民主即全过程人民民主与党内民主都是二级概念。[①] 对于全过程人民民主概念而言，仅赋予其等级或者说位阶显然是不够的，要找准其在中国社会主义民主

---

① 肖立辉：《全过程人民民主的理论逻辑与体系框架》，《人民论坛》2022 年第 1 期。

话语体系中的位置，还需要从纵横两个维度厘清全过程人民民主与中国既有概念如社会主义民主、人民民主、中国特色社会主义民主政治、选举民主、协商民主等之间的逻辑关联（见图2-1）。只有讲清楚了这些概念之间的相互联系和相对层级，才能充分展示全过程人民民主的多面性，将其有机嵌入现有民主话语体系中，进而充分释放这一重大理念的现实解释力和学术影响力。

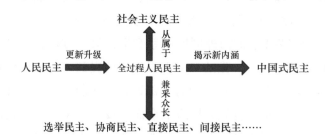

图2-1 全过程人民民主在中国民主话语体系中的位置

首先，全过程人民民主从属于社会主义民主。在政治学领域，民主是一个具有多层次、多面向的核心概念，至少可以从价值理想、国家制度、工作作风、政治文化等许多方面进行专题性探讨。作为一种价值理想，民主是当代公认的全人类共同价值之一，是一种具有支配性的主流意识形态，是衡量人类政治文明程度的重要判准。因此，有学者提出，"在人类历史上第一次没有任何理论是作为反民主的理论提出。对反民主的行为或态度的指责经常是针对别人，实干的政治家和政治理论都一致强调他们所捍卫的制度和鼓吹的理论的民主性质"[①]。作为一种国家制度、国家形式，民主是普遍性和特殊性的辩证统一。一方面，"自从18世纪以来，民主的倡导者通常都假定，民主的天然处所是民族国家，或者从更一般意义上来说是国度"[②]。民主是公认的最可取的人类政治组织形式，具有普遍选举、民意代表、公民参与、社会自治、权力监督等共同形式，

---

① 转引自〔美〕萨托利《民主新论》，冯克利、阎克文译，上海人民出版社2008年版，第15—16页。

② 〔美〕罗伯特·A. 达尔：《民主及其批评者》，曹海军、佟德志译，欧阳景根校，中国人民出版社2016年版，第5页。

在很大程度上有效地解决了现代国家的合法性问题。另一方面，民主更带有鲜明的阶级性，归根到底是由社会中的生产关系决定的，是维护一个阶级来反对另一个阶级进而实现统治阶级利益的政治形式。恩格斯指出，"民主共和国并不消除两个阶级的对立，相反，正是它才提供了一个为解决这一对立而斗争的地盘"①。在马克思主义看来，由于经济基础的不同，民主作为建立于其上的国家制度、国家形态，有着资本主义民主和社会主义民主的根本性区别。资本主义民主建立在生产资料私有制基础之上，是维护资产阶级利益的民主。对于广大劳动群众来说，这种民主是虚伪的，带有明显的剥削和压迫色彩。资本主义国家的普选权一直被滥用，"只是让人民每隔几年行使一次，来选举议会制下的阶级统治的工具"②。因此，"资本主义社会里的民主是一种残缺不全的、贫乏的和虚伪的民主，是只供富人、只供少数人享受的民主"③。相比之下，社会主义民主建立在生产资料公有制基础上，存在于从资本主义向共产主义过渡的无产阶级专政时期，是第一次提供给人民享受的、大多数人享受的民主，这就是民主在从资本主义向共产主义过渡时改变了的形态。中国共产党是用马克思主义武装起来的政党，始终以实现人民当家作主为己任，经过长期努力和不懈奋斗后带领中国人民确立了社会主义制度，建成了社会主义国家。全过程人民民主是中国社会主义民主政治的实践成果，是在中国特色社会主义政治发展道路上形成并日趋成熟的一种民主形态，从本质属性看是涵盖绝大多数人的最广泛的社会主义民主。习近平总书记专门指出，"我国全过程人民民主实现了过程民主和成果民主、程序民主和实质民主、直接民主和间接民主、人民民主和国家意志相统一，是全链条、全方位、全覆盖的民主，是最广泛、最真实、最管用的社会主义民主"④。

其次，全过程人民民主是人民民主的升华版。1934 年 5 月，共产国际在提出反法西斯统一战线时，号召各国共产党联合社会民主党人共同

---

① 《马克思恩格斯文集》第 4 卷，人民出版社 2009 年版，第 88 页。
② 《马克思恩格斯选集》第 3 卷，人民出版社 1995 年版，第 96 页。
③ 列宁：《国家与革命》，人民出版社 2015 年版，第 92 页。
④ 习近平：《在中央人大工作会议上的讲话》，《求是》2022 年第 5 期。

反对法西斯，建立包括资产阶级、小资产阶级在内的人民战线，从中探索走向社会主义的民主道路。在此背景下，意大利共产党领导人陶里亚蒂首先提出了"新民主主义"的思想，认为工人阶级在新民主主义制度下将会争得领导权，通过社会经济改革能够越出资本主义范畴。① 正是在同民主党派共同开展反法西斯斗争过程中，东欧国家的共产党提出了人民民主的政治口号。战后初期，他们在组织联合政府的建国实践中，明确将自身兼有社会主义民主与资产阶级民主双重因素的社会制度称为人民民主制度，作为以长期的和平建设走向社会主义的合适政权形式，其实质是几个革命阶级的联合专政。不过，在美苏冷战和苏南冲突的国际政治背景下，人民民主制度受到了苏联的强力干预，被强行赋予了无产阶级专政的实质内涵，成为与苏维埃制度相并列的两种无产阶级专政形式。② 因此，人民民主后来泛指以无产阶级专政为实质、在苏联基础上演变而来的各种马克思主义民主模式。同样，由于苏联的强烈影响，新中国成立后不久，中国共产党就接受了人民民主专政实质上是无产阶级专政的理论设定。在随后的社会主义革命和建设时期，人民民主专政的国体得到了宪法的正式确认，人民民主的政治架构、经济基础、法律原则、制度框架在全国范围内基本确立起来。改革开放以来，中国逐步形成并发展了一整套由国体、政体、基本政治制度等有机衔接的人民当家作主制度体系，人民民主得到持续发展并不断完善。进入新时代，随着协商民主广泛多层制度化发展，人民群众的政治参与更加全面、广泛、深入，人民民主的全过程特征愈发凸显，通过渐次替代的民主发展策略实现了人民民主的更新升级。

再次，全过程人民民主在新时代条件下继承并发展了中国特色社会主义民主政治或者说中国式民主的核心要义。中国式民主是在中国大地上成长起来并适合于中国国情的民主模式，是改革开放以来中国特色社会主义民主政治持续发展的实践产物。在此过程中，中国始终积极稳妥

---

① 魏宪朝：《论毛泽东新民主主义社会充分发展观的嬗变》，《毛泽东思想研究》1999 年第6 期。

② 刘建平：《苏联、斯大林与中国共产党的人民民主专政理论及其体制的建立》，《中共党史研究》1997 年第6 期。

地推进政治体制改革，不断加强社会主义民主政治建设，逐步探索出一条适合自身国情、具有强大生命力和优越性的中国特色社会主义政治发展道路。党的十六大对这一政治发展道路的精髓做出深刻阐述，提出"发展社会主义民主政治，最根本的是要把坚持党的领导、人民当家作主和依法治国有机统一起来"①。党的领导、人民当家作主和依法治国三者的有机统一是中国式民主的基本原则，是中国对政党、民主、法治之间关系的精要解答。它既是一种基于国内外社会主义民主实践经验的理论凝练，也是中国推进中国特色社会主义民主政治建设的核心要义。新时代以来，中国社会主义民主政治制度化、规范化、程序化全面推进，形成了全过程人民民主这一崭新民主形态。② "全面"是新时代发展社会主义民主政治的总方向和关键词，是理解中国式民主核心要义发生重大历史性变化的关键所在。这一期间，党的领导在中国特色社会主义民主政治建设的全过程得到全面加强，总揽全局、协调各方的领导核心作用更加凸显；人民主体地位愈加突出，全面当家作主的诉求意愿更为迫切；法治固根本、稳预期、利长远的保障作用得到进一步发挥，全面依法治国迈出历史性步伐。全过程人民民主的制度体系和参与实践在事实层面对中国式民主的核心要义做了创造性继承和发展，已经形成了坚持党的全面领导、人民全面当家作主、全面依法治国有机统一的新内涵。③

最后，全过程人民民主融合选举民主和协商民主、直接民主和间接民主各种形式之优长。作为一种国家制度、国家形态，民主有着丰富多样的实现形式。各种实现形式之间不是相互排斥、相互否定的关系，而是相互补充、相得益彰的。由于各国历史条件和实际情况的差异，其采取的民主形式、开展的制度实践往往千差万别，民主样态因此各具特色。社会主义民主是人类历史上新的更高类型的民主，社会主义民主的内在

① 《江泽民文选》第3卷，人民出版社2006年版，第553页。

② 张君：《全过程人民民主：新时代人民民主的新形态》，《政治学研究》2021年第4期。

③ 2022年3月24日，中国社会科学院学部委员李林在全国人大常委会法工委座谈会上提出构建三者有机统一新理念新格局这一问题，认为应当在总结中国社会主义民主法治建设经验基础上，创新发展三者有机统一的表述和内涵，并将其概括为坚持党的全面领导、发展全过程人民民主、推进全面依法治国紧密结合和有机统一。

优越性需要通过一系列的民主形式充分体现出来。列宁指出，"彻底发展民主，找出彻底发展的种种形式，用实践来检验这些形式等等，这一切都是为社会革命进行斗争的基本任务之一"①。在阐述不同民族走向社会主义的道路不会完全一样时，他进一步指出，"在民主的这种或那种形式上……每个民族都会有自己的特点"②。全过程人民民主在民主议题上具有后发优势，能够充分吸收借鉴人类历史上的各种优秀民主成果，择取直接民主和间接民主、选举民主和协商民主等各种民主形式或手段之优长，打磨出融汇纵向民主与横向民主、程序民主与实质民主、过程民主与结果民主于一体的体系化制度规范。通过丰富多样的民主形式、渠道和平台，全过程人民民主切实保障了人民群众的全过程参与和充分表达自身意愿，在凝聚共识、汇聚力量的过程中不断取得符合最大多数人利益的发展成果，实现了人民意愿和国家意志的有机耦合，进而成为一种广受人民群众认可和支持的好民主。

第四节　全过程人民民主的理论意涵

在中国，民主就是人民当家作主。人民当家作主的途径和形式固然多种多样，但最根本、最重要的是由人民真正掌握国家政权，真正行使国家权力。全过程人民民主是社会绝大多数人充分享有的最广泛、最真实、最管用的民主，体现了社会主义民主的本质特征。全过程人民民主让人民有效参与管理国家事务和社会事务、管理经济和文化事业，体现了国家一切权力属于人民的宪法原则。全过程人民民主将人民作为出发点和落脚点，体现了我们党全心全意为人民服务的根本宗旨和以人民为中心的发展思想。全过程人民民主通过丰富多样的民主渠道、途径和形式，采用不断创新的民主机制、平台和载体，能够更充分地体现人民意志，保障人民权益，激发人民创造活力，保证人民当家作主具体地、现实地落实到国家政治生活和社会生活的各领域、各方面、各环节。

---

① 列宁：《国家与革命》，人民出版社 2015 年版，第 80 页。
② 《列宁全集》第 28 卷，人民出版社 1990 年版，第 163 页。

一　完整的制度程序和完整的参与实践

全过程人民民主有着完整的制度程序做保障。习近平总书记指出，"我国实行工人阶级领导的、以工农联盟为基础的人民民主专政的国体，实行人民代表大会制度的政体，实行中国共产党领导的多党合作和政治协商制度、民族区域自治制度、基层群众自治制度等基本政治制度，巩固和发展最广泛的爱国统一战线，形成了全面、广泛、有机衔接的人民当家作主制度体系，构建了多样、畅通、有序的民主渠道"。这样一套制度安排具有鲜明的中国特色，在新时代更加成熟、更加定型，为实现最广泛的人民民主提供了坚实制度保障。

作为中国的一项根本政治制度，人民代表大会制度在人民当家作主制度体系中位置关键、作用重要。它不仅是人民当家作主的重要途径和最高实现形式，也是实现全过程人民民主的重要制度载体。中国人民通过普遍的民主选举，组成五级人民代表大会，参与国家事务的管理，行使当家作主的权利。人民代表大会统一行使国家权力，对人民负责，受人民监督。人民代表大会及其常委会严格按照民主集中制原则，集体行使法定职权，代表人民意志，反映人民根本利益。国家行政机关、监察机关、审判机关、检察机关都由人民代表大会产生，对它负责，受它监督。进入新时代，中国加快推进社会主义民主政治制度化、规范化和程序化，充分发挥人民代表大会制度的根本政治制度作用，更好地将中国全过程人民民主的制度优势转化为高质量的治理效能，用一系列行之有效的法治成果保障了人民当家作主，不断满足着人民日益增长的美好生活需要。

全过程人民民主具有完整的参与实践，是全链条、全方位、全覆盖的民主，在民主的所有环节、层级和领域形成了有机统一，实现了最广大人民的制度化、持续性参与，真正做到了人民当家作主。

全过程人民民主贯通民主选举、民主协商、民主决策、民主管理、民主监督各环节。在中国，全过程人民民主通过一系列法律和制度安排，将民主选举、民主协商、民主决策、民主管理、民主监督各环节真正贯通起来，形成了民主运作链条的完整闭环，实现了人民全周期有序参与，确保了民主的所有环节一个都不少。选举环节，人民按照选举和投票的法定形式，从中央、地方到基层分别选出代表自己意愿的人来掌握并行使权力。协商环节，人民就改革发展稳定的重大问题以及事关人民切身利益的问题，在决策之前和决策实施之中开展广泛协商，寻求最大多数人的最大共识。决策环节，人民通过听证、函询、座谈、网络问政等多种方式，广泛直接参与到决策过程中，来自田间地头的声音直达各级政府的决策层。管理环节，人民依法参与管理国家事务和社会事务、管理经济和文化事业，在基层更是直接管理自己的事情，创造着属于自己的幸福生活。监督环节，人民有权对各级国家机关和公职人员提出意见、批评和建议，对身边的基层事项和重要干部实行近距离、全天候、常态化监督，共同维护着全社会的根本利益、整体利益和长远利益。

全过程人民民主贯穿从中央、地方到基层的各层级。全过程人民民主有着丰富多样的实现形式。这些实现形式之间是相互补充、相得益彰、有机结合的，共同推动了人民民主的全方位发展。在中国，人民通过直接或间接选举方式，按照少数服从多数的原则，差额选举产生五级人大代表；全国人大有权选举、决定中央国家机关的领导人员，地方国家机关的领导人员由同级人大选举产生；在基层，人民直接选举产生村（居）委员会成员，企事业职工直接选举产生本单位职工代表大会的代表。与此同时，协商民主是中国特色社会主义民主政治的特有形式和独特优势，深深嵌入了中国社会主义民主政治的全过程。从中央到地方再到基层，从政党协商、人大协商、政府协商、政协协商、人民团体协商、基层协商再到社会组织协商，各层级、各渠道的协商实践丰富多彩。全过程人民民主探索创造的这些民主参与形式，促使人民意愿既能充分表达，也能有效实现。

全过程人民民主贯穿经济、政治、文化、社会、生态文明等各领域。中国的全过程人民民主，以多样、畅通、有序的民主形式和渠道，充分调动了各民族、阶层、群体、行业的积极性、主动性和创造性，充分发挥了各级国家机关、企事业单位、人民团体、社会组织、群众自治组织的作用，覆盖了经济、政治、文化、社会、生态文明等各领域。中国的全过程人民民主，既关注国家发展大事，也关心社会治理难事、老百姓日常琐事，经济发展、社会治理、老百姓急难愁盼问题等都纳入了民主议事日程，都以民主方式进行回应和解决。① 在全过程人民民主建设过程中，中国始终聚焦人民所思、所需、所盼的突出问题，坚持共建共治共享原则，不断创新民主参与方式，积极扩大民主实践场域，推动人民当家作主落地生根，充分体现了社会主义民主政治的特点和优势。

二　全过程人民民主蕴含的实践要求

全过程人民民主在中国社会主义民主政治伟大实践中成长，也必将在全面建设社会主义现代化国家新征程中不断发展。在新时代新征程上，全过程人民民主对中国特色社会主义民主政治建设提出了以下总要求：一是必须坚持党的集中统一领导，坚持以人民为中心的发展思想，充分彰显人民主体地位，坚定不移走中国特色社会主义政治发展道路，确保人民依法通过各种途径和形式管理国家事务，管理经济文化事业，管理社会事务。二是必须把人民当家作主具体地、现实地体现到党治国理政的政策措施上来，具体地、现实地体现到党和国家机关各个方面、各个层级工作上来，具体地、现实地体现到实现人民对美好生活向往的工作上来。三是必须健全民主制度，丰富民主形式，拓宽民主渠道，使人民意志得到更好体现、人民权益得到更好保障、人民创造活力进一步激发，确保党和国家在决策环节、执行环节、监督落实环节都能听到来自人民的声音，都有人民的参与。四是必须加强人权法治保障，保证人民依法享有广泛权利和自由，推动人的全面发展、全体人民共同富裕取得更为明显的实质性进展。

全过程人民民主是中国共产党和中国人民的伟大创造。在不断坚定民主自信的基础上，中国要把中国特色社会主义民主政治的优势和特点充分发挥出来，必须在以下七个方面全面深入贯彻落实全过程人民民主所蕴含的实践要求。

第一，坚持党在全过程人民民主建设中的领导核心作用。民主政治离不开先进政党对政治过程的有效组织。实现人民当家作主，既是中国共产党的历史使命，也是党百年奋斗的价值依归，中国共产党是推动中

---

① 王炳权、张君：《发展全过程人民民主　丰富人类政治文明形态》，《人民日报》2021 年 12 月 15 日。

国民主政治发展的根本力量。必须坚决维护党中央权威和集中统一领导，保证党的理论、路线、方针政策和决策部署在发展全过程人民民主中得到全面贯彻和有效执行，确保国家始终沿着社会主义民主政治方向前进。支持和保证国家政权机关依照宪法法律积极主动、独立负责、协调一致开展工作。要加强和改善党的领导，坚持和发展民主集中制，善于使党的主张通过法定程序成为国家意志，善于使党组织推荐的人选通过法定程序成为国家政权机关的领导人员，善于通过国家政权机关实施党对国家和社会的领导，提高党在发展社会主义民主政治中把方向、谋大局、定政策、促改革的能力和定力，维护党和国家权威，维护全党全国团结统一，保证党领导人民有效治理国家。

第二，发挥人民当家作主制度体系的显著优势。民主是人民之治，全过程人民民主首先是人民的全过程民主。必须坚持国家一切权力属于人民，坚持用制度体系保障人民当家作主，加强平台载体的体系化建设，把中国社会主义民主政治的优势和特点充分发挥出来，保证人民平等参与、平等发展权利，发展更加广泛、更加充分、更加健全的全过程人民民主。

发挥人民代表大会制度的根本政治制度作用。人民代表大会制度是中国的根本政治制度，是实现中国全过程人民民主的重要制度载体。支持和保证人民通过人民代表大会行使国家权力，保证各级人大都由民主选举产生，对人民负责，受人民监督，保证各级国家机关都由人大产生，对人大负责，受人大监督。支持和保证人大及其常委会依法行使职权，健全人大对"一府一委两院"监督制度。密切人大代表同人民群众的联系，健全代表联络机制，更好发挥人大代表作用。健全人大组织制度、选举制度和议事规则，完善论证、评估、评议、听证制度。健全基层立法联系点运行机制，完善法律草案公开征求意见制度，进一步加强对地方立法工作的指导。

释放多党合作制度的治理效能。加强中国特色社会主义政党制度建设。坚持和完善中国共产党领导的多党合作和政治协商制度，贯彻长期共存、互相监督、肝胆相照、荣辱与共的方针，健全相互监督特别是中国共产党自觉接受监督、对重大决策部署贯彻落实情况实施专项监督等机制，完善民主党派中央直接向中共中央提出建议制度，完善支持民主党派和无党派人士履行职能方法。发挥新型政党制度的独特优势，把多党合作制度优势更好地转化为治理效能。发挥人民政协作为政治组织和民主形式的效能，提高政治协商、民主监督、参政议政水平，更好凝聚共识。完善人民政协专门协商机构制度，丰富协商形式，健全协商规则，优化界别设置，健全发扬民主和增进团结相互贯通、建言资政与凝聚共识双向发力的程序机制。

铸牢中华民族共同体意识。坚持和完善民族区域自治制度，推动各民族坚定对伟大祖国、中华民族、中华文化、中国共产党、中国特色社会主义的高度认同，不断推进中华民族共同体建设。坚持各民族一律平等，保证各民族共同当家作主、参与国家事务管理，保障各族群众合法权益，巩固和发展平等团结互助和谐的社会主义民族关系。促进各民族交往交流交融，支持和帮助各民族发展经济、改善民生，实现共同发展、共同富裕。

广泛实行基层群众自我管理、自我服务、自我教育、自我监督。健全基层党组织领导的基层群众自治机制，在城乡社区治理、基层公共事务和公益事业中实现民事民管、民事民议、民事民办、民事民享。推进基层直接民主制度化、规范化、程序化，拓宽人民群众反映意见和建议的渠道，发挥基层各类组织协同作用，打造共建共治共享的基层治理格局。全心全意依靠工人阶级，健全以职工代表大会为基本形式的企事业单位民主管理制度，探索职工参与管理的有效方式，保障职工群众的知情权、参与权、表达权、监督权，维护职工合法权益，不断增强广大职工的获得感、幸福感。

第三，推进协商民主制度化、规范化、常态化发展。发扬有事好商量的民主精神，加大协商民主体系建设力度，探索研究协商民主的专门性法律，推进协商民主制度化、规范化、常态化发展。统筹推进政党协商、人大协商、政府协商、政协协商、人民团体协商、基层协商以及社会组织协商，不断完善协商于决策之前和决策实施之中的落实机制，进一步丰富有事好商量、众人的事情由众人商量的制度化实践。加强线上线下平台融合发展，充分汇聚民意民智，让人民群众在广泛、持续、深入参与中增强效能感和获得感。

人民政协是发展全过程人民民主的重要制度安排，是社会主义协商民主的重要渠道和专门协商机构。人民政协工作要聚焦党和国家中心任务，围绕团结和民主两大主题，把全过程人民民主重大理念和协商民主的操作技术贯穿政治协商、民主监督、参政议政全过程，不断完善协商议政内容和形式，充分增进共识、促进团结。加强人民政协民主监督，重点监督党和国家重大方针政策与重要决策部署的贯彻落实。增强人民政协界别的代表性，加强委员队伍建设，有效发挥社会整合作用。

第四，推动全面依法治国提质增效。法治是全过程人民民主的重要保障，是国家治理体系和治理能力的重要依托。要坚定不移走中国特色社会主义法治道路，全面推进中国特色社会主义法治体系建设，更好发挥法治固根本、稳预期、利长远的作用。正确处理政治和法治、改革和法治、依法治国和以德治国、依法治国和依规治党的关系。坚持以人民为中心的法治理念，继续推进法治领域改革，着力增扩人民民主权利，全面推进民主实践的法治化、制度化，把体现人民利益、反映人民愿望、维护人民权益、增进人民福祉落实到法治体系建设全过程。

加强立法系统性、整体性、协同性，健全国家治理急需、满足人民美好生活向往的法律制度，发挥依规治党对党和国家事业发展的政治保障作用，形成国家法律和党内法规相辅相成的格局。要遵循立法程序、严守立法权限，切实避免越权立法、重复立法、盲目立法，防止部门利益和地方保护主义法律化。要推进严格执法，理顺执法体制，完善行政执法程序，全面落实行政执法责任制。要支持司法机关依法独立行使职权，健全司法权力分工负责、相互配合、相互制约的制度安排。要把推进全民守法作为基础工程，推动各级领导干部带头尊法、学法、守法、用法，引导广大群众自觉守法、遇事找法、解决问题靠法。要健全法律面前人人平等保障机制，维护国家法制统一、尊严、权威，一切违反宪法法律的行为都必须予以追究，让违法者付出应有代价。

第五，构建科学高效的机构职能体系。优化党和国家机构设置与职能配置，科学配置党政部门及内设机构权力，进一步明确细化职责。加强机构配合联动，统筹使用各类编制资源，形成科学合理、运转高效的管理体制。转变政府职能，深化简政放权，创新监管方式，增强政府公信力和执行力，建设人民满意的服务型政府。赋予省级及以下政府更多自主权，减少机构重叠、职责交叉、权责脱节问题，削减政策落实的中间层级，将更多力量和资源配置到基层一线。加强以大城市为中心的区域治理布局，运用大数据、云计算、区块链、人工智能等前沿技术，全面提升城市治理的响应速度，推进城市治理体系和治理能力的科学化、精细化。完善基层机构设置和权力配置，增强群团组织政治性、先进性、群众性，提高组织群众、服务群众能力。依法推进政事分开、事企分开、管办分离，强化公益导向，防止本位主义的滋生蔓延，推动事业单位改革落地见效。

第六，强化对权力运行的制约和监督。坚持用制度管权、管事、管人，保障人民知情权、参与权、表达权、监督权，是权力正确运行的重要保证。要确保决策权、执行权、监督权既合理分工又相互协调，确保国家机关按照法定权限和程序行使权力。坚持科学决策、民主决策、依法决策，健全决策咨询机制和参与程序，发挥新型智库的咨政建言功能，推动健全决策问责和纠错制度，不断提高重大决策的科学化、民主化水平。要提高权力运行的公开化、规范化、透明度，健全社会公平正义法治保障制度，完善权力运行制约和监督机制，优化保障人民权益、倾听人民心声、接受人民监督的体制机制。提升各类监督的整合力度，健全有机贯通、相互协调的监督体系，形成配置科学、权责协同、运行高效的监督网，把对权力的监督逐步延伸到各领域、各方面、各环节，让权力在阳光下运行，不断提升权力运行的监督效能，做到正确监督、有效监督、依法监督。

第七，巩固发展最广泛的爱国统一战线。统一战线是中国共产党凝聚人心、汇集力量的强大法宝。要大力弘扬爱国主义精神，坚持大团结大联合，坚持一致性和多样性相统一，不断巩固和发展最广泛的爱国统一战线，不断促进政党关系、民族关系、宗教关系、阶层关系、海内外同胞关系和谐，最大限度凝聚起中华民族一切智慧和力量。坚持长期共存、互相监督、肝胆相照、荣辱与共，支持民主党派按照中国特色社会主义参政党要求做好自身建设，更好履行职能、发挥作用。高举中华民族大团结旗帜，以铸牢中华民族共同体意识为主线，深化民族团结进步教育，加强各民族交往交流交融，促进各民族像石榴籽一样紧紧抱在一起，坚持共同团结奋斗、共同繁荣发展，推动各民族共同走向社会主义现代化。要完整、准确、全面贯彻党的宗教信仰自由政策,尊重群众宗教信仰,依法管理宗教事务,积极引导宗教与社会主义社会相适应,深入推进中国宗教中国化,增进宗教界人士和信教群众对伟大祖国、中华民族、中华文化、中国共产党、中国特色社会主义的认同,支持引导宗教界加强自我教育、自我管理、自我约束。要团结引导党外知识分子和新的社会阶层人士坚持党的领导,坚持走社会主义道路,不断增进和凝聚政治共识,充分发挥他们在中国特色社会主义事业中的重要作用。要加快构建亲清新型政商关系,打造良好营商环境,鼓励、支持、引导非公有制经济继续发展壮大,促进非公有制经济人士健康成长。要广泛团结联系海外侨胞和归侨侨眷,积极维护其合法权益,进一步凝聚共识和力量,形成海内外全体中华儿女万众一心、共襄民族复兴伟业的生动局面。

第三章

全过程人民民主的实践样态

党的十八大以来，习近平总书记站在两个大局的高度，对人民民主的理论与实践做了全面深入的新阐发，形成了全过程人民民主的崭新概括。全过程人民民主是在人民民主的基础上发展而来的，既是习近平新时代中国特色社会主义思想的最新成果，也是新征程上发展社会主义民主政治的科学指南。当前，无论是从加强理论阐释的考量，抑或是推动实践探索的考虑出发，开展全过程人民民主专题研究都具备了相当重要的紧迫性和必要性。要尽可能全面准确地理解全过程人民民主这一新概括，就必须追根溯源、深入"现场"，聚焦新时代中国社会主义民主政治的制度实践来复盘全过程人民民主的广泛性、真实性。

第一节　全过程人民民主的制度保障

东汉史学家荀悦说过，"经国序民，正其制度"①。其意思是，治理国家，使人民安然有序，就要健全各项制度。这是因为，以什么样的思路来谋划和推进政治建设，在一个国家的政治生活中往往具有管根本、管全局、管长远的作用；而国与国之间的竞争，归根结底是国家制度之间的竞争。全过程人民民主作为在世界大变局中脱颖而出的一种富有竞争力的民主形态，必然有着完备的制度体系做保障。那么，在保证人民当家作主过程中，中国形成和发展了什么样的制度体系？各种制度之间又分别聚焦哪类重大政治问题或者说主要调整哪类重大政治关系呢？

---

① ［汉］荀悦：《汉纪·孝武皇帝纪一》，中华书局 2002 年版，第 159 页。

一 人民当家作主制度体系

新中国成立以来,中国共产党团结带领中国人民,从自身国情和实际出发,逐步建立起社会主义民主政治的基本框架,形成了一整套较为系统完备的人民当家作主制度体系,为实现最广泛的人民民主提供了坚实制度保障。

2014 年 9 月 5 日,习近平总书记在庆祝全国人民代表大会成立 60 周年大会上,专门对中国人民当家作主制度体系的内容、优势及效能做了集中论述:

> 中国实行工人阶级领导的、以工农联盟为基础的人民民主专政的国体,实行人民代表大会制度的政体,实行中国共产党领导的多党合作和政治协商制度,实行民族区域自治制度,实行基层群众自治制度,具有鲜明的中国特色。这样一套制度安排,能够有效保证人民享有更加广泛、更加充实的权利和自由,保证人民广泛参加国家治理和社会治理;能够有效调节国家政治关系,发展充满活力的政党关系、民族关系、宗教关系、阶层关系、海内外同胞关系,增强民族凝聚力,形成安定团结的政治局面;能够集中力量办大事,有效促进社会生产力解放和发展,促进现代化建设各项事业,促进人民生活质量和水平不断提高;能够有效维护国家独立自主,有力维护国家主权、安全、发展利益,维护中国人民和中华民族的福祉。①

2019 年 10 月 31 日,党的十九届四中全会审议通过了《中共中央关于坚持和完善中国特色社会主义制度 推进国家治理体系和治理能力现代化若干重大问题的决定》。它的第三部分是“坚持和完善人民当家作主制度体系,发展社会主义民主政治”,在阐明中国的国体后又对政治制度做了分段论述,将巩固和发展最广泛的爱国统一战线列于人民代表大会制度、中国共产党领导的多党合作和政治协商制度之后以及民族区域自

---

① 《习近平谈治国理政》第 2 卷,外文出版社 2017 年版,第 288 页。

治制度、基层群众自治制度之前。① 2021 年 10 月 13 日，习近平总书记在中央人大工作会议上做重要讲话，对党中央关于中国人民当家作主制度体系的新认识做了确认，将巩固和发展最广泛的爱国统一战线纳入人民当家作主制度体系范畴，列在国体、政体、基本政治制度之后进行论述。习近平总书记指出，"我国实行工人阶级领导的、以工农联盟为基础的人民民主专政的国体，实行人民代表大会制度的政体，实行中国共产党领导的多党合作和政治协商制度、民族区域自治制度、基层群众自治制度等基本政治制度，巩固和发展最广泛的爱国统一战线，形成了全面、广泛、有机衔接的人民当家作主制度体系，构建了多样、畅通、有序的民主渠道"②。新时代的人民当家作主制度体系更加成熟、更加定型，是由坚持人民民主专政国体下的根本制度、基本制度、重要制度和体制机制等有机构成的统一整体，为支持和保证人民当家作主提供了强有力的制度保障。

国体和政体是一对重要概念，二者是对立统一、相互依存而又不可分割的关系。国体是政体存在和发展的基础，国体决定政体的存在状态；政体是对国体的反映和体现，同时也对国体具有能动的反作用。国体就是国家性质，是指社会各阶级在国家中的地位，表明了国家政权掌握在哪个阶级手中，哪个阶级是统治阶级，哪个阶级是被统治阶级，反映和体现了国家的阶级本质。政体就是政权的组织形式，就是一定的社会阶级采取何种形式的政权机关来反对敌人、保护自己。

现行宪法明确规定，"中华人民共和国是工人阶级领导的、以工农联盟为基础的人民民主专政的社会主义国家"。作为国体的人民民主专政，实质是中国特色的无产阶级专政，核心内容是对人民实行民主和对敌人实行专政。从对人民实行民主来说，中国坚持国家的一切权力属于人民，人民依照宪法和法律规定，通过各种途径和形式，切实管理国家事务和社会事务，管理经济和文化事业。从对敌人实行专政来说，就是要充分运用国家的暴力机器，依法打击破坏社会主义制度、颠覆国家政权、危

---

① 《中国的民主》白皮书在谈及中国民主的制度安排时，正是采用了党的十九届四中全会关于人民当家作主制度体系所包含的制度范围和论述顺序。

② 《习近平谈治国理政》第 4 卷，外文出版社 2022 年版，第 260 页。

害国家安全和公共安全等各种犯罪行为，有效维护法律尊严和法律秩序，切实保护国家和人民的利益不受侵害。[①]

人民代表大会制度是适应人民民主专政国体的政权组织形式，是中国的根本政治制度。人民通过全国人民代表大会和地方各级人民代表大会行使国家权力。全国人民代表大会是最高国家权力机关，与地方各级人民代表大会同样由民主选举产生，每届任期 5 年。其中，县、乡两级人民代表大会代表由选民直接选举产生，县以上各级人民代表大会代表由下一级人民代表大会通过间接选举产生。人民代表大会主要拥有立法、监督、人事任免、重大事项决定四项职权，国家行政机关、监察机关、审判机关、检察机关都由人民代表大会产生，对人民代表大会负责并受其监督。

中国共产党领导的多党合作和政治协商制度，又称多党合作制度，是中国的一项基本政治制度。这是中国共产党、中国人民和各民主党派、无党派人士的伟大政治创造，是从中国土壤中生长出来的新型政党制度。多党合作制度具有三方面的崭新优势：一是利益代表具有人民性、共同性，能够代表和实现最广大人民的根本利益、全国各族各界的根本利益；二是政党关系具有合作性、同盟性，能够紧密团结各个政党和无党派人士为共同目标而奋斗；三是决策过程具有民主性、科学性，能够通过制度化、程序化、规范化的安排集中各种意见建议，推动决策科学化、民主化。多党合作制度是中国特色社会主义制度体系和国家治理体系的重要构成，保障了政党活动的制度化、程序化、规范化，有利于提高政治协商、民主监督、参政议政水平。它在建立新中国和社会主义革命、建设、改革各个历史时期都发挥了十分重要的作用，在国家治理实践中具有凝聚政治合力、优化政治决策、激发政治动能、保持政治稳定等多重政治效用。[②]

民族区域自治制度是中国的基本政治制度之一，是中国处理民族问

---

① 中华人民共和国国务院新闻办公室:《中国的民主》白皮书，人民出版社 2021 年版，第 9—10 页。

② 张树华、张君:《充分发挥多党合作制度的政治效能》，《中国统一战线》2021 年第 5 期。

题的制度性安排。在确保国家法律和政令实施的前提下，民族区域自治制度依法保障自治地方行使自治权，给予自治地方特殊支持，着力解决好自治地方的特殊问题。展开来说，中国在坚持国家统一领导下，在少数民族聚居地区或少数民族分布较为集中的地区，设立自治机关，由少数民族实行区域性民族自治。这是中国特色解决民族问题的正确道路的重要内容和制度保障，体现了坚持各民族一律平等、筑牢中华民族共同体意识、实现共同团结奋斗和共同繁荣发展的显著优势。当前，全国共建立了 155 个民族自治地方，包括 5 个自治区、30 个自治州（盟）、120个自治县（旗）。在相当于乡的少数民族聚居地方，也建立了 966 个民族乡。

基层群众自治制度同样是中国的基本政治制度之一。其主要内容包括农村村民自治制度、城市居民自治制度、职工代表大会以及其他形式的企事业民主管理制度。基层群众自治制度促使人民群众对农村村级、城市社区公共事务和公益事业等直接行使民主权利，依法实现自我管理、自我服务、自我教育、自我监督，生动呈现着中国最直接、最广泛的民主实践。

巩固和发展最广泛的爱国统一战线是中国的一项重要政治制度，是凝聚人心、汇聚力量的强大法宝。在中国共产党领导下，统一战线能够广泛凝聚人心，为各民主党派、工商联、无党派人士建言献策增加便捷渠道；能够团结社会各方面代表人士，为经济社会发展汇聚更广泛社会力量；能够有效调节政党、民族、宗教、阶层、海内外同胞等重要政治关系，有利于中国保持长期稳定发展。①

二　人民代表大会制度是实现全过程人民民主的重要制度载体

全过程人民民主是以人民当家作主制度体系为核心内容和基础的，是与人民广泛有序政治参与相对应的。在中国，人民代表大会制度是保证人民当家作主的根本政治制度，是人民实现当家作主的重要途径和最高实现形式。中国宪法规定，人民通过普遍的民主选举，组成五级人民

---

① 张君：《以全过程人民民主全面保障人民当家作主》，光明网（https：//m. gmw. cn/bai-jia/2022–11/10/36150440. html），访问日期 2022 年 11 月 26 日。

代表大会,参与国家事务管理,行使当家作主的权利。人民代表大会统一行使国家权力,拥有立法、监督、人事任免、重大事项决定四项主要职权,并对人民负责,受人民监督。人民代表大会及其常委会严格按照民主集中制原则,集体行使法定职权,代表人民意志,反映人民根本利益。国家行政机关、监察机关、审判机关、检察机关都由人民代表大会产生,对它负责,受它监督。

人民代表大会制度是实现最根本、最广泛政治参与的制度通道,人民代表大会是中国政治体系中最正式的决策机关。正是在五级人大的履职实践中,人民民主的全过程属性得到最充分的体现,成为具体的、经验性的现实。① 从这一意义上说,人民代表大会制度是实现全过程人民民主的重要制度载体,提供了全过程人民民主实践的重要发展渠道。近年来,中国积极发挥人大的职能作用,加快推进社会主义民主政治制度化、规范化和程序化,用一系列法治成果和扎实举措发展了全过程人民民主,在立法、监督和代表工作中取得了显著成效。

立法决策是全过程人民民主实践的重要载体。2019 年 11 月,习近平总书记正是在与参加法律草案意见建议征询会的中外居民交谈时,首次指出了"人民民主是一种全过程的民主",随即强调"所有的重大立法决策都是依照程序、经过民主酝酿,通过科学决策、民主决策产生的"。② 这些重要论述的语境和语序,一定程度上说明了立法决策与全过程人民民主之间存在密切关系。从基本流程看,中国的立法工作,包括立项、起草、审议、论证、评估、监督和宣传等环节。整个立法流程贯穿了全过程人民民主的理念、原则和要求,与人民群众有着高频度的互动沟通,广泛吸收社会各方面人士的意见建议,不断推动科学立法、民主立法取得新进展。2015 年 3 月,十二届全国人大三次会议通过了修改后的《中华人民共和国立法法》,加强全国人大及其常委会在立法工作中的主导作用,发挥立法的引领和推动作用,保障人民通过

---

① 程竹汝:《人大制度内涵的充分展现构成全过程民主的实践基础》,《探索与争鸣》2020 年第 12 期。

② 《习近平:中国的民主是一种全过程的民主》,新华网(http://www.xinhuanet.com/politics/2019 - 11/03/c_ 1125186412. htm),访问日期 2022 年 12 月 18 日。

多种途径参与立法活动，有效推进科学立法、民主立法、依法立法。党的十八大以来，中国法律草案向社会广泛征求意见越来越常态化，累计有 187 件次法律草案向社会征求意见，约 110 万人次提出 300 多万条意见建议，其中许多重要意见得到采纳。①

预算审查监督是人大监督的重点内容，参与式预算是全过程人民民主的重要实践形式。② 中国宪法和法律明确赋予了各级人大及其常委会预算审查监督职权，要求其依据宪法和法律规定，对政府提出的财政收支计划预算的编制、审批、执行和决算等预算管理过程进行审查批准，并且对政府预算执行情况进行监督检查。不过，长期以来，这种预算监督大多流于形式，对预算管理及执行过程缺乏实质性约束力。近年来，在中央支持下，地方层面的预算民主化进程不断加快，取得了显著的改革成果。比如说，浙江省温岭市、上海市闵行区等地的参与式预算实践，将全过程参与嵌入人大制度框架内，积极推进公共预算的民主化、科学化，推动人民群众从预算旁观者转变为参与者、决策者，切实增强了人大的监督实效。

代表工作同样有新的实践、新的亮点。2018 年，全国人大常委会委员长会议修改《全国人民代表大会代表建议、批评和意见处理办法》，进一步保障全国人大代表依法行使提出建议、批评和意见的权利，充分发挥代表作用。2019 年，全国人大常委会出台了《关于加强和改进全国人大代表工作的具体措施》，从议案建议办理、视察调研以及闭会期间的活动等方面，鼓励人大代表进一步密切同人民群众的联系，多从群众呼声中收集接地气的意见建议，为代表发挥作用创造出更加便利的条件。③ 同时，为完善联系代表制度，健全代表意见建议处理反馈机制，十三届全国人大常委会专门建立了与列席常委会会议代表座谈的机制。在这些制度机制的推动下，截至 2021 年 10 月，全国各地共设有代表之家、代表联络站、代表活动室等约 22.8 万个，平均每 6200 名群众、每 11 名代表就

---

① 全国人大常委会法制工作委员会：《坚持和践行全过程民主　推进新时代立法工作高质量发展》，《求是》2021 年第 13 期。

② 上官酒瑞：《参与式预算是全过程民主的实践形式》，《探索与争鸣》2020 年第 12 期。

③ 于浩、孟伟：《"35 条具体措施"为代表履职添活力》，《中国人大》2020 年第 5 期。

拥有一个代表之家（站、室）。① 截至 2021 年底，十三届全国人大常委会共召开 14 次列席代表座谈会，有 700 多人次来自基层、来自一线的代表参加。十三届全国人大一次会议至五次会议期间，代表们共提出 2282 件议案和 42675 件建议，履职积极性和主动性不断提升，更加充分地反映了各方面人民群众的意愿诉求。从办理结果看，十三届全国人大代表建议所提问题得到解决或计划逐步解决的均占建议总数的 70% 以上。②

近年来，中国不断加强人大自身建设，制定出台立法项目征集和论证工作规范、全国人大常委会法工委基层立法联系点工作规则、向社会公布法律草案征求意见工作规范等一批实施性文件，将全过程人民民主的原则和要求进一步贯彻到具体的立法实践中。2021 年 3 月，十三届全国人大四次会议对全国人大组织法和全国人大议事规则做出修改，将"全国人大及其常委会坚持全过程民主"写进法律，把全过程民主贯彻到立项、起草、审议、论证、评估、监督和宣传等立法工作及代表履职的各方面、各环节，明确要求全国人大代表充分发挥在全过程民主中的作用，为全面发展全过程人民民主提供了更坚实的制度保障。③ 2022 年 3 月，十三届全国人大五次会议表决通过了《全国人民代表大会关于修改〈中华人民共和国地方各级人民代表大会和地方各级人民政府组织法〉的决定》。贯彻全过程人民民主成为此次地方组织法修改的一个重点和亮点，不仅将"坚持和发展全过程人民民主"写入总则，而且还设计了一系列制度机制保证其真正落到实处。④

正是在全国人大及其常委会的示范带动下，各级人大及其常委会全面担负起宪法法律赋予的各项职责，各级人大代表密切联系群众、真实反映民意，在全面全过程人民民主过程中共同发挥着不可替代的重要作用。

---

① 王金虎：《人民代表为人民，用好人民赋予的权力》，《光明日报》2021 年 10 月 13 日。

② 王萍、孟伟：《内容高质量 办理高质量——十三届全国人大常委会代表议案建议工作迈出坚实步伐》，《中国人大》2022 年第 9 期。

③ 全国人大常委会法制工作委员会：《坚持和践行全过程民主 推进新时代立法工作高质量发展》，《求是》2021 年第 13 期。

④ 彭东昱、施林：《地方组织法修改：制度建设再现全过程人民民主勃勃生机》，《中国人大》2022 年第 6 期。

第二节　全过程人民民主的实现层次

中国的人民民主深嵌于中国特色社会主义政治发展道路之中，体现为一种全过程的民主。全过程人民民主是中国特色社会主义民主政治的鲜明特点和独特优势。它具有时间上的持续性、内容上的完整性、公民参与的全过程性等诸多特征①，内含着权力和权利两条基本线索，由此决定了其在实践逻辑上可概分为两大基本实现层次。从权力角度看，全过程人民民主呈现为政治层面的民主形态，意味着人民群众能够全方位地参与行使国家权力，实现了对国家政治生活的全覆盖；从权利角度看，全过程人民民主呈现为社会层面的民主形态，意味着人民群众能够全领域地直接行使各种法定权利，实现了在基层社会事务各环节的自我管理。

一　国家政治生活的全覆盖

公众参与是民主政治的实质性内容。既然一个国家的政治生活包括了特定节点和日常时刻，那么广泛、真实的民主政治就必然会要求公众的政治参与是持续的、不间断的。经过长期的探索发展，中国已经建立了较为系统完备的人民当家作主制度体系，形成了日益完整的制度程序，不断满足着全过程参与的民主需求。在新时代社会主义民主政治实践中，这种全过程人民民主实现了人民群众参与国家政治生活的全覆盖，保证了人民群众在投票选举时和日常政治生活中都享有民主参与的权利。

全过程人民民主既保障人民群众的选举权，也保障人民群众的被选举权。根据宪法的有关规定，中国采取直接选举和间接选举相结合的方式，选举产生五级人民代表大会代表。改革开放以来，中国县、乡人大换届选举的选民参选率均保持在 90% 左右，人民群众的真实意愿得以充分体现在选举结果之中。② 在各级人民代表大会选举中，中国一直注重增

---

① 桑玉成：《拓宽全过程民主的发展空间》，《探索与争鸣》2020 年第 12 期。
② 杨振武：《发展全过程人民民主彰显中国式民主优势》，《人民日报》2021 年 8 月 4 日。

强代表来源的广泛性和代表性，同时保证基层一线群众代表的名额占比。从 2021 年上半年到 2022 年 6 月底，中国 10.64 亿选民一人一票直接选举产生了 2629447 名县、乡两级人大代表，全面完成新一轮全国县、乡两级人大换届选举工作。其中，参加县级人大代表选举的投票选民有 9.21 亿人，占登记选民的 86.49%，共选出县级人大代表 670563 名；参加乡级人大代表选举的投票选民有 6.23 亿人，占登记选民的 85.63%，共选出乡级人大代表 1958884 名。新选出的县、乡两级人大代表结构进一步优化，一线工人、农民、专业技术人员等基层代表比例分别为 52.53% 和 76.75%，妇女代表比例分别为 31.64% 和 32.36%，少数民族代表比例分别为 15.42% 和 17.18%。[①] 这是世界上规模最大的基层选举，也是全过程人民民主的生动实践。

对于人民是否享有民主权利，习近平总书记在庆祝中国人民政治协商会议成立 65 周年大会上指出，除了要看人民是否有投票选举的权利外，还要看在日常政治生活中有没有持续参与的权利。[②] 基于其产生语境可知，这里所说的持续参与权利，显然是由协商民主的理念和实践做支撑的。在中国，协商民主是实践全过程人民民主的重要形式，植根于传统政治文化的民主资源，深受人民群众所认可。它坚持鲜明的商量取向，反映和体现着人民民主的真意，是人民群众在日常政治生活中实现广泛、持续、深入参与的关键所在，并推动中国的民主实践展现出突出的全过程性。协商民主对这种全过程参与的支撑作用体现在：一方面，随着党务公开、政务公开、司法公开和各领域办事公开的不断完善，人民群众的知情权得到了切实保障，获取各类政务信息更为便捷，这就为全过程协商提供了必要的前提条件；另一方面，借助事前、事中和事后的协商过程，人民群众能够更好地行使参与权、表达权、监督权，这对于国家政治生活层面的民主决策、民主管理、民主监督都能起到显著的推动作用。

进入新时代，人民日益增长的美好生活需要呈现出多样化、高质量的特征，在民主、法治、公平、正义等方面的要求也在不断增长，这就

---

① 《全国县乡两级人大换届选举工作全面完成》，《人民日报》2022 年 10 月 10 日。
② 《习近平谈治国理政》第 2 卷，外文出版社 2017 年版，第 292 页。

对当前及今后一段时间内发展全过程人民民主提出了新的要求。协商民主不仅是实践全过程人民民主的重要形式，也是当前全过程人民民主蓬勃发展的一大亮点。中国的协商民主始终坚持有事好商量，由人民内部各方面在决策前、决策中和决策后开展广泛、持续、深入的协商，力求在审慎反思和理性讨论中不断地对决策思路与内容进行纠偏校正，从而达成符合公共利益的最大公约数。这种协商民主形式，有助于切实解决许多领域发展不平衡不充分的阶段性难题，为支持和保证人民当家作主提供了有效的机制保障。回顾近年来的民主实践可知，中国已经加大了协商民主体系的顶层设计力度，不断推动协商民主广泛多层制度化发展，全过程人民民主进入了发展的快行道。从 2015 年起，中共中央密集印发了《关于加强社会主义协商民主建设的意见》《关于加强城乡社区协商的意见》《关于加强政党协商的实施意见》等一系列文件，下大力气统筹推进政党协商、人大协商、政府协商、政协协商、人民团体协商、基层协商以及社会组织协商七大协商渠道建设，社会主义协商民主体系的程序更加合理、环节更加完整、形式更加多样，形成了全国范围内协商民主实践上下齐动、竞相发展的良好局面。

二　基层社会事务的各环节

基层是社会的细胞，历来是民主政治的发源地和实验田。[1] "四个民主"是民主选举、民主决策、民主管理、民主监督的概称。它来源于中国基层民主的创新实践，证明了全过程人民民主在基层有根、有源、有生命力。20 世纪 80 年代开始的农村村民自治实践是中国社会主义民主政治发展中的一件大事。从自我管理、自我教育、自我服务中成长起来的农村基层自治性组织，逐步建立并实行了民主选举、民主决策、民主管理、民主监督等一系列自治制度。1994 年，民政部发布了《全国农村村民自治示范活动指导纲要（试行）》，在规范村民自治活动的意义上使用了"四个民主"的提法，确立了民主选举、民主决策、民主管理、民主监督四项民主制度。后来，该提法的内涵得到了明显的升级和扩展。1997 年，党的十五大报告在一般民主政治意义上对"四个民主"做了阐

---

①　《习近平：基层民主越健全，社会越和谐》，《人民日报》2006 年 9 月 25 日。

述，这一提法就此成为关于人民民主权利内容的一种广受认可的理论概括。2017 年，党的十九大报告在此基础上增加了民主协商环节，对"四个民主"的提法做了创新性发展。

习近平总书记指出，"人民是否享有民主权利，要看人民是否在选举时有投票的权利，也要看人民在日常政治生活中是否有持续参与的权利；要看人民有没有进行民主选举的权利，也要看人民有没有进行民主决策、民主管理、民主监督的权利"①。这里对人民是否享有民主权利的重要论述，正是围绕"四个民主"来展开的。它既可以从人民群众持续参与国家政治生活的层面来理解，还可以从基层社会事务的运作层面来看待。在中国，基层与人民群众的切身利益紧密相关，全过程人民民主在基层有着最广泛的生动实践，体现在基层群众自治的各领域、各方面、各环节。它保证了人民群众在日常社会生活中依法管理自己的事情，直接行使民主选举、民主协商、民主决策、民主管理、民主监督的一系列权利，实现民事民管、民事民议、民事民办、民事民享。

在中国基层，民主选举除了指宪法和选举法等法律规定的城乡基层政权机关的选举，还包括依法开展的基层群众性组织的选举，也包括人民群众在工作中参与本单位领导干部的选拔任用等。因此，这里的民主选举，除了政治生活意义上的法律行为外，更蕴含了日常社会生活意义上的个体自主性。近年来，民主协商在各地呈现出竞相创新、互学互鉴的良好局面。民主恳谈会、村民议事会、居民论坛、小区协商、业主协商、村（居）民决策听证等一系列丰富多样的协商形式，为涉及人民群众切身利益的事项如社区环境整治、邻里纠纷和解等提供了广泛深入的协商机会，不断夯实着基层治理的民意基础。在此同时，基层的民主决策更加广泛、更加充分，人民群众通过座谈、听证、评估等多种方式充分发表意见建议，参与讨论和决定基层的公共事务与公益事业，推动了基层决策的民主化水平不断提升。村（居）民委员会、企事业单位、机关单位、社会组织等的民主管理机制进一步走向完善，人民群众直接参与所属单位各项工作的决策和管理，具体地、现实地创造着属于自己的幸福生活。在民主监督方面，除了更方便地对各级国家机关和公职人员

---

① 《习近平谈治国理政》第 2 卷，外文出版社 2017 年版，第 292 页。

提出意见、批评与建议外，人民群众能够对身边的基层事项和重要干部实行近距离、全天候、常态化的直接监督，在维护基层公共利益中扮演着不可或缺的重要角色。

第三节　全过程人民民主的主要着力点

简单来说，公共政策是指政府选择做或者不做的事情，涉及调节个人行为、构建政府组织体系、分配利益、征税等事项。公共政策是政府围绕特定公共问题输出的主要产品，是国家治理的核心要素。它内含着某一政策目标，往往是多个政治行为主体相互作用的结果，理想的公共政策旨在追求社会效益的最大化。公共政策过程聚焦于公共政策是如何制定出来的，通常有广义和狭义两种理解。狭义上的公共政策过程仅指制定过程，也就是从确认政策目标到确定政策方案的过程。广义上的公共政策过程涉及一系列政治活动或行为过程，包括了问题认定、议程设置、政策形成、政策合法化、政策执行、政策评估等基本环节。从民主角度看，人民群众参与公共政策过程是人民民主的基本要求，公共政策过程的民主化是全过程人民民主的题中应有之义。因此，至少在一定程度上，公共政策过程反映和体现着政治参与的广泛性与真实性程度，成为观察一个国家民主政治发展态势的恰当窗口。

公共政策过程包含着有机关联、前后衔接的一系列环节。衡量公共政策过程民主化的一项重要指标，就是人民群众能够参与政策过程的哪些环节。人民民主的全过程性必然要求公共政策过程的人民性，也就是说，人民群众应当也必须参与到公共政策制定的全过程和各环节。这种全过程参与，有助于实现民主政治发展和公共政策优化的有机统一，是实现全过程人民民主的一条有效途径。[①] 从这一角度可以说，中国公共政策过程的民主化是全过程人民民主的集中体现，保证了人民群众通过多种途径和形式参与公共政策过程，尤其是在关乎全局和长远的重大决策出台过程中享有全链条参与的权利。

---

① 孔繁斌：《全过程民主：政策参与过程优化的新情景》，《探索与争鸣》2020 年第 12 期。

一　政策主导型渐进式变革下的有序政治参与

改革开放以来，中国在经济社会发展取得巨大成就的同时，走出了一条符合自身国情的中国特色社会主义政治发展道路。政治发展是一个长期的、持续的过程，中国 40 多年来的政治发展是在多种因素综合影响下实现的。不过，与经济、制度、法治、政治文化等因素相比，公共政策应被视为中国政治发展的主导因素，很大程度上影响甚至制约着其他因素的发展。在此期间，中国共产党作为执政党始终掌握着中国公共政策的绝对主导权，坚定推行了公共政策过程的民主化，走出了一条政治发展的渐进式改革之路。①

政治参与是政治发展的重要内容，有序的政治参与是中国政策主导型渐进式变革背景下意料之内的副产品。这种政治参与，集中呈现为公共政策过程的民主化或者说政策民主。换言之，公共政策过程中的民主实现方式，是以人民群众对公共政策过程的全方位、全链条参与为核心内容，充分体现出人民当家作主的本质要求。它通过调查研究、座谈会、征询会、听证会、恳谈会等多样化形式，将人民群众普遍关心的突出问题纳入政策视野，在公共政策过程的每个环节都广泛吸取人民群众的意见建议，让人民群众充分参与到公共政策制定的全过程之中。②

公共政策过程中有序政治参与的扩大，是其民主化水平不断提升的佐证。中国公共政策过程的民主化之所以能够不断走向深化和完善，一方面是由于中国共产党作为执政党对这种民主方式高度重视，认为这种公共政策过程在展现政策开放性、获得科学决策效果的同时，在政治参与方面具备了更高的包容性，能够更直接地取得人民群众的积极回应和肯定性支持；另一方面，虽然某一公共政策过程中的政治参与可能会受特定时间的限制，但总体看公共政策过程的民主化为人民群众提供了更多的持续性参与机会，并且这种政治参与的真实性更高、效能感更强。

---

① 史卫民：《"政策主导型"的渐进式改革——改革开放以来中国政治发展的要素分析》，中国社会科学出版社 2011 年版，第 672—673 页。

② 刘乐明：《理解全过程民主的三个维度》，《中国社会科学报》2020 年 6 月 10 日。

二　集中民意民智办大事

群众路线是中国共产党长期革命和建设经验的总结，是中国共产党的科学领导方法。这不仅是由全心全意为人民服务的根本宗旨决定的，也是广泛凝聚人民群众智慧和力量的有效方式。中国共产党始终认为，群众是自身存在和发展的基础、力量和智慧的源泉，"群众利益无小事"，"办法就在群众中"，因而形成了集中民意民智办大事的优良传统。① 集中民意民智办大事是民主集中制独特优势的实际运用。在公共政策过程中，它强调的是经过听证、函询、座谈、网络问政等多种方式，基层民意民智被广泛纳入决策程序中，共同汇成推动中国式现代化建设的强大合力。在此期间，人民群众的普遍化利益诉求和提出的好措施、好办法被转换为权威性的公共政策，体现了人民民主的全过程特质和优势。

"五年规划"是中国政府最重要的公共政策，制定过程中社会广泛参与、听取各方建议是新中国成立 70 多年来积累的一条重要经验。"十四五"规划的出台过程，就是集中民意民智进行科学决策、民主决策的例证，真正做到了充分发扬民主、广泛问计于民，采用了多种方式广泛征求各方面人民群众的意见建议。在"十四五"规划建议稿起草过程中，有由中国共产党总书记亲自主持召开的，面向企业家、基层代表以及科学教育文化卫生体育等领域专家代表的一系列座谈会；有长达半个月、留言数量达到 100 多万条的网上征求意见；有以书面形式在中国共产党内部一定范围征求意见，同时专门听取各民主党派中央、全国工商联负责人和无党派人士代表意见。在起草过程的最终环节，中共中央政治局及其常委会分别进行了多次审议，形成了提交党的十九届五中全会审议的"十四五"规划建议稿。②

党的十九届五中全会审议通过后，《中共中央关于制定国民经济和社会发展第十四个五年规划和二〇三五年远景目标的建议》（以下简称《建

---

① 习近平：《之江新语》，浙江人民出版社 2007 年版，第 61、146 页。
② 习近平：《关于〈中共中央关于制定国民经济和社会发展第十四个五年规划和二〇三五年远景目标的建议〉的说明》，《人民日报》2020 年 11 月 4 日。

议》）正式对外公布。在国务院的直接领导下，国家发改委以《建议》为基础，起草形成了"十四五"规划纲要草案。该草案又广泛征求了社会各方面的意见，然后提交国务院、中共中央政治局常委会和政治局会议审定，形成"十四五"规划纲要草案的正式版本。这一正式版本经由国务院提交次年的全国人民代表大会审议。在全国人大会议审议前，全国人大常委会还组织人大代表提前审议"十四五"纲要草案。在全国人大会议开幕后，全国人大代表和全国政协委员又以分组讨论的形式，对"十四五"纲要草案进一步提出修改意见，最后再由十三届全国人大四次会议审议并批准"十四五"规划纲要，这样"十四五"规划才算正式出台。[①]

中国的公共政策过程不仅注意向基层群众广泛征求意见建议，还注重向相关领域的专家学者和研究机构积极借智。智库就是实现科学决策、民主决策的重要支撑，也是更深入地吸收民意民智的一条重要途径。中国智库的主要作用就是为党和政府治国理政出主意、提建议，而其作用发挥得好不好，关键是看服务党和政府决策的建言质量如何。2015 年《关于加强中国特色新型智库建设的意见》印发后，中国不断加大新型智库建设力度，建立健全了决策咨询制度，实现了更完备的政策参与，推动了重大决策的科学化、民主化。在"十四五"规划编制过程中，就有近百家研究机构参与其中，既有体制内的高端智库如国务院发展研究中心、中国社会科学院等，也有清华大学、北京大学等著名高校智库，还有西湖大学等较有影响的社会智库。

第四节　全过程人民民主的典型实践

进入新时代，以习近平同志为核心的党中央从以中国式现代化全面推进中华民族伟大复兴的战略考量出发，坚定不移地走中国特色社会主义政治发展道路，始终坚持党的领导、人民当家作主、依法治国有机统

---

① 王逸群：《专访国家发改委相关负责人：揭秘"十四五"规划和二〇三五年远景目标纲要草案诞生过程》，国家发改委网站（https://www.ndrc.gov.cn/xwdt/xwfb/202103/t20210308_1269143_ext.html），访问日期 2023 年 6 月 1 日。

一，积极推进社会主义民主政治的制度化、规范化、程序化，不断推动中国特色社会主义民主政治的创新性发展，进一步调动了人民群众有序政治参与的积极性、主动性、创造性，取得了全面发展全过程人民民主的历史性成就。全过程人民民主是党和人民在新的历史条件下对人民民主创新性发展的产物，其丰富实践实现了对民主所有环节、层级和领域的全覆盖，基层立法联系点是其中具有代表性和典型性的民主创新之一。

2014 年 10 月 23 日，党的十八届四中全会审议通过了《中共中央关于全面推进依法治国若干重大问题的决定》（以下简称《决定》）。《决定》从深入推进科学立法、民主立法的角度提出，"加强人大对立法工作的组织协调，健全立法起草、论证、协调、审议机制，健全向下级人大征询立法意见机制，建立基层立法联系点制度，推进立法精细化"①。基层立法联系点这一着力于基层人民群众直接参与国家立法的全新民主形式呼之欲出。

为贯彻落实党中央关于"建立基层立法联系点制度"的重要决策部署，全国人大常委会在 2015 年工作要点和立法工作计划中专门对创建基层立法联系点做出安排。随后，又逐步制定和完善了若干项有关基层立法联系点制度的配套机制，为基层群众有序政治参与提供了务实有效的制度机制保障。

2015 年 7 月，全国人大常委会法工委将上海市虹桥街道办事处等 4 个地方和单位，设为第一批基层立法联系点试点单位。2020 年 7 月和 2021 年 7 月，全国人大常委会法工委又分别建立了第二批 6 个、第三批 12 个基层立法联系点。截至 2022 年 7 月 30 日，全国人大常委会法工委在增设第四批 10 个基层立法联系点后，基层立法联系点总数达到 32 个（见表 3 - 1）。这些基层立法联系点实现了对 31 个省（自治区、直辖市）的全覆盖，涉及区域的总人口有 5770 多万人。②

---

① 《中共中央关于全面推进依法治国若干重大问题的决定》，《人民日报》2014 年 10 月 29 日。

② 法治网舆情中心：《一文读懂 2022 年全国人大立法工作成效》，法治网（http：//www. legaldaily. com. cn/index/content/2023 - 02/13/content_ 8821508. html），访问日期 2023 年 6 月 2 日。

表3-1　　　　　全国人大常委会法工委设立基层立法联系点情况

设立时间	批次	数量（个）	点位
2015年7月	第一批	4	上海市虹桥街道办事处、甘肃省临洮县人大常委会、江西省景德镇市人大常委会、湖北省襄阳市人大常委会
2020年7月	第二批	6	江苏省昆山市人大常委会、浙江省义乌市人大常委会、广东省江门市江海区人大常委会、广西壮族自治区三江侗族自治县人大常委会、河北省正定县正定镇"人大代表之家"、中国政法大学①
2021年7月	第三批	12	北京市朝阳区人大常委会、天津市和平区小白楼街道办事处、重庆市沙坪坝区人大常委会，山东省青岛市黄岛区人大常委会、安徽省合肥市人大常委会、福建省上杭县才溪镇人大主席团、海南省三亚市崖州湾科技城、河南省驻马店市人大常委会、湖南省长沙市人大常委会、四川省雅安市人大常委会、贵州省毕节市人大常委会、陕西省汉中市人大常委会
2022年7月	第四批	10	山西省太原市杏花岭区杏花岭区域党群服务中心、内蒙古自治区鄂尔多斯市人大常委会、辽宁省大连市西岗区人民广场街道办事处、吉林省珲春市人大常委会、北大荒集团黑龙江尖山农场有限公司、云南省大理白族自治州人大常委会、西藏自治区拉萨市堆龙德庆区东嘎街道办事处、青海省格尔木市人大常委会、宁夏回族自治区平罗县人大常委会、新疆维吾尔自治区伊宁县胡地亚于孜镇人大主席团
合计		32	——

　　从基层立法联系点的设立过程来看，它主要遵循了三条原则：一是坚持试点先行。根据十八届四中全会的决策部署，全国人大常委会法工委于2015年7月设立了第一批4家基层立法联系点试点单位。一方面，

---

　　① 2020年7月，全国人大常委会法制工作委员会新增中国政法大学为立法联系点，而非基层立法联系点。授牌上的名称印证了这一点。不过，从后来全国人大常委会法工委公布的基层立法联系点数量看，实际上将中国政法大学视作基层立法联系点之一。

设立之初，这些点位仅仅是基层立法联系点的试点单位，其实际运行效果有待全国人大常委会法工委进行跟踪评估。一旦效果不理想或者作用不明显，试点资格可能都会受影响。另一方面，全国人大常委会法工委在确定第一批基层立法联系点试点单位时很慎重，不仅点位数量非常少，而且都是研究后并报经全国人大常委会领导同志同意后设立的。经过近 5 年的试点运行，第一批基层立法联系点的试点效果已经充分凸显出来，全国人大常委会法工委才启动了第二批基层立法联系点的设立工作。

二是适当增加类型。在 2015 年设立第一批基层立法联系点试点单位时，由于点位数量少，这些联系点的形式还不够丰富，仅涵盖了直辖市所属的街道办事处、设区的市人大常委会、县的人大常委会 3 种。经过第二批、第三批、第四批的扩容，联系点涉及了省（自治区、直辖市）以下的所有行政层级，并且联系点的类型不断增加。32 个基层立法联系点共包含了 17 种联系点类型，包括：2 个直辖市所属的区人大常委会，2 个直辖市所属的街道办事处，2 个省会市人大常委会，1 个省会市所属的街道办事处，1 个省会市所属的区域党群服务中心，7 个设区的市人大常委会，1 个自治州的人大常委会，1 个计划单列市所属区的人大常委会，1 个计划单列市所属的街道办事处，1 个设区的市所属区的人大常委会，6 个县、县级市的人大常委会，1 个自治县的人大常委会，2 个镇的人大主席团，1 个镇的人大代表之家，1 个科技城，1 个公司，1 所大学。

三是注重体现特色。中国是一个超大规模的多民族国家，国土面积大，人口众多，东、中、西部在经济社会发展上存在显著差异，同时南北分化显现并进一步拉大。因此，在推进基层立法联系点工作、确定点位时必须充分考虑其代表性和典型性特点，这样才能有效统筹不同地域、民族、发展阶段等因素，兼顾好人民群众内部的差异化诉求。因此，很多点位具备了鲜明特色。比如说，在上海虹桥街道设点，主要考虑上海是中国国际大都市的代表，云集了一大批外商投资企业；在甘肃临洮设点，主要考虑是西部所处的发展阶段以及推进乡村振兴工作的特殊区情；在浙江义乌设点，主要考虑是义乌是全球最大的小商品集散中心，聚集了数量众多的国内外小商品经营者；在广东江门市江海区设点，主要考虑了其毗邻粤港澳大湾区的区位优势和中国最大侨乡的突出特点；在广西三江设点，主要考虑是当地有侗族、苗族等少数民族以及民族区域自治特点；在中国政法大学设点，主要考虑其在国内政法类院校中居首位，在法学研究方面有很强的咨政建言实力。①

建立基层立法联系点是党的十八届四中全会推出的一项创新举措。在这一制度设计下，基层立法联系点一开始就被赋予了国家立法"直通车"的功能定位。通过这一新的平台机制，基层民众能够在法律草案的立项、起草、调研等立法全过程各环节，更加方便、更加畅通地参与到国家立法工作中，就近对立法工作提出自己的意见和建议。习近平总书记正是在上海虹桥街道的基层立法联系点上，首次做出了"人民民主是一种全过程的民主"这一重大判断，深刻阐述了中国人民民主的实践要求，并对继续运用基层立法联系点发展中国特色社会主义民主提出了新要求、新希望。由此，基层立法联系点实践就同坚持和完善人民代表大会制度、发展全过程人民民主不可分割地联系在一起。全国人大常委会法工委办公室主任孙镇平认为，基层立法联系点的工作过程和运行机理，直接展示了人民有序政治参与、立法参与全过程，真实体现了全过程人民民主、实质民主的本质特征，充分实践了人民民主是人民当家作主、国家制度和法律制度由人民决定的马克思主义民主思想。②

近年来的立法实践充分证明，基层立法联系点有着广泛坚实的群众基础，成为中国汇聚民意民智的"立法直通车"，是新时代丰富民主形式、拓宽参与渠道的成功实践。自 2015 年设立第一批基层立法联系点以来，截至 2022 年 1 月，全国人大常委会基层立法联系点先后就 132 部法律草案、年度立法计划等广泛征求基层群众的意见，累计获得建议 11360余条。这些建议都得到国家立法机关的充分尊重和认真研究，其中的2300 余条被不同程度地采纳吸收。③ 到 2023 年 1 月时，向基层立法联系点征求意见的法律草案等已达到 152 部，人民群众提出的原汁原味的意见

①　张炎良：《从 4 到 22，基层立法联系点开启国家立法"直通车"》，中国人大网（http：//www.npc.gov.cn/npc/c30834/202111/29be8e60f93b43ff8c4f73e1f77b0f57.shtml），访问日期2023 年 6 月 10 日。

②　张炎良：《从 4 到 22，基层立法联系点开启国家立法"直通车"》，中国人大网（http：//www.npc.gov.cn/npc/c30834/202111/29be8e60f93b43ff8c4f73e1f77b0f57.shtml），访问日期2023 年 6 月 10 日。

③　全国人大常委会法制工作委员会：《基层立法联系点是新时代中国发展全过程人民民主的生动实践》，《求是》2022 年第 5 期。

建议累计达到 15000 多条。① 此外，随着基层立法联系点实践的不断发展，它被立法机关赋予的职责和任务不断增多，事实上已经涵盖了立法意见征询、协助开展立法调研、法律法规实施情况反馈等多个方面，作用已从最初的参与立法逐渐向监督执法、促进守法和宣传普法等全方位延伸。

国家层面设立的基层立法联系点对地方的创新实践起到了显著的示范带动作用。比如说，以基层立法联系点为载体的全过程人民民主在上海同样蓬勃发展。截至 2021 年 6 月底，上海市人大常委会在街道、市民中心、企业、行业协会等各层级单位中共设立了 25 个基层立法联系点，实现了对本市 16 个区的全覆盖，为人民群众的立法参与提供了制度化通道。② 根据全国人大常委会法工委的介绍，国家层面的基层立法联系点已经辐射带动全国各地设立了 509 个省级基层立法联系点和 5000 多个设区的市级基层立法联系点，形成了中央、省、市三级联动的工作机制和工作体系，在人民群众的热情参与下激发出强大的民主活力和创造伟力，推动了全过程人民民主在民主立法的广度和深度上持续走向深入。③

---

① 刘华东：《基层立法联系点：搭建共商共建共享大舞台》，《光明日报》2023 年 1 月 12 日。

② 郭敬丹、杨恺：《"开门立法"：上海基层立法诠释全过程民主》，《新华每日电讯》2021 年 8 月 4 日。

③ 梁晓辉：《全国人大常委会法工委：中国已实现基层立法联系点 31 个省（区、市）全覆盖》，中国新闻网（http：//www.chinanews.com.cn/gn/2023/01－10/9932041.shtml），访问日期 2023 年 6 月 15 日。

第 四 章

全过程人民民主的内在辩证性

当今世界正经历百年未有之大变局，民主之争成为世界变局加速演进的一个缩影。在国际领域意识形态斗争愈演愈烈背景下，以习近平同志为核心的党中央站在实现中华民族伟大复兴的战略高度，抓住百年变局下重新审视民主的历史性契机，围绕全过程人民民主的理论和实践做了大量的论述和阐释。习近平总书记关于全过程人民民主的重要论述是马克思主义民主理论中国化时代化的最新成果，蕴含了丰富深刻的辩证性（见图 4-1）。深入学习领会这些重要论述的辩证性，有助于学懂弄通

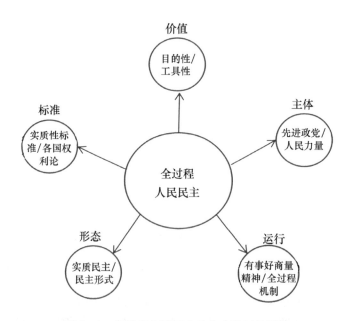

图 4-1 全过程人民民主的内在辩证性图解

做实习近平新时代中国特色社会主义思想，对于进一步推动中国社会主义民主政治高质量发展、全面建设社会主义现代化国家具有重要意义。

第一节　价值：目的性与工具性的统一

一般来说，价值是客体满足主体需要的作用或积极意义，可以概分为目的性与工具性两种价值。比较而言，目的性价值属于内在价值，与主体自身的信仰或价值观相一致，本身就具备了一定的终极性和道德性意蕴，而不考虑其后会获得什么附带结果；工具价值属于外在价值，指向便于达成既定目标的有效手段，是在综合计算如何快速实现目标时所赋予的一种情境式积极意义，而与终极价值和道德性意蕴无涉。在满足人们生产生活需要过程中，民主同样具有目的性和工具性两种价值。从目的性价值看，民主即心之所向，构成了人们着力于实现的目的本身；从工具性价值看，民主是利之所趋，不同于个体或集体行动的最终目的，而仅是人们在特定情境下达成这些目的的便利途径与合适手段。民主的目的性和工具性双重价值，是对民主不同意涵的深刻揭示，而非相互排斥、相互否定的关系。

全过程人民民主坚持目的性与工具性相统一原则，充分肯定民主内含的双重价值。一方面，习近平总书记指出，"民主是全人类的共同价值，是中国共产党和中国人民始终不渝坚持的重要理念"[①]。作为一种共同价值和重要理念，民主是近代以来人类社会浩浩荡荡、向前发展的一股历史潮流，同时也契合于马克思主义的社会理想，成为中国共产党和中国人民不懈奋斗的行动目标。另一方面，习近平总书记强调，"人民民主是社会主义的生命，没有民主就没有社会主义，就没有社会主义的现代化，就没有中华民族伟大复兴"[②]。民主与社会主义的命运紧密相连，是一种不可或缺的构成要素，"胜利了的社会主义如果不实行充分的民主，就不能保持它所取得的胜利，并且引导人类走向国家的消亡"[③]。对

---

① 《习近平谈治国理政》第 4 卷，外文出版社 2022 年版，第 258 页。
② 《习近平谈治国理政》第 4 卷，外文出版社 2022 年版，第 259 页。
③ 《列宁全集》第 28 卷，人民出版社 1990 年版，第 168 页。

于中国共产党和中国人民来说,实现社会主义现代化与中华民族伟大复兴一直是念兹在兹的头等大事,如果离开了民主政治在汇聚人民力量、凝聚社会共识、激发各方面积极性和主动性以及创造性上的显著作用,这一头等大事就断无实现的可能。

从共同价值和重要理念的角度,民主的可欲性有其时代需求、理论依据和历史基础。不过,客观来说,"民主只是人类历史的沧海一粟"①,而其成为各国人民清晰明确的政治追求,到目前为止这段历史并不长。从词源学上看,"民主"一词可一直追溯至古希腊语"dēmokratia",意思是人民的统治或者说人民在国家中拥有政治权力。它曾经长期被人们看作一个贬义字眼,是暴民统治、多数暴政的代名词,社会上层精英们视之为洪水猛兽。直到19世纪,民主才开始被人们所逐渐接受。19世纪中期,民主已经成为一股普遍的和持久的历史潮流。进入20世纪,民主开始获得人们的普遍性认同。阿玛蒂亚·森认为,"承认民主是一种具有普遍意义的制度,并朝着接受民主为一种普世价值的方向前进,这是思想上的一次重大革命,也是二十世纪的主要贡献之一"②。在当今世界,民主是现代国家最为稳定的合法性基础,并且已经成为一种支配性的信念,成为各国人民孜孜以求的政治理想,是衡量人类政治文明程度公认的一项重要判准。

习近平总书记深刻洞察了民主价值的可欲性和民主发展的历史趋势,从人类不同文明的价值共识以及各国人民普遍认同的价值理念的最大公约数出发,明确将民主列为全人类共同价值的核心内容。2015年9月28日,习近平总书记在第七十届联合国大会一般性辩论时指出,"和平、发展、公平、正义、民主、自由,是全人类的共同价值,也是联合国的崇高目标"③。这里首次明确提出了全人类共同价值,点明了民主与其他价值一道是世界各国及不同文明之间命运与共的价值纽带和处理相互关系的基本准绳。

---

① [美]亚当·普沃斯基:《民主的危机》,周建勇译,上海人民出版社2022年版,第14页。

② Amartya Sen, "Democracy as a Universal Value", *Journal of Democracy*, Vol. 10, No. 3, 1999, pp. 3–17.

③《习近平谈治国理政》第2卷,外文出版社2017年版,第522页。

　　除了契合时代需求外，民主作为一种可欲求的价值理念，同样与马克思主义的社会理想相一致。马克思和恩格斯在《共产党宣言》中鲜明提出，"工人革命的第一步就是使无产阶级上升为统治阶级，争得民主"①。无产阶级要争得民主，这是由其阶级属性和历史使命决定的。②众所周知，无产阶级和资产阶级都是伴随着现代大工业的发展而产生的，是资本主义生产方式和交换方式一系列变革的产物。在推翻封建制度、形成资本主义生产关系和社会关系过程中，无产阶级和资产阶级的利益是一致的，推动民主革命、实现争得民主是二者共同的目标。因此，积极参加资产阶级的民主革命、夺取民主革命胜利，无疑是符合无产阶级的阶级利益的。只不过由于资本主义民主的虚伪性和局限性，无产阶级作为代表未来生产力和未来社会发展方向的先进阶级，必须继续进行更彻底的斗争，争得属于本阶级的、为绝大多数人谋利益的民主。只有争得这种民主，无产阶级才能为未来完成解放全人类、建立自由人联合体的历史使命创造实现的可能。马克思、恩格斯强调，在无产阶级运动中，共产党人没有任何同整个无产阶级的利益不同的利益，并且是各国工人政党中最坚决的、始终起推动作用的部分，其最近目的就是"使无产阶级形成为阶级，推翻资产阶级的统治，由无产阶级夺取政权"，从而为实现真正的民主打下坚实基础。作为典型的马克思主义使命型政党，中国共产党高度认同马克思主义对无产阶级和共产党人阶级属性、历史使命的揭示与把握，执着于为实现真正的民主而奋斗。

　　中国共产党为实现真正民主而奋斗的光辉历程，不仅有着坚实的理论依据，更有着深邃的历史考量。1840 年鸦片战争后，中国逐渐沦为半殖民地半封建社会，延续两千年之久的传统帝国体系趋于崩溃，现代国家建构成为一项亟待完成的历史课题。在内忧外患形势下，民主口号不仅是权宜的选择，也是历史的必然。中国共产党自成立以来，高举人民民主旗帜，将中国人民团结凝聚成一个坚固的团体，按照人民主权原则完成了现代国家建构的历史任务。新中国成立后，中国建立了社会主义制度，持续推进社会主义核心价值体系建设，形成了内容丰富的社会主

---

① 《马克思恩格斯选集》第 1 卷，人民出版社 2012 年版，第 421 页。

② 许耀桐：《〈共产党宣言〉中的社会主义民主理论》，《党政研究》2018 年第 5 期。

义核心价值观。社会主义核心价值观是社会主义核心价值体系的高度凝练和集中表达，民主赫然位列其中，并且处于社会主义核心价值观基本理念的价值目标层面，是社会主义现代化国家的一项建设目标。

中国共产党对民主的不懈追求，不仅有目的性的一面，还有工具性的一面。习近平总书记指出，"实现中华民族伟大复兴，就是中华民族近代以来最伟大的梦想。这个梦想，凝聚了几代中国人的夙愿，体现了中华民族和中国人民的整体利益，是每一个中华儿女的共同期盼"①。因此，近代以来的中国不是为了建构民主而建构民主的，中国建构民主从一开始就面临着全面开启中国的现代化、实现中华民族伟大复兴的现实任务。② 党的十九大报告将实现社会主义现代化和中华民族伟大复兴明确为坚持和发展中国特色社会主义的总任务，新时代的中国特色社会主义政治建设必然是围绕这一总任务展开的，甚至完全可以说，中国共产党的百年民主求索都是围绕着实现现代化和中华民族伟大复兴而展开的。对于中国共产党和中国人民来说，实现现代化与实现中华民族伟大复兴，不过是中国特色社会主义总任务的两种话语表达，二者实质上是相通的，是形与神、具象与抽象的关系。以往的历史进程和对未来的规划愿景证明了这一点，中国现代化进程起始于晚清时期民族危机的不断加重，而到 21 世纪中叶全面建成社会主义现代化强国之时，中华民族才能真正实现全面复兴。

在实现现代化与中华民族伟大复兴过程中，民主始终发挥着不可或缺的重要作用。概括来说，这种重要作用主要体现在三个方面：一是提供政治保障。新中国的成立，开启了人民当家作主的新纪元，人民成为国家、社会和自己命运的主人，这无疑体现了民主的目的性价值。不过，对于推进现代化来说，它又展现出工具性的一面，解决了治国能力问题，为加快现代化建设提供了必不可少的政治保障。在此之前的几代中国人之所以在推进现代化建设中成效甚微，其最重要的一个原因就是没有真正完成国家构建的历史任务，缺少强有力的现代国家做保障。二是调动积极性。毛泽东曾经指出，"民主这个东西，有时看来似乎是目的，实际

---

① 《习近平谈治国理政》，外文出版社 2014 年版，第 36 页。
② 林尚立：《论人民民主》，上海人民出版社 2016 年版，第 53 页。

上，只是一种手段"①。这里谈的民主工具性，是从民主作为上层建筑终究是服务于经济基础来说的。那么，民主怎么为经济基础服务呢？其中一个重要方式就是充分调动广大人民群众参与经济社会建设的积极性、主动性。改革开放初期，邓小平就反复强调要发扬社会主义民主在调动人民积极性中的独特作用，鲜明指出"调动积极性是最大的民主"②。三是促进人民团结。中国是一个人口规模庞大的多民族国家，民主对于促进团结意义重大。近代以来，传统帝国体制在内忧外患下走向崩溃，国内形成了军阀割据、一盘散沙的混乱局面。中国共产党高举人民民主旗帜，发挥统一战线凝聚人心、汇聚力量的独特作用，促进各革命力量的联合和团结，取得了新民主主义革命的胜利，建立了实行人民民主专政的新中国。新中国成立尤其是改革开放以来，中国人民民主的经济基础和制度架构不断稳固发展，人民群众在国家政治生活和社会生活中广泛行使民主权利，各方面的利益关系得到有效协调，不同党派、民族、宗教、阶层以及海内外同胞之间的联系和团结日益巩固，中华民族的凝聚力和向心力在共同治理国家中得到切实加强。

第二节　主体：先进政党与人民力量的统一

科恩认为，"民主最基本的前提是要有一个社会，它可以在这个社会的范围内进行活动"③。民主过程涉及共同性事务的处理，"谁是主体"是民主实践中必然会遇到的首要问题。对这一问题的作答，取决于如何理解民主政治中的行动。从组织政治过程的角度看，主体意味着民主政治的领导者、组织者。在现代政治中，民主与政党紧密相关。政党在当今大多数国家里是活跃于政治舞台上的最重要力量，是国家与社会之间政治性和组织性的联系机制，是现代民主政治运作的实际组织者。如果没有政党的组织作用，民主政治就会因混乱无序而无法运转。从政治参与的角度看，主体意味着民主政治离不开普通民众的积极参与。在民主

---

① 《毛泽东文集》第7卷，人民出版社1999年版，第208—209页。
② 《邓小平文选》第3卷，人民出版社1993年版，第242页。
③ ［美］科恩：《论民主》，聂崇信、朱秀贤译，商务印书馆1988年版，第44页。

发展史上，精英与民众的争论一直延续至今，二者的博弈在西方代议制实践中体现得尤为明显。在此过程中，精英始终是政治实践的主角，而民主话语体系盛行的是精英视角，普通民众的政治参与则被控制在精英群体可容忍的限度内。

民主政治以共同体的存在为前提，以成员们对共同事务的处理为核心内容。习近平总书记统筹把握民主主体的不同维度，在大量论述中都兼顾了中国民主事业的领导者与人民力量。一方面，习近平总书记指出，"我国人民民主与西方所谓的'宪政'本质上是不同的。中国共产党领导是中国特色社会主义最本质的特征"①。中国共产党是中国人民的一部分，是为人民服务的先进政党，同时也是中国人民民主事业的开创者、引领者和推动者。一百年来，在不同历史时期，我们党始终积极因应时代变迁，不断回应和满足人民群众的实际需求，为争得和实现最广泛的人民民主提供了正确的方向指引。另一方面，习近平总书记强调，"人民是历史的创造者，是决定党和国家前途命运的根本力量"②。人民是中国社会主义民主政治的当然主体和力量源泉。坚持人民主体地位，保证人民当家作主，维护最广大人民根本利益，是中国社会主义民主政治的本质要求，也是其蓬勃开展、充满活力的关键所在。对于人民、中国共产党和人民民主事业的复杂关联，毛泽东曾精辟地总结道："这个人民大众组成自己的国家（中华人民共和国）并建立代表国家的政府（中华人民共和国的中央政府），工人阶级经过自己的先锋队中国共产党实现对于人民大众的国家及其政府的领导。"③

中国共产党是中国人民民主事业当之无愧的领导者，这可以从中国共产党的先锋队性质以及民主求索历程中得到解释和说明。根据第三国际的界定，共产党是由最优秀、最有阶级觉悟、最忠诚和最有远见的工人组成的，是工人阶级最先进部分用以指导全体无产阶级和半无产阶级正确前行的组织工具和政治工具。④ 中国共产党是中国工人阶级的先锋

① 《习近平关于全面依法治国论述摘编》，中央文献出版社 2015 年版，第 21 页。

② 习近平：《决胜全面建成小康社会　夺取新时代中国特色社会主义伟大胜利——在中国共产党第十九次全国代表大会上的报告》，人民出版社 2017 年版，第 21 页。

③ 《毛泽东选集》第 4 卷，人民出版社 1991 年版，第 1272 页。

④ Jane Degras (ed.), *The Communist International*, 1919 - 1943, London, 1956, p. 128.

队，也是中国人民和中华民族的先锋队，在长期的革命、建设和改革实践中坚持把马克思主义的基本原理与中国具体实际相结合，不断推进马克思主义的中国化时代化，坚持用马克思主义中国化时代化的最新理论成果武装全党、教育人民，始终承担着启发、引导和组织民众的重任。

与西方国家一样，中国人民民主的形成和发展过程，同样得益于现代政党对政治过程的有效组织，并且深嵌于中国共产党领导中国人民为实现当家作主所进行的百年奋斗中。只不过，政党与民主的关联在中西方之间有着明显的不同。如果说西方国家的政党是其民主政治发展的自然产物，在民主实践中主要发挥着汇聚和表达民意、组织政治过程的重要作用，那么中国共产党在中国民主发展中的作用和角色显然更加重要，事实上扮演了民主事业的开创者、引领者和推动者多重角色。首先，中国共产党领导中国人民建立了人民当家作主的新中国。近代以后，中国沦为半殖民地半封建社会，人民毫无民主可言。中国共产党成立后，团结带领中国人民取得新民主主义革命的胜利，创建了实行人民民主专政的新中国，实现了从几千年封建专制统治向人民民主的伟大飞跃。其次，中国共产党引领人民民主制度建设逐步走向成熟。新中国成立以来，在中国共产党领导下，中国从自身国情和实际出发，确立了社会主义基本制度，构建起社会主义民主政治的总体框架，逐渐形成了一套人民当家作主制度体系，成功走出了一条中国特色社会主义政治发展道路，为实现最广泛的人民民主确立了正确方向。最后，中国共产党通过各级党组织和广大党员推动人民民主实践不断丰富。作为一个公认的超大规模国家，中国推动民主发展的难度举世罕见。只有中国共产党具备足够的政治威望和组织能力，依靠数量庞大、遍布各行各业的基层党组织和党员队伍，能够最大限度地凝聚全社会的共识和力量，带领全国人民不断发展最广泛、最真实、最管用的人民民主，推动社会主义民主政治的制度化、规范化、程序化水平持续提升。

作为一种国家制度、国家形态，民主意味着人民之治，是人民能够直接或间接参与国家治理的政体类型。马克思认为，"在民主制中，国家制度本身只表现为一种规定，即人民的自我规定"①。人民这一概念是动

---

① 《马克思恩格斯全集》第 3 卷，人民出版社 1995 年版，第 39 页。

态发展的，在不同国家、不同历史时期必然有着不同的内容。人民在中国共产党话语体系中是一个带有浓厚政治色彩的集体概念，是包容性极强的核心政治概念之一。① 在中国共产党领导中国革命、建设和改革的不同历史时期，"人民的概念有个从最初的阶级的经济地位及其对革命的态度到无产阶级政权的阶级基础构成，再到今天社会主义现代化事业的主体建设力量的演变过程"，人民的角色和功能有一个多样化拓展的基本事实。② 但总体看，人民始终指代一切能够促进革命发展和社会进步的推动力量。根据 2018 年宪法修正案，当前中国人民概念更加宽泛，多样化角色的复合特征愈发突出，涵盖了全体社会主义劳动者、社会主义事业的建设者、拥护社会主义的爱国者、拥护祖国统一和致力于中华民族伟大复兴的爱国者。

人民是中国民主事业的主体力量，这一点首先可以从中国共产党的群众史观和根本宗旨中得到一定解释。习近平总书记指出，"历史充分证明，江山就是人民，人民就是江山，人心向背关系党的生死存亡"③。中国共产党坚持马克思主义的群众史观，坚信人民群众是实现社会变革进步的主体和决定性力量。在百年奋斗过程中，中国共产党始终践行全心全意地为人民服务的根本宗旨，将人民对美好生活的向往作为自己的奋斗目标，把维护和实现好最广大人民的根本利益作为一切工作的出发点和评判一切工作的重要标准。党的群众史观和根本宗旨充分说明，"中国共产党领导人民实行人民民主，就是保证和支持人民当家作主"④。因此，中国民主事业的初心就是实现人民当家作主，"发展社会主义民主政治，就是要体现人民意志、保障人民权益、激发人民创造活力，用制度体系保证人民当家作主"⑤。

人民的主体地位，同样是社会主义民主的本质特征和应有之义。社

① 王绍光：《人民至上："人民""为人民""人民共和国"》，《中央社会主义学院学报》2021 年第 2 期。

② 唐亚林：《人民主体论：构建新时代中国特色社会主义的主体基础》，《学术界》2022 年第 8 期。

③ 习近平：《论坚持人民当家作主》，中央文献出版社 2021 年版，第 318 页。

④ 《习近平论治国理政》第 2 卷，外文出版社 2017 年版，第 291—292 页。

⑤ 习近平：《决胜全面建成小康社会 夺取新时代中国特色社会主义伟大胜利——在中国共产党第十九次全国代表大会上的报告》，人民出版社 2017 年版，第 36 页。

会主义民主是工人阶级及其他劳动人民当家作主的民主，是第一次提供给人民享受的、大多数人享受的民主，而不是只供富人、只供少数人享受的民主。民主主体力量上的根本不同，是社会主义民主区别于历史上一切民主政治制度的关键所在。① 中国宪法明确规定，中华人民共和国是工人阶级领导的、以工农联盟为基础的人民民主专政的社会主义国家。中国的社会主义民主，保证了国家的一切权力属于人民，确保了人民群众能够广泛深入地参与国家事务和社会事务的管理与监督，真正让民主在政治、经济、社会诸领域为群众和劳动者服务，由此在广度和深度两方面都极大地推动了人类民主的发展。

中国社会主义民主政治的人民性，集中体现在人民是推动民主发展的价值主体、实践主体和评判主体。这其中，价值主体回答的是"为了谁"的问题，这是民主发展的目的和归宿。价值主体的人民性，必然要求民主发展始终坚持以人民的利益和价值诉求为出发点和落脚点。实践主体回答的是"依靠谁"的问题，这是民主发展的基础和依托。实践主体的人民性，内在地要求政治参与的广泛、深入、可持续，即参与主体的广泛性、参与形式的多样性以及参与过程的真实性。② 评判主体回答的是"谁说了算"的问题，这是民主发展的标尺和关键。评判主体的人民性，必然要求由人民群众具体而又现实地掌握民主发展状况与实际成效的最终评判权。

第三节　运行：有事好商量精神与全过程机制的统一

民主的过程就是按照约定的制度程序，由主体对共同性事务做出有约束力的处理。这种运行过程，必然需要一定的制度结构及其实现机制做基础，同时也需要一种与之相匹配的民主精神。民主精神是社会长期自然发展的产物，从原则层面概括性地制约着制度结构及其实

---

① 李铁映：《论民主》，人民出版社、中国社会科学出版社 2001 年版，第 73 页。

② 陈怀平、赵芮、何宇潇：《人民主体：中国特色协商民主的三维主体逻辑》，《中州学刊》2016 年第 12 期。

现机制的现实选择；制度结构及其实现机制是人为拟定的约束性规范，是民主精神在操作层面的具体化运用。这二者必须保持一种稳定的适配状态，否则民主的运行就会陷入经常性卡顿、长期失效等困境之中。

习近平总书记从一贯的辩证思维出发，对中国全过程人民民主的有序运行做了创新性阐发，强调有事好商量精神与全过程机制的有机统一。一方面，他认为，"在中国社会主义制度下，有事好商量，众人的事情由众人商量，找到全社会意愿和要求的最大公约数，是人民民主的真谛"①。这种有事好商量的民主精神②，深嵌于中国社会主义民主政治的全过程和各环节，体现为全社会追求最大共识的合作治理过程，并且让国家治理和社会治理具备了深厚基础与强大力量。另一方面，习近平总书记强调，"我们走的是一条中国特色社会主义政治发展道路，人民民主是一种全过程的民主"③，"我国全过程人民民主不仅有完整的制度程序，而且有完整的参与实践"④。正是通过一系列的法律和制度安排，中国的全过程人民民主将民主选举、民主协商、民主决策、民主管理、民主监督各环节真正贯通起来，推动了民主参与从中央到地方再到基层的全方位发展，覆盖了经济、政治、文化、社会等各个领域，确保人民当家作主理念贯彻落实到国家政治生活和社会生活的各个方面。

习近平总书记指出，"各国国情不同，每个国家的政治制度都是独特的，都是由这个国家的人民决定的，都是在这个国家历史传承、文化传统、经济社会发展的基础上长期发展、渐进改进、内生性演化的结果"⑤。政治制度生成过程的这种独特性，是不同民主精神的外在反映和实践展

---

① 《习近平谈治国理政》第 2 卷，外文出版社 2017 年版，第 292 页。

② 这里的民主精神内蕴于而非外在于民主政治的运行过程。2008 年，美国《民主》杂志主编拉里·戴蒙德出版了《民主的精神》一书，认为民主精神包含这样三层含义：一是民主派人士拥有的坚定信念、献身精神、突出才干和无畏勇气；二是以西方民主政府为主的国际社会在推进自由时所做出的巨大投入和一致行动；三是一段时期内为不同国家的人民所共享的一种情绪，即认定民主是最值得追求的政治体制。他所谈的民主精神，显然侧重于社会各方在追求民主体制时所呈现的行为努力、精神风貌和情绪氛围，与本书对民主精神的理解截然不同。

③ 习近平：《论坚持人民当家作主》，中央文献出版社 2021 年版，第 303 页。

④ 《习近平谈治国理政》第 4 卷，外文出版社 2022 年版，第 260 页。

⑤ 《习近平谈治国理政》第 2 卷，外文出版社 2017 年版，第 286 页。

现。中国特色社会主义政治制度植根于中国的社会土壤，蕴含着一种深刻而又独特的内在精神。习近平总书记对这种民主精神多次做集中阐述，反复强调有事好商量是人民民主的真谛，是中国社会主义民主的一大特点和优势。

有事好商量的民主精神，源自中国传统的"和"文化。中华民族自古就形成了天下为公、和实生物、和而不同等优秀政治文化传统，人与人之间推崇"忠恕仁和"，人与社会之间注重"合群睦众"，这些都为中国形成独特的民主精神提供了深厚的生长土壤。在20世纪40年代以来政治协商实践基础上，有事好商量的民主精神深刻影响了中国的民主发展进程，不仅推动完成了协商建国的历史使命，也在新中国成立后中国共产党治国理政的伟大实践中得到了充分体现。

进入新时代，中国积极从传统政治文化和党的历史传统中挖掘与这一民主精神相适应的协商民主资源，不断加大协商民主体系建设力度，显著推动了协商民主广泛多层制度化发展，促使有事好商量的民主精神全面深入地体现在治国理政的各领域、各方面工作中，浸润到全过程人民民主的生动实践里。协商民主是有事好商量民主精神的重要体现，通过积极的政治参与和共同的商量讨论来广泛征求意见建议，有助于广泛凝聚社会共识，实现科学民主决策，最大限度地维护好人民群众的当前利益和根本利益。

有事好商量的民主精神与西方民主政治中的妥协精神有着本质上的不同。政治妥协是西方民主政治的润滑剂，不仅是一种常态化的政治现象，也是一种维持政治运作不可或缺的精神条件。[1] 科恩认为，没有妥协就没有民主，妥协是民主最为重要的条件。[2] 这是因为，西方民主政治的核心要素是竞争性选举，是一个零和博弈的过程。代表不同利益集团的各种政治力量相互较量，其妥协操作只是社会不同部分之间的利益交易，目的在于更好地维护和实现所代表阶层或集团的私利，这种肮脏交易的能力正是西方民主政治看似稳定运作的秘诀。约瑟夫·毕赛特认为，美国宪法旨在使审慎的多数（deliberative majority）成为其政治体系的有效

---

[1] 龙太江：《西方民主政治中的妥协精神》，《文史哲》2005年第2期。

[2] ［美］科恩：《论民主》，聂崇信、朱秀贤译，商务印书馆1988年版，第183页。

统治力量，但如今的政治实践与当初的制度设计却存在距离，较常见的指责是少数有钱人尤其是公司和商业利益集团为了一己之私而颠覆了民主形式。[①] 相比之下，中国有事好商量的民主精神着眼于人民群众根本利益上的一致性，是一个追求社会共识的合作治理过程。来自社会不同领域、行业或团体的人员代表通过广泛充分深入的协商讨论过程，努力找到全社会意愿和要求的最大公约数，致力于维护和实现最广大人民的根本利益、长远利益和整体利益。

有事好商量的民主精神，现实地体现在全过程人民民主所具有的完整的制度程序和完整的参与实践之中。新中国成立以来，中国从自身国情和实际出发，形成了一套日趋成熟定型、具有鲜明特色的人民当家作主制度体系。习近平总书记指出，"我国实行工人阶级领导的、以工农联盟为基础的人民民主专政的国体，实行人民代表大会制度的政体，实行中国共产党领导的多党合作和政治协商制度、民族区域自治制度、基层群众自治制度等基本政治制度，巩固和发展最广泛的爱国统一战线，形成了全面、广泛、有机衔接的人民当家作主制度体系，构建了多样、畅通、有序的民主渠道"[②]。这样一整套制度安排，能够有效保证人民享有更加广泛、更加充实的民主权利和自由，充分激发人民的创造精神和创造活力，切实保证人民共同管理国家事务和社会事务、管理经济和文化事业。

在中国，民主就是人民当家作主。这种总括性民主，决定了其在民主内涵上具有周延性，在民主运作中带有全过程性。毛泽东早就指出，"民主必须是各方面的，是政治上的、军事上的、经济上的、文化上的、党务上的以及国际关系上的，一切这些，都需要民主"[③]。新时代以来，中国的全过程人民民主从全链条、全方位、全覆盖出发，构建了民主运作的完整闭环，贯通于国家政治生活和社会生活的各环节、各方面。民主环节上，全过程人民民主通过一系列的法律和制度安排，将民主选举、

① Joseph M. Bessette, "Deliberative Democracy: Majority Principle in Republican Government", in Robert A. Goldwin and William A. Schambra（eds.）, *How Democratic Is the Constitution*? Washington, D. C.: American Enterprise Insitute, Nov. 1980, pp. 102－116.

② 《习近平谈治国理政》第 4 卷，外文出版社 2022 年版，第 260 页。

③ 《毛泽东文集》第 3 卷，人民出版社 1996 年版，第 169 页。

民主协商、民主决策、民主管理、民主监督各环节真正贯通起来，形成了民主链条的完整闭环，实现了人民全周期性有序参与，确保了民主的所有环节一个都不少。民主层级上，全过程人民民主通过各种民主途径和形式，推动了人民民主从中央、地方到基层的全方位发展，实现了民主层级的完整闭合。民主领域上，全过程人民民主以多样、畅通、有序的民主渠道，充分调动不同民族、阶层、群体、行业的积极性、主动性和创造性，充分发挥各类参与主体的独特作用，体现在经济、政治、文化、社会、生态文明等各领域，确保了民主领域的完整覆盖。①

　　民主，起始于人民意愿充分表达，落实于人民意愿有效实现。② 从人民意愿的充分表达到有效实现，中国的全过程人民民主有着相互衔接、行之有效的运行机制做保证，通过利益需求满足、透明公开参与、理性协商共识、制约监督纠错的链式内在有机互动方式，将人民的需求、参与、协商、监督有机统一起来，促进了人民民主运行质量的持续提升。③ 从基本功能看，中国人民民主的全过程机制可以概分为四大类：一是由上而下、由下而上两种参与模式下的民意表达。一方面，运用线下和线上相结合的方式，不断加强政治参与的平台载体建设，为人民群众提供了诸如政务热线、领导信箱、信访平台、领导留言板等丰富多样的民意表达平台和载体；另一方面，推动群众路线的常态化、制度化，敦促各级决策者通过逆向政治参与模式④，主动深入群众中听民声、解民意。二是全面发展协商民主基础上的民意聚合。人民群众的各种利益诉求千差万别，这些诉求必须经过有效的聚合，才能成为党和政府决策施政的民意基础。近年来，中国协商民主体系建设不断加快，人民群众通过平等充分的商量讨论，在解决急难愁盼问题上达成了广泛社会共识。三是两种代表机制推动下的民意实现。中国人民民主的全过程运作，离不开两种代表机制的有效配合：一方面是由人民直接或间接选举产生的五级人大代表，代表人民的利益和意志依法行使国家权力；另一方面是更为重

---

　　① 王炳权、张君：《发展全过程人民民主　丰富人类政治文明形态》，《人民日报》2021年12月15日。

　　② 中华人民共和国国务院新闻办公室：《中国的民主》，人民出版社2021年版，第40页。

　　③ 唐亚林：《"全过程民主"：运作形态与实现机制》，《江淮论坛》2021年第1期。

　　④ 王绍光：《祛魅与超越》，中信出版社2010年版，第201—206页。

要的"规律—使命式"代表，基于对社会发展规律的洞察，积极发挥先锋队作用，以实际行动维护和实现人民群众的根本利益与长远利益，从而展现自身的先进性和代表性。① 四是近距离、全天候、常态化的民意监督。新时代以来，中国积极推进权力运行的公开化、规范化，不断完善党务公开、政务公开、司法公开和各领域办事公开制度，极大地方便了人民群众展开近距离、全天候、常态化监督，保证了党和国家的权力运用得到有效制约和监督。

第四节　形态：实质民主与民主形式的统一

内容与形式是唯物辩证法的一对基本范畴，是对客观事物性质的不同揭示。前者是事物一切内在要素的总和，后者是这些内在要素的结构和组织方式。马克思主义认为，内容和形式是对立统一的，具有不可分割的紧密联系。这其中，内容决定形式，形式依赖于内容，并随内容变化而变化；形式对内容又有反作用，能够起到促进或者阻碍的作用。作为一种国家形态，民主是内容与形式的统一体。前者指人民的意志和利益，后者指人民的意志表达和利益实现形式。不过，由于对民主理解的不同，历史上长期存在形式民主与实质民主之争。比较而言，形式民主更强调民主的运作形式和具体程序，实质民主更强调民主的实质性权利、善和利益。

在民主形态上，全过程人民民主坚持内容与形式相统一，同时又蕴含了鲜明的实质民主立场。一方面，习近平总书记突出强调民主内容要素的建设和实际效用的增进，认为"民主不是装饰品，不是用来做摆设的，而是要用来解决人民要解决的问题的"②。这种实质民主导向，体现在中国社会主义民主政治建设的各方面、各层级工作中，贯穿于从人民意愿充分表达到有效实现的全过程。它始终以实现好、维护好、发展好

---

① 景跃进：《代表理论与中国政治——一个比较视野下的考察》，《社会科学研究》2007 年第 3 期。

② 《习近平谈治国理政》第 2 卷，外文出版社 2017 年版，第 296 页。

最广大人民根本利益作为一切工作的出发点和落脚点，不断满足人民群众日益增长的美好生活需要，是最广泛、最真实、最有效的社会主义民主。另一方面，习近平总书记非常重视社会主义民主实现形式的多样性，强调"人民通过选举、投票行使权利和人民内部各方面在重大决策之前进行充分协商，尽可能就共同性问题取得一致意见，是中国社会主义民主的两种重要形式"①。这两种民主形式不是相互替代、相互否定的，而是相互补充、相得益彰的，共同构成了中国社会主义民主政治的制度特点和优势。

民主意味着人民之治，人民当家作主是社会主义民主政治的本质和核心。人民当家作主不仅要求保障人民在国家中的地位，明确国家的一切权力属于人民，更要求普通民众能够通过民主制度、形式与手段，共同行使管理国家事务和社会事务、管理经济和文化事业的真实权利，保障自身的生存和发展。新中国成立以来尤其是改革开放后，中国社会主义民主政治建设在长期探索基础上形成了鲜明的发展导向，并从回应性政治的内在逻辑出发，遵循以民主促民生的务实策略，着力于解决人民群众普遍关心的急难愁盼问题，与时俱进地满足人民群众多层次、多样化的需求，更好地维护最广大人民的整体利益、根本利益和长远利益。

习近平总书记多次强调，人民对美好生活的向往就是中国共产党的奋斗目标，让老百姓过上好日子是我们党一切工作的出发点和落脚点。党的十八大以来，以习近平同志为核心的党中央坚持以人民为中心的发展思想，全面发展全过程人民民主，切实解决群众身边的生产生活困难，推动人民生活水平全方位提升。新时代全过程人民民主的治理效能集中体现在：一是中国实施精准扶贫、精准脱贫，现行标准下9899万农村贫困人口全部脱贫，历史性地解决了绝对贫困问题，取得了全面建成小康社会的显著成就。二是突出保障和改善民生，在教育、养老、医疗等民生难题上持续发力，建成世界上规模最大的教育体系、社会保障体系、医疗卫生体系。三是坚持绿色发展理念，推动生态环境质量显著好转，国家统计局2021年调查显示，人民群众对生态环境的满意度超过了

① 《习近平谈治国理政》第2卷，外文出版社2017年版，第293页。

90%。四是续写了经济快速发展和社会长期稳定两大奇迹，中国人均国内生产总值从 2012 年的 6300 美元快速提升到 2021 年的 1.25 万美元，已经接近高收入国家的门槛标准；与此同时，群众安全感由 2012 年的 87.55% 上升到 2021 年的 98.62%，中国成为国际社会公认的世界上最安全的国家之一。① 这些举世瞩目的治理绩效，是人民当家作主生动实践的成果体现，极大地提升了人民群众的获得感、幸福感和安全感。

　　"亚洲民主动态调查"② 第二波数据显示，对于大多数中国民众来说，控制贫富差距、保证每个人的衣食住等基本必需品要比有机会通过选举更换政府和批评当权者的自由更重要。这种对民主的理解，强调及时有效地回应人民群众的民生诉求，显然是带有实质意义的而非形式上的。王绍光认为，与这样的实质民主观相适应，中国已经发展出一套代表型民主的理论与运作方式，能够较好地回应人民群众的真实需求，这正是中国政府、中国民主广受民众信任和支持的原因所在。③

　　人民当家作主必须通过一系列的制度程序和参与实践体现出来，这就涉及了民主的实现形式问题。列宁强调，"彻底发展民主，找出彻底发展的种种形式，用实践来检验这些形式等等，这一切都是为社会革命进行斗争的基本任务之一"④。只有不断地探索丰富民主实现形式，社会主义民主政治的特点和优势才能充分体现出来，社会主义民主这一历史上新的民主类型的先进性才能愈加彰显出来。

　　中国共产党在百年奋斗历程中一直重视探索民主的实现形式。早在新民主主义革命时期，我们党团结带领人民开展了丰富多样的实践探索，尝试了组建罢工工人代表大会和农民协会、工农兵代表会议、参议会以及人民代表会议等民主实现形式。新中国成立后特别是改革开放以来，

---

① 樊曦、刘夏村、陈弘毅：《续写社会长期稳定奇迹——新时代中国社会建设述评》，新华网（http://www.news.cn/2022 - 09/07/c_ 1128984697.htm），访问日期 2022 年 12 月 5 日。

② "亚洲民主动态调查"（Asian Barometer Survey）是一项由台湾"中央研究院"政治学所筹备处东亚政治变迁与全球民主发展研究群组所推动的大型跨国研究项目。该项目由胡佛与朱云汉共同创立，旨在利用社会调查方法，长期跟踪研究东亚地区威权政体转型与民主化的机制和过程。从 2000 年到 2018 年，该项目共对东亚、东南亚十多个国家和地区的民主发展水平组织开展了五波调查。

③ 王绍光：《代表型民主与代议型民主》，《开放时代》2014 年第 2 期。

④ 《列宁选集》第 3 卷，人民出版社 1995 年版，第 181 页。

中国形成了一套人民当家作主制度体系，开辟了一条中国特色社会主义政治发展道路，社会主义民主政治的实现形式、参与渠道日益丰富，选举民主与协商民主的有机结合成为中国特色社会主义民主的一大特点。进入新时代，人民当家作主的制度程序日益成熟定型，人民群众的参与实践更加广泛充分，形成了全过程人民民主的崭新形态。

中国的全过程人民民主依托全面、广泛、有机衔接的人民当家作主制度体系，构建了多样、畅通、有序的民主渠道，全面推进了民主选举、民主协商、民主决策、民主管理、民主监督，实现了最广大人民的广泛、持续参与，确保了国家政治生活和社会生活的各方面、各环节都能倾听人民声音，实现人民意愿。在中国，人民通过选举、投票行使权利，和人民内部各方面在重大决策之前进行充分协商、尽可能就共同性问题取得一致意见，是全过程人民民主的两种重要形式。二者的有机结合、相互补充产生了政治参与的叠加效应，促使新时代人民民主的全过程特征愈发凸显出来。

"人民通过选举、投票行使权利，选出代表自己意愿的人来掌握并行使权力，是中国民主的一种重要形式，是人民实现当家作主的重要体现。"① 中国的全过程人民民主拥有广泛多样、平等真实的选举实践，涉及人民代表大会选举、村（居）委会选举以及企事业单位职工代表大会选举等，既保障人民群众的选举权，也保障人民群众的被选举权。

除了通过选举、投票行使权利外，人民在重大决策前和决策过程中进行充分协商，尽可能就共同性问题取得一致意见，这既是中国全过程人民民主的一种重要形式，更是一种独特、独有、独到的民主形式。这种协商民主，是实现中国共产党领导的重要方式，是中国共产党的群众路线在政治领域的重要体现。新时代以来，中国在基层创新基础上加大了协商民主的顶层设计力度，着力加快构建程序合理、环节完整、形式多样的社会主义协商民主体系，不断推动协商民主广泛多层制度化发展，形成了七种协商渠道协同推进、竞相发展的良好局面，在基层更是探索出诸如民主恳谈会、村民议事会、居民论坛、小院议事厅、板凳民主、

---

① 中华人民共和国国务院新闻办公室：《中国的民主》白皮书，人民出版社 2021 年版，第23—24 页。

坝坝会等一系列丰富多样的协商形式，有效发挥了协商民主在察民情、解民忧、暖民心上的重要作用，实现了人民群众更广泛的政治参与和更有效的民意表达。

第五节 标准：实质性标准与各国权利论的统一

毛泽东在《矛盾论》的开篇指出，"事物的矛盾法则，即对立统一的法则，是唯物辩证法的最根本的法则。"① 唯物辩证法认为，矛盾是普遍存在的，一切事物都是普遍性和特殊性的统一。矛盾的普遍性是指一类事物的共同本质和规律；矛盾的特殊性是指同类事物之间相互区别的特殊本质和规律。二者之间的关系即矛盾的共性和个性、一般和个别的关系，是辩证统一、相互联结的。一方面，普遍性寓于特殊性之中并通过后者表现出来，没有特殊性就没有普遍性；另一方面，特殊性一定与普遍性相关联而存在，不存在不包含普遍性的特殊性。作为人类政治文明的主要成果之一，民主同样具有唯物辩证法意义上的普遍性与特殊性，既有一些共同的组成要素和表现形式，也有因历史文化传统和社会经济基础不同而来的特色和多样性。因此，对于民主的发展模式，我们既不能以民主的普遍性否定民主的特殊性，认同世界上只有一种可行的民主模式，也不能以民主的特殊性否定民主的普遍性，认为各国民主模式之间毫无任何共通之处。②

全过程人民民主深深契合于唯物辩证法中矛盾普遍性与特殊性的辩证关系原理，在民主的评判标准问题上做出了原创性贡献。一方面，习近平总书记从实质民主观的立场出发，否定了民主的形式性标准，明确指出："实现民主的形式是丰富多彩的，不能拘泥于刻板的模式，更不能说只有一种放之四海而皆准的评判标准。"③ 在此基础上，他针对民主的发展模式，创造性地提出了"八个能否""四个要看、四个更要看"的一

---

① 《毛泽东选集》第 1 卷，人民出版社 1991 年版，第 299 页。
② 俞可平：《关于民主亟待厘清的六个关系》，《天津政协公报》2009 年第 4 期。
③ 《习近平谈治国理政》第 2 卷，外文出版社 2017 年版，第 292 页。

系列新标准。① 这其中，"八个能否"评价标准涉及领导人更替、人民主权、政治参与、民意表达、决策过程、政治吸纳、依法执政以及权力监督等多个方面，强调从制度运行和实践效果来评判政治制度是否民主、有效。"四个要看、四个更要看"评价标准按照实质民主观的立场，进一步凸显了评判一国民主与否关键看人民当家作主理念的落实情况，也就是说，既要看法律法规等规范性文本中的权利内容和制度规定，更要看政治现实中的制度运行和实践效果。另一方面，习近平总书记强调实现民主的方式不可能定于一尊，更不可能千篇一律，认为"民主是各国人民的权利，而不是少数国家的专利"②。因此，在一国实现民主的方式上，应该由所在国家的人民来决定，而民主与否及实现程度同样应由这一国家的人民来评判；至于该国在国际社会上是否被视作民主国家，理应由国际社会的大多数国家共同评判，而不应该由自我标榜为民主范本的少数国家说了算。

民主标准问题是与对民主的理解紧密相关的。如果对民主的理解囿于实现形式，自然会围绕着民主的形式来提出相应的评判标准。王绍光认为，西方思维传统在谈论政治问题时盛行政体思维，容易陷入政体决定论。政体思维关注的是政府或者说政治秩序的形式，认为政体形式决定政权治理的实质。按照这一思维方式，好的政体形式必然产生好的治理结果，也必将在与其他政体形式的竞争中胜出；坏的政体形式哪怕当

---

① 2014 年 9 月 5 日，习近平总书记在庆祝全国人民代表大会成立 60 周年大会上提出"八个能否"评价标准，即"评价一个国家政治制度是不是民主的、有效的，主要看国家领导层能否依法有序更替，全体人民能否依法管理国家事务和社会事务、管理经济和文化事业，人民群众能否畅通表达利益要求，社会各方面能否有效参与国家政治生活，国家决策能否实现科学化、民主化，各方面人才能否通过公平竞争进入国家领导和管理体系，执政党能否依照宪法法律规定实现对国家事务的领导，权力运用能否得到有效制约和监督"。2021 年 10 月 13 日，习近平总书记在中央人大工作会议上专门重申了这一评判标准，并进一步提出"四个要看、四个更要看"的新标准，即"一个国家民主不民主，关键在于是不是真正做到了人民当家作主，要看人民有没有投票权，更要看人民有没有广泛参与权；看人民在选举过程中得到了什么口头许诺，更要看选举后这些承诺实现了多少；要看制度和法律规定了什么样的政治程序和政治规则，更要看这些制度和法律是不是真正得到了执行；要看权力运行规则和程序是否民主，更要看权力是否真正受到人民监督和制约"。

② 《习近平谈治国理政》第 4 卷，外文出版社 2022 年版，第 259 页。

前有好的治理绩效，那也是暂时的，是注定会失败的。① 当前西方流行的民主观念是从属于政体思维脉络的，熊彼特在此建构过程中的作用最为关键。他在解构"共同福利"和"人民意志"基础上对民主做了颠覆性改造，将民主定义为"民主方法就是那种为作出政治决定而实行的制度安排，在这种安排中，某些人通过争取人民选票取得作决定的权力"②。按照这一界定，民主过程的重心就变成了各精英团体竞争政治领导权而非普通民众决定政治问题，判断民主与否的标准就被简化为是否存在不同政党之间的竞争性选举。近30年来，西方国家从自我中心主义立场出发，频频以推进民主为幌子采取侵略行动，在全世界极力输出这种带有明显缺陷的民主，并用这种形式性民主标准随意评判一国是否民主。这种扭曲的民主观及其种种干预行动，不仅没有给相关国家的普通群众带来实实在在的好处，反而在很多发展中国家和地区造成了长期的政治混乱、经济衰退和社会动荡。

全过程人民民主坚决反对这种形式性民主标准，认为民主不是空洞的说教，不能停留在口头承诺上，而是必须解决人民需要解决的问题，更好地造福自己的国家和人民。因此，习近平总书记坚持破立并举原则，既从政治制度的产生及演进逻辑出发，深刻揭示了形式性民主标准的历史和现实局限性，又从实质民主观的立场和角度阐明了中国对民主的理解以及所持有的民主评判标准。从"破"的一面说，习近平总书记强调，"世界上不存在完全相同的政治制度，也不存在适用于一切国家的政治制度模式"③。这是因为，各国政治制度由于国情不同而具备了一定的独特性，都是在自身历史传承、文化传统、经济社会发展的基础上长期发展、渐进改进、内生性演化的结果。从这一角度而言，实现民主的方式就必然是丰富多样、各具特色，而不可能千篇一律。因此，如果采取单一的形式性评判标准，在五彩缤纷的政治现实面前必然遭遇适用上的巨大困难。从"立"的一面说，习近平总书记从民主的实质内涵出发，强调真

---

① 王绍光：《中国·政道》，中国人民大学出版社2014年版，第20—21页。
② ［美］约瑟夫·熊彼特：《资本主义、社会主义与民主》，吴良健译，商务印书馆1999年版，第396页。
③ 《习近平谈治国理政》第2卷，外文出版社2017年版，第286页。

实民主对人民需求的回应性，认为"一个国家民主不民主，关键在于是不是真正做到了人民当家作主"①。在国家政治生活和社会生活中，只有人民群众能够全周期、不间断参与，国家治理和社会治理能够全过程有效回应人民群众的各方面需求，这样的民主才是广泛、真实、有效的民主。

民主是全人类共同的政治追求，但各国追求民主的方式却不一样。总体看，当前各国在追求民主的过程中主要存在两种思路，在世界百年未有之大变局下迎来了两种截然相反的景象。一种是照搬西式民主，另一种是坚定走自己的路。前者以西式民主为范本，采取投票选举、多党竞争、轮流执政等形式，推行竞争性民主政治。这种发展思路一直受制于精英民主、金钱政治、零和博弈思维等内在的制度性缺陷，近30年来已经造成了日益普遍的极化对立、贫富拉大和社会撕裂现象，给所在国家的未来前途蒙上了阴影。后者从自身实际出发，积极探索符合本国国情的民主发展道路。在跳出西式民主的窠臼后，这些国家能够遵循实质民主观的立场，采用民主与民生相结合、政治发展与社会稳定相平衡的总体思路，通过强化国家认同、凝聚社会共识、促进政治参与、满足民众需求来实现人民之治，由此给国家和社会带来了日益向好的发展前景。

中国始终向往"美美与共、天下大同"的人类文明图景，在各国追求民主的道路上一直秉持开放包容的国际情怀。毛泽东早就指出，"在国际关系上，各国都应该是民主的国家，并发生民主的相互关系，我们希望外国及外国朋友以民主态度对待我们，我们也应该以民主态度对待外国及外国朋友"②。习近平总书记在会见外国国家领导人及在国际会议发表重要讲话等反复强调，中国始终尊重各国人民自主选择发展道路的权利，倡导并推动国际关系民主化，反对把自己的意志强加于人。民主是各国人民的权利，民主的发展道路必须由所在国家的人民来决定。中国愿同各国一道，共同构建相互尊重、公平正义、合作共赢的新型国际关系，同心打造关乎人类美好未来的命运共同体。

列宁在《谈谈辩证法问题》的开篇鲜明提出，"统一物之分为两个部

---

① 《习近平谈治国理政》第4卷，外文出版社2022年版，第258—259页。
② 《毛泽东文集》第3卷，人民出版社1996年版，第170页。

分以及对它的矛盾着的部分的认识,是辩证法的实质"①。这种辩证法就是马克思主义的认识论,是科学认识世界的强大思想武器,是提高解决问题本领的关键所在。习近平总书记非常善于运用唯物辩证法解决实际问题,推动各项工作。他强调,"实现'两个一百年'奋斗目标、实现中华民族伟大复兴的中国梦,必须不断接受马克思主义哲学智慧的滋养","学习掌握唯物辩证法的根本方法,不断增强辩证思维能力,提高驾驭复杂局面、处理复杂问题的本领"。②

全过程人民民主是以习近平同志为核心的党中央科学运用唯物辩证法不断深化对民主政治发展规律认识的理论成果,也是中国共产党在新时代持续探索中国特色社会主义政治发展道路形成的思想结晶。它主要包括了共同价值论、目标导向论、领导力量论、主体力量论、全过程机制论、民主精神论、实质民主论、民主形式论、民主标准论、各国权利论十个方面的内容,凸显了目的性价值与工具性价值、先进政党与人民力量、有事好商量精神与全过程机制、实质民主与民主形式、实质性标准与各国权利论的辩证统一,蕴含了丰富的辩证思维,展现出深刻的辩证性。新时代新征程上,我们有必要深入学习领会全过程人民民主的丰富内容和辩证思维,下大力气推动全过程人民民主制度化、规范化、程序化水平进一步提升,从中国特色社会主义民主政治的全过程和各方面充分保障人民当家作主,从而为以中国式现代化全面推进中华民族伟大复兴提供源源不断的智慧和力量。

① 《列宁选集》第 2 卷,人民出版社 1995 年版,第 556 页。

② 习近平:《辩证唯物主义是中国共产党人的世界观和方法论》,《求是》2019 年第 1 期。

第 五 章

全过程人民民主与中国式现代化

"现代化"（modernization）含有"成为现代的"之意，与"现代"这一观念密切相关。"现代"（modern）指涉西方中世纪结束以来延续至今的一个长时段历程，内含着区别于中世纪的一种新的时代精神与特征。"现代化"是社会科学研究的常用术语之一，有着丰富而又深刻的多种含义，在政治学、经济学、社会学和历史学等诸多学科的研究中得到广泛使用。罗荣渠曾将现代化概念的种种说法概括为四大类：一是指近代资本主义兴起后所形成的特定国际关系格局下，经济落后国家通过大搞技术革命，在经济和技术上赶上世界先进水平的历史过程；二是强调其工业化的实质内涵，是经济落后国家实现工业化的进程；三是指称科学革命以来人类急剧变动的过程；四是指一种心理态度、价值观和生活方式的改变过程。[①]

对于"现代化"这一概念的丰富含义，不同研究领域的学者往往强调它的不同面向。比如，经济史学界尤其强调，现代化进程就是从传统的农业社会向现代工业社会转变的历史过程，工业化或者说经济的持续增长被提到至关重要的位置；历史学界、社会学界更倾向于认为，现代化是涉及人类方方面面的深刻变化，工业化只是诸多发展过程的一个面向而已，除此之外还包括知识增长、政治发展、社会动员以及心理调适等多个方面；社会心理学、文化人类学的学者将现代化主要视作一种心理态度、价值观和生活方式的转变过程，强调在此过程中个人心理、思想和行为的转变。

---

① 罗荣渠：《现代化理论与历史研究》，《历史研究》1986 年第 3 期。

笼统来说，现代化有着广义和狭义之分。从广义来说，现代化可以概称人类近代以来发展进程中社会急剧转变的总过程，包含着整个社会生活方方面面的变动与转型；从狭义来说，它主要指从传统农业社会向现代工业社会的转变过程。就中国的现代化而言，对现代化的狭义理解曾经在很长时间里都占据主流地位，不过随着改革开放的逐步深入，社会各界对现代化内涵的理解愈发宽泛，越来越认同一种社会生活全方位转型的看法。

第一节　中国现代化的基本历程

从世界范围来看，依据现代化的起始时间以及最初启动因素的来源，可将现代化分为早发内生型与后发外生型两种。早发内生型现代化具有三方面的突出特征：一是自发性，这些国家在现代化的早期阶段既没有明确的目标，也缺乏完整的发展纲领；二是渐进性，现代化的总体变迁过程相对来说是渐进的、和缓的；三是自下而上的过程，在相当长的时间内现代化过程主要限于民间，政府所起的作用非常有限。比较而言，后发外生型现代化有着非常明确的起始时间，往往以某一届政府、某一个或某一批领导人为标志，是对外部现代性刺激或挑战的一种有意识的回应。[1] 按照这一划分思路，中国的现代化进程属于典型的后发外生型，是在西方列强侵略这一外来因素的刺激下被动开启的，在近两百年时间里经历了数次断裂，呈现出一种曲折中前进的变迁过程。

扼要来说，中国现代化的基本进程总体上可以划分为三大阶段：第一个阶段约 60 年，时间是从 1840 年鸦片战争爆发到 1901 年《辛丑条约》签订，现代化在该阶段只是中国近代社会大变动许多流向中的一个支流，所做的努力主要是在旧王朝体制内部开展的适应现代化潮流的一些尝试。第二个阶段约 50 年，是从 1901 年《辛丑条约》签订到 1949 年新中国成立，这一时期现代化的地位和重要性不断上升，着眼于现代化的种种努力集中体现在将民众重新组织起来的不懈奋斗中。第三个阶段约 70 年，是从 1949 年新中国成立到 2020 年全面建成小康社会，现代化

---

[1]　孙立平：《后发外生型现代化模式剖析》，《中国社会科学》1991 年第 2 期。

成为中国社会变革中占支配地位的努力方向和发展趋势，工业化和经济增长被放在各项工作的重要位置，形成了发展导向的中国式现代化道路。不过，要准确把握中国现代化的基本历程与总体态势，必须从大历史观的视角出发，在研究中国现代化三大阶段的同时，对现代化被动开启前的所谓百年盛世开展必要的考察，这样才能更加全面完整地理解中国式现代化的来路与去处。

一　盛世表象下的重重危机

1840—1842 年的鸦片战争是中国近代史的开端，实质上也是中国走向现代化的最初起点。这一起点看似偶然，却又蕴含着一种大历史观视野下的必然性。在鸦片战争之前的百年里，中国与西方的总体发展情势正朝西升东降两个方向发生着极大变化。这期间，西方国家的经济社会领域正在发生快速而又深刻的变革：一方面，18 世纪下半叶以蒸汽机的发明和改进为标志的第一次技术革命，将人类推进到了蒸汽时代，实现了从手工业到机器工业的转变，社会生产力极大发展；另一方面，不同于中世纪的现代思想观念深入发展，孟德斯鸠的分权制衡学说、卢梭的人民主权理论以及亚当·斯密的经济自由主义思想，受到了越来越广泛的关注和重视。与此同时，西方国家对于殖民地的争夺早已遍布东西两半球。18 世纪中期，英法两国在东半球的印度和西半球的美洲更是展开激烈竞争，并且均以英国胜利告终。由此，全球范围内一种从未有过的中心—边缘秩序呼之欲出。[①]

鸦片战争前的百年，清朝主要处于乾隆（1736—1796 年在位）和嘉庆（1796—1820 年）时期，王朝内部依然有着帝制时代相对显赫的文治武功。乾隆皇帝在位时，清朝官方文书中经常以"盛世"自许，年逾八十时更是自诩为古来罕有的皇帝，自作《御制十全记》，建碑勒文总结一生中的"十全武功"，即"十功者，平准噶尔为二，定回部为一，扫金川为二，靖台湾为一，降缅甸、安南各一，即今二次受廓尔喀降，合为十"。

不过，"这是一个看上去正值盛世的时代"，盛世表象与危机四伏是

---

① 李剑农：《中国近百年政治史》，中华书局 2019 年版，第 1—5 页。

一体两面的事实。孔飞力就以 1768 年在清帝国蔓延的叫魂案为中心，从社会底层、各级官僚以及乾隆皇帝三个维度分别叙述了不同社会群体和角色对于叫魂妖术的理解和反映，进而剖析了"盛世妖术"现象背后的政治、社会和文化等方面的时代意蕴。① 对于当时盛世表象下的重重危机，可以从以下三个方面进行简要的梳理和概括。

一是周期性的政治运作走上下坡路。两千年的君主专制社会一直处于周期性的朝代循环之中，乾隆时期的清朝建成了严密的君主专制统治，到达了专制集权的顶峰和本朝兴盛的顶点，其后期已经不可避免地开始步入日趋衰落的衰败期，集中表现在官场上奢侈之风、贪渎行为盛行，严重的贪腐现象又制造出大量的搜刮民脂民膏现象，为后来陆续爆发的民乱现象埋下了种子。

二是经济社会深陷人多地少的发展困境。与君主专制相适应的小农经济绵延达两千年之久，劳动生产率在漫长的历史中未见实质性提升，只能依靠投入大量人力的精耕细作方式来提高单位土地上的总产出。由于乾隆时期承平日久，中国人口迎来了大发展阶段。从 1741 年（乾隆六年）的 14341 万人急剧增加到 1795 年（乾隆六十年）的 31328 万人②，这就造成了日趋严峻的人多地少困境，引发了单位土地的劳动投入越来越高、边际回报越来越低的农业内卷化现象。"农业内卷化"是黄宗智通过研究清朝初期至 20 世纪 30 年代的华北小农经济而得出的创新性观点，深刻揭示了小农经济模式下"没有发展的增长"的内卷困境。在黄宗智看来，中国帝制时代的农业生产一直都是小农经济。人多地少的现实情况，决定了只能依靠投入大量人力的精耕细作来提高土地产出，就此出现了农业发展的内卷化现象，也就是单位土地的劳动投入越来越高、边际回报却越来越低的状况。③

三是思想文化固化僵化加重王朝暮气。清朝推行彻底的文化专制政策，有组织地大肆损毁和篡改典籍，炮制出为数众多的文字狱冤案。以

---

① ［美］孔飞力：《叫魂：1768 年中国妖术大恐慌》，陈兼、刘昶译，上海三联书店 2014 年版。

② 周源和：《清代人口研究》，《中国社会科学》1982 年第 2 期。

③ 黄宗智：《华北的小农经济与社会变迁》，中华书局 1986 年版，第 161—162 页。

乾隆时期为例，通过纂修《四库全书》之机，朝廷将不利于清朝统治的书籍一举销毁，禁书毁书活动长达 20 年之久，其中被列为禁书而处于销毁之列的书籍有 3000 余种、六七万部。同时，大兴文字狱之风盛行，这给当时的思想文化和士人风气带来恶劣影响。文人学士群体纷纷逃避现实，把全部精力投入训诂、考据的故纸堆中，形成了重考据、主实证的"乾嘉朴学"。循规蹈矩、思维固化的思想文化状况致使清王朝的暮气日益加重。

二　适应现代化潮流的系列尝试

鸦片战争是一个划时代的事件，预示着数千年未有之变局的到来，并且向中国提出了如何走向现代化的时代命题。不过，囿于仅从经济关系角度看待中西的历史性接触以及自身思想—制度上的强大惯性或惰性，晚清绝大多数士大夫直到 1860 年代才对这种前所未有的大变局有所觉察，导致失去了探索现代化的 20 年宝贵时间。①

为了应付前所未有的大变局，越来越多的人开始意识到必须采取一些改变，推行一些更积极、更长远的政策。这种应对思路被称为"自强之术"，"自强"一词从 1861 年起经常出现在奏折、谕旨和士大夫的文章中。1861 年 1 月 24 日，恭亲王奕䜣等在《奏请八旗禁军训练枪炮片》首次提出"自强"口号。该奏折写道：

> 窃臣等酌拟大局章程六条，其要害在于审敌防边，以弭后患。然治其标未探其源也。探源之策，在于自强，自强之术，必先练兵。现在抚议虽成，而国威未振，亟宜力图振兴，使该夷顺则可相安，逆则可以有备，以期经久无患。②

在此之前，1861 年 1 月 13 日，奕䜣会同桂良、文祥在《统计全局酌拟章程六条呈览请议遵行折》的附件中，提出了设立总理各国事务衙门

---

① ［美］费正清、刘广京编：《剑桥中国晚清史（1800—1911 年）》下卷，中国社会科学院历史研究所编译室译，中国社会科学出版社 1985 年版，第 151—155 页。

② 《筹办夷务始末（咸丰朝）》卷 72，中华书局 1979 年版，第 8 页。

等六条自强措施，由此开展了一场以自强、富民为目标并历时 30 余年的洋务运动，中国近代以来的现代化进程正式起步。

"洋务"属于清政府的新型事务，既包括涉外事务即与外交、外贸收入以及同贸易商人和传教士有关的一切事务的处理，也包括从西方引入的新事物或新计划，比如外语学堂、军队训练、兵工厂、造船厂、开矿、商船和海军等事宜的管理。自 1861 年成立起，总理衙门成为整个洋务的主要协调机构，对自强运动的开展起到了至关重要的作用。①

自强运动即洋务运动，旨在挽救清朝统治，最初是着眼于西方的枪支、炮舰等军事装备，通过建立兵工厂、造船厂等学习西方的武器和轮船制造技术。这其中比较重要的有 1861 年曾国藩创办的安庆内军械所、1865 年曾国藩和李鸿章创办的江南机器制造总局，以及 1866 年左宗棠创办的福州船政局。

随着自强运动的开展，洋务派官员对于寻求西方技术的认识也在不断深入，强调"欲学习外国利器，则莫如觅制器之器"②，"洋机器于耕织、刷印、陶埴诸器皆能制造，有裨民生日用，原不专为军火而设"③。因此，洋务派除了在军事方面的努力外，还陆续创办了一些着眼于求富目标的民用工业。比如，1873 年李鸿章在上海创办的轮船招商局，是中国近代史上第一家轮船企业，彻底打破了外国洋行压制中国航运业的不利局面；1890 年张之洞着手创办的汉阳铁厂，是中国近代最早的官办钢铁企业，也是当时亚洲最大的钢铁厂，被西方视为中国觉醒的标志。

在创办军工、民用企业的同时，洋务派官员也注重培养新技术所需的各类人才，通过设立京师同文馆、福州船政学堂等一批语言类学校和造船航海类学校以及组织赴欧美学习等多种方式，培养出一批现代化急需的翻译人才、外交人才、工程师以及舰船指挥人才等。

不过，虽然陆续取得了一些现代化成果，自强运动却被 1894—1895

① ［美］费正清、刘广京编：《剑桥中国晚清史（1800—1911 年）》上卷，中国社会科学院历史研究所编译室译，中国社会科学出版社 1985 年版，第 491 页。

② 《筹办夷务始末（同治朝）》卷 25，中华书局 2008 年版，第 7 页。

③ 《筹办夷务始末（同治朝）》卷 35，中华书局 2008 年版，第 3 页。

年中日战争所打断，代表自强运动主要成果的北洋舰队更是在黄海战役中全军覆没，现代化的初次努力遭受重大挫折。

1860—1880 年间，在自强运动的推动下，国内出现了文化意识层面的新觉醒，开始较多地着重于思想、态度甚至制度的讨论。这种觉醒是在面临西方技术和经济挑战的背景下，认识到必须进行改革或者说变法，适时调整当时的制度。这种制度调整的必要范围随着人们认识的深化而扩展，从基于应对新型事务需要而设立新机构，到改革兵制以及在科举科目中增加与西方事务有关的内容等。变法计划在 19 世纪六七十年代还只是偶然现象，但到 1885—1895 年间日益成为一场广泛的变法维新运动。[1] 因此，自强运动与变法维新不是对立或者割裂的，二者都是积极因应西方挑战的举动。变法维新是自强运动发展到一定程度的产物，是由技艺之变转向政制之变乃至思想文化之变的逻辑延伸。

作为一场运动来说，变法维新内部包含着许多不同的派别。就比较温和的一派来说，他们同意需要改制的主张，但未必同意对传统政治秩序的思想基础即儒家学说做比较激进的解释，本质上与自强运动的提倡者们没什么大的区别。就比较激进的一派来说，他们既关注对国家富强的广泛要求，也着眼于瓦解传统政治秩序的思想基础，因此与同时代的革命运动也很难区别，甚至有些方面表现得更加激进。[2]

维新运动中的温和派与激进派之间的冲突，在 1895 年之后越来越明显了。随着维新运动变得日益激进化，温和派与保守的官员群体及地方绅士们开始合力攻击激进派，这先是造成了 1897 年下半年湖南维新运动的失败，紧接着致使 1898 年中央政府层面的变法运动再次失败。

1898 年 6 月 11 日，光绪皇帝颁布"定国是诏"，宣布开始变法。之后的 103 天内，密集发布了一系列推行新政的政令，涉及经济、军事、文化、教育及政府机构等领域的改革，历史上称作"戊戌变法"或"百日维新"。新政的主要举措包括：在经济领域，设立农工商总局、矿物铁路

① ［美］费正清、刘广京编：《剑桥中国晚清史（1800—1911 年）》下卷，中国社会科学院历史研究所编译室译，中国社会科学出版社 1985 年版，第 165—168 页。
② ［美］费正清、刘广京编：《剑桥中国晚清史（1800—1911 年）》下卷，中国社会科学院历史研究所编译室译，中国社会科学出版社 1985 年版，第 293—296 页。

总局、邮政局等机构，以更大力量推进农工商业发展；在军事领域，着眼于训练现代化的陆军，加强海军，组织保甲和团练；在文化教育领域，彻底修改科学制度，以时事和实学的策论为考试的新标准，同时设立包括京师大学堂在内的各种高等和初级学堂；在政府机构方面，删改各衙门规定，裁撤詹事府、通政司、光禄寺、鸿胪寺、太仆寺、大理寺衙门等中央政府衙门，在部分省份裁撤粮道、盐道衙门。当年 9 月 21 日，以慈禧太后为首的保守派突然发动政变，囚禁了光绪皇帝，废除了除京师大学堂之外的一切新政措施，戊戌变法以失败告终。

三 将民众重新组织起来的接续奋斗

如果说现代化第一阶段的努力均是在清政府现有体制框架内做尝试，那么随着 1900 年八国联军侵华战争以及之后《辛丑条约》的签订，清政府的专制统治已经积重难返，上层阶级中离心离德的倾向迅速蔓延。受制于各方压力的交互作用，清政府在最后十年里制定并出台了一些改革方案，涉及教育、军事、政治、法律等诸多方面的制度，但这些改革方案的目的仅在于保持改革的门面，免受汉人和外国人的两面攻击，从而尽可能长久地保住清王朝的统治罢了。

在清末敷衍式的改革过程中，国内的排满主义与革命意识显著增长，秘密会社、学生组织特别是留日群体、新军、绅商、海外华侨等各种反满势力日益形成一个广泛的反清联盟。这个联盟对国家的前途抱有一种高度的紧迫感，认为国事的混乱不堪和外国势力的持续入侵都得由满人负责，推翻满人的统治是建设一个现代国家必不可少的第一步。

1911 年 5 月，清政府宣告成立新内阁，宣布川汉铁路和粤汉铁路国有化，并以铁路矿山为抵押举借外债。一方面，这一新内阁由 13 人组成，汉人只有 4 人，占大多数的满人成员中又有 5 名皇族成员，这种御用性质激起了普遍的愤怒和失望；另一方面，铁路国有化的政策损害了以地方绅士和商人为主的私营铁路公司投资者的利益，而举借外债的方式又直接无视相关省份咨议局议员们的意见。① 这一年夏季，铁路国有化政

---

① ［美］费正清、刘广京编：《剑桥中国晚清史（1800—1911 年）》下卷，中国社会科学院历史研究所编译室译，中国社会科学出版社 1985 年版，第 500—501 页。

策所引发的群众保路抗议运动席卷四川，各州县普遍建立了保路同志会。这之后广泛的群众示威活动逐渐升级为暴动和起义。9 月中旬，四川已经陷入一片不可收拾的混乱之中。清政府试图从湖北调军入川来恢复秩序，但这一举动反而在深受革命派影响的武汉新军中产生连锁影响。

1911 年 10 月 10 日，一小批士兵仓促举事，武昌起义正式爆发。第二天，在打垮当地政权后，革命派组建了湖北的军政府，并大胆代表全中国宣布成立共和国。这些事件促使其他省份相继行动起来。这里面既有因于革命立场观点而发难，也有出于见风使舵的政治考量而倒戈，到 11 月 27 日又有另外 14 个省份宣布成立新的革命省政府。1912 年元旦，南京临时政府正式成立，孙中山就任中华民国临时大总统。2 月 12 日，清帝在握有军事政治实权的袁世凯逼迫下宣布退位，清朝 260 余年的统治由此结束。按照事先与革命派达成的协议，袁世凯取代孙中山成为中华民国临时大总统。这一系列的历史事件，被统称为辛亥革命。

与以往不同，辛亥革命是从现有体制框架外做出的走向现代化的努力。它推翻了清王朝的专制统治，结束了在中国延续两千年之久的王朝循环，完成了从旧式王朝到共和政体的政治变革。在此过程中，民主、议会、共和、选举等新观念开始深入人心，出现了新的社会集团，创造出崭新的革命传统。[1] 不过，辛亥革命所建立的政权软弱而又短命，破坏有余、建设不足，遭遇了权威失落、地方割据与社会失序的困难局面，难以胜任现代化的重任。换言之，以孙中山为首的革命党人搅乱旧王朝的能力尚可，但由于始终未能拉近知识阶层与一般民众的距离，其吸引凝聚其他社会集团支持自身的能力明显不足，所提出的现代化纲领与中国的现实之间存在着物质和心理等方面的断层，革命成果短时间内就被军阀、官僚、政客所窃取，中国的现代化面临着与以往相比更加严峻、更加急迫的社会整合任务。[2]

辛亥革命后，中国现代化面临的首要问题不是经济发展，而是共和

---

① 在辛亥革命后的近 40 年时间里，革命主题对中国社会始终有着强有力的影响，完全与现存秩序相决裂的集体行动在社会—政治舞台上一再上演。

② 许纪霖、陈达凯：《中国现代化史：第一卷 1800—1949》，上海三联书店 1995 年版，第 268—269 页。

体制下的国家重建①，经受这场革命洗礼的中国先进分子和中国人民继续探索救亡图存的现代化道路。1921 年，在马克思列宁主义先进理论同中国工人运动的结合中，中国共产党应运而生，接过了带领中国人民走向现代化的接力棒。毛泽东在《纪念孙中山先生》一文中指出，"现代中国人，除了一小撮反动分子以外，都是孙先生革命事业的继承者"②。作为孙中山革命事业的继承者，中国共产党的成立是一个开天辟地的大事件，中国革命有了先进的领导者进行组织动员，革命前景由此向好。

1922 年 7 月，《中国共产党第二次全国代表大会宣言》在分析国际国内形势和中国社会性质的基础上，提出了中国共产党的任务及其目前的奋斗，在坚持一大纲领所规定的党的最终奋斗目标即党的最高纲领的同时，第一次制定出了党在现阶段反帝反封建的民主革命纲领即党的最低纲领，为中国各族人民指明了现阶段革命斗争的任务和方向。《中国共产党第二次全国代表大会宣言》写道：

> 中国共产党是中国无产阶级政党。他的目的是要组织无产阶级，用阶级斗争的手段，建立劳农专政的政治，铲除私有财产制度，渐次达到一个共产主义的社会。
>
> 中国共产党为工人和贫农的目前利益计，引导工人们帮助民主主义的革命运动，使工人和贫农与小资产阶级建立民主主义的联合战线。中国共产党为工人和贫农的利益在这个联合战线里奋斗的目标是：
>
> （一）消除内乱，打倒军阀，建设国内和平；
>
> （二）推翻国际帝国主义的压迫，达到中华民族完全独立；
>
> （三）统一中国本部（东三省在内）为真正民主共和国；
>
> ……③

---

① 罗荣渠：《现代化新论续篇——东亚与中国的现代化进程》，北京大学出版社 1997 年版，第 110 页。

② 《建国以来重要文献选编》第 9 册，中央文献出版社 1994 年版，第 408 页。

③ 《建党以来重要文献选编（一九二一——一九四九）》第 1 册，中央文献出版社 2011 年版，第 133 页。

在反帝反封建民主革命纲领指引下，中国共产党根据不同阶段的发展需要，适时调整自身的政策和方针，充分发挥统一战线的重要法宝作用，广泛发动工农群众开展革命斗争，同时最大可能地团结一切可以团结的力量，显著提升了中国民众的组织化水平，强化了整个社会的群体凝聚力。经过 28 年艰苦卓绝的不懈奋斗，中国共产党团结带领中国人民历经北伐战争、土地革命战争、抗日战争、解放战争，推翻了帝国主义、封建主义和官僚资本主义"三座大山"，实现了民族独立和人民解放，建立了政治统一和社会稳定的中华人民共和国，完成了重要而又亟迫的国家构建和社会整合任务，从而为中国后续的现代化建设奠定了稳固的政治基础。

四　发展导向的现代化建设不断推进

新中国成立后，中国共产党由局部执政的党变为全国范围的执政党。在完成国家构建和社会整合之后，如何加快从农业国向工业国的转变进程，把中国建设成一个伟大的社会主义国家就成为党和政府面临的新课题。

在社会主义革命和建设时期，中国为改变一穷二白、百废待兴的落后面貌，实施了一系列的政策和措施。比如，成立各级人民政府、镇压反革命运动、没收官僚资本、制定法律法规等，促进国民经济得到快速恢复；同时，组织完成了土地改革，消灭了在中国延续几千年的封建剥削制度；通过对农业、手工业、资本主义工商业进行社会主义改造，建立了高度集中的政治经济体制，初步确立了社会主义基本制度。这些都为当代中国的一切发展进步奠定了根本政治前提和制度基础。

工业化是现代化的基础和重中之重。毛泽东早在《论联合政府》中就提出，"在新民主主义的政治条件获得之后，中国人民及其政府必须采取切实的步骤，在若干年内逐步地建立重工业和轻工业，使中国由农业国变为工业国"[①]。因此，工业化被摆到中国现代化进程的突出位置。1953 年 6 月 15 日，毛泽东在中央政治局会议上正式提出了"一化三改"的过渡时期总路线。这里的"一化"是过渡时期总路线的主体，就是要

---

① 《毛泽东选集》第 3 卷，人民出版社 1991 年版，第 1081 页。

实现"国家工业化"。在苏联援助的 156 项重点项目①基础上，中国先是通过效仿苏联模式，建立了中央指令性的计划经济，推行优先发展重工业的高速工业化战略；之后，又尝试突破苏联式教条主义的束缚，以强化政治手段与群众运动相结合的方式探索中国式的超前工业化战略。②

在这期间，随着时间的推移，高度集中的政治经济体制的弊端逐渐显露出来。这些弊端集中体现在以下三方面：一是在其他经济成分被消灭后，以国有经济和集体经济为主要代表的公有制经济几乎成为唯一的经济基础，导致整个国家的经济发展活力不足，生产力发展受到极大的限制。二是政府掌握了绝大部分社会资源，通过自上而下的行政指令方式控制资源的生产和分配，造成了资源配置效率低下，人民群众的利益诉求也很难得到满足。三是建立户籍制度、单位制度等把社会切割成城乡二元结构，严重阻碍了人员的双向流动，不利于调动人民生产生活的积极性。再加上中国推进社会主义建设的经验不足，在探索过程中遭受了"大跃进"、人民公社化运动以及"文化大革命"等严重挫折。尽管如此，中国在这一时期仍然成功地突破了工业化的瓶颈和壁垒，初步建立起独立的、比较完整的工业体系和国民经济体系，在改变工业落后面貌的同时，也为新时期开创中国式现代化道路积累了正反两方面的宝贵历史经验。

改革开放之初，中国在现有体制内对现代化模式做了一个大的转换，实现了从单纯依靠政治手段到加强经济手段来推动经济发展的根本性转变。这一根本性改变主要体现在以下三方面：一是做出了把党和国家工作重心转移到经济建设上来的历史性决策，彻底矫正了现代化建设的前进方向；二是推进政治体制改革，改变了高度集中的政治体制以党代政、机构混乱重叠、职责不清的种种情况；三是改变过去比较单一的经济结构，实行灵活多样的分配方式，让市场要素在现代化建设过程中充分释放生机活力。40 多年来，中国始终坚持以经济建设为中心，不断解放和

---

① 这些项目又称"156 项工程"，是 1950—1955 年间苏联答应援建中国的包括钢铁、电力、化工、煤矿、造船、医药等在内的一系列重点工矿业项目。这些项目持续时间为 10 年左右，一直到 1960 年中苏交恶、苏联专家撤离之时，因其显著效果而被誉为新中国工业化的奠基石。

② 罗荣渠：《现代化新论续篇——东亚与中国的现代化进程》，北京大学出版社 1997 年版，第 112 页。

发展社会生产力，创造了世所罕见的经济快速增长奇迹。以 GDP 为例，1978—2021 年中国实际 GDP 的年均增速高达 9.2%，人均 GDP 从 385 元大幅攀升至 80976 元。①

在此过程中，现代化建设的内涵得到不断拓展和充实。从包括工业、农业、国防和科学技术在内的"四个现代化"到建立小康社会的中国式现代化，再从党的十二大报告的"高度文明、高度民主"到党的十九大报告的"富强民主文明和谐美丽"，中国的现代化建设早已不再局限于器物层面和物质追求，其核心内涵变得更为丰富、更加完善，推动了物质文明、政治文明、精神文明、社会文明、生态文明协调发展，走出了一条中国式现代化新道路，创造了人类文明新形态。党的二十大报告对这一不平凡的历程做了精辟总结："在新中国成立特别是改革开放以来长期探索和实践基础上，经过十八大以来在理论和实践上的创新突破，我们党成功推进和拓展了中国式现代化。"②

第二节　中国式现代化的内涵要义

党的二十大是在中国迈上全面建设社会主义现代化国家新征程、向第二个百年奋斗目标进军的关键时刻召开的一次十分重要的大会。大会明确了新时代新征程中国共产党的使命任务，并指出："从现在起，中国共产党的中心任务就是团结带领全国各族人民全面建成社会主义现代化强国、实现第二个百年奋斗目标，以中国式现代化全面推进中华民族伟大复兴。""中国式现代化"这一概念首次出现在党的全国代表大会报告中，并且在党的二十大报告全文中出现了 11 次之多，成为完整、准确、全面把握党的二十大报告精神的重要关键词。那么，"中国式现代化"的提法是何时出现的？有着什么样的科学内涵？其在现代化建设过程中又具有怎样的基本逻辑？这些问题在探讨全过程人民民主与中国式现代化的逻辑关联前都是需要回答的。

---

① 袁越：《深挖劳动力潜力　应对老龄化挑战——中国"人口红利"消退之辩》，《中国经济报告》2021 年第 6 期。

② 《中国共产党第二十次全国代表大会文件汇编》，人民出版社 2022 年版，第 18 页。

一　中国式现代化的提法变化

"中国式现代化"并不是一个新提法，而是一个与"四个现代化"紧密相连的概念，二者共同反映着新中国成立以来党和国家在不同历史时期对现代化的理解。因此，欲探究"中国式现代化"的提法与内涵，需要往前追溯一下"四个现代化"的知识背景。

"四个现代化"是20世纪五六十年代由毛泽东、周恩来等中央领导同志提出的关乎国家发展的战略目标，其基本内容几经变化后最终确定为"工业现代化、农业现代化、国防现代化、科学技术现代化"，在相当长的历史时期内成为激励全国各族人民共同奋斗的宏伟目标（见表5－1）。实现"四个现代化"目的很明确，"就是要改变中国贫穷落后的面貌，不但使人民生活水平逐步有所提高，也要使中国在国际事务中能够恢复符合自己情况的地位，对人类作出比较多一点的贡献"①。

表5－1　　　　　　　　　　"四个现代化"提法的形成

时间	涉及人物	出处	具体提法	主要变化
1954年9月23日	周恩来	一届人大一次会议上的政府工作报告	如果我们不建设起强大的现代化的工业、现代化的农业、现代化的交通运输业和现代化的国防，我们就不能摆脱落后和贫穷，我们的革命就不能达到目的②	"四个现代化"的首次表述
1957年2月27日	毛泽东	在最高国务会议第十一次（扩大）会议上的讲话	将我国建设成为一个具有现代工业、现代农业和现代科学文化的社会主义国家③	提出了科学文化的现代化任务

① 《邓小平文选》第2卷，人民出版社1994年版，第237页。

② 《中华人民共和国第一届全国人民代表大会第一次会议文件》，人民出版社1955年版，第53页。

③ 《建国以来重要文献选编》第10册，中央文献出版社1994年版，第64页。

续表

时间	涉及人物	出处	具体提法	主要变化
1959 年 12 月到 1960 年 2 月	毛泽东	读苏联《政治经济学教科书》的谈话	建设社会主义，原来要求是工业现代化，农业现代化，科学文化现代化，现在要加上国防现代化①	毛泽东首次完整提出"四个现代化"的基本内容
1963 年 1 月 29 日	周恩来	在上海市科学技术工作会议上的讲话	我们要实现农业现代化、工业现代化、国防现代化和科学技术现代化，把我们祖国建设成为一个社会主义强国，关键在于实现科学技术的现代化②	把"科学文化现代化"修改为"科学技术现代化"
1964 年 12 月 21 日、22 日	周恩来	在三届人大一次会议上的政府工作报告	要在不太长的历史时期内，把我国建设成为一个具有现代农业、现代工业、现代国防和现代科学技术的社会主义强国，赶上和超过世界先进水平③	正式提出了"四个现代化"的战略目标

改革开放初期，实现"四个现代化"或者说实现中国式的现代化是党和国家事业面临最重要的新情况、最重要的新问题。邓小平就直截了当地指出，"我们当前以及今后相当长一个历史时期的主要任务是什么？一句话，就是搞现代化建设。能否实现四个现代化，决定着我们国家的命运、民族的命运"④。这一时期，在"四个现代化"战略目标基础上，邓小平适时提出了"中国式的四个现代化""中国式的现代化"等概念，并赋予其诸如小康社会、翻两番等新的时代内涵。在此过程中，这类新概念的内涵有一个从比较笼统到逐渐清晰的过程，从强调中国的总体技术水平转向了以人均国民生产总值为主要衡量标准的小康社会。

1979 年 3 月 21 日，邓小平在会见以马尔科姆·麦克唐纳为团长的英中文化协会执行委员会代表团时，提出了"中国式的四个现代化"概念。

---

① 《毛泽东文集》第 8 卷，人民出版社 1999 年版，第 116 页。
② 《建国以来重要文献选编》第 16 册，中央文献出版社 1997 年版，第 160 页。
③ 《建国以来重要文献选编》第 19 册，中央文献出版社 1998 年版，第 483 页。
④ 《邓小平文选》第 2 卷，人民出版社 1994 年版，第 162 页。

他指出，"我们定的目标是在本世纪末实现四个现代化。我们的概念与西方不同，我姑且用个新说法，叫做中国式的四个现代化。现在我们的技术水平还是你们五十年代的水平。如果本世纪末能达到你们七十年代的水平，那就很了不起。就是达到这个水平，也还要做许多努力"①。在两天后即 3 月 23 日召开的中共中央政治局会议上，邓小平主动提到了这一会谈。他说，"我同外国人谈话，用了一个新名词：中国式的现代化。到本世纪末，我们大概只能达到发达国家七十年代的水平，人均收入不可能很高"②。这里的"中国式的四个现代化"或者说"中国式的现代化"，暗含着通过大量吸收引进西方先进技术甚至资金，达到一定程度的技术水平或者说发达程度。此时，技术水平被视作一国实现现代化的核心内容，也是衡量其现代化水平的关键标准。"中国式"则是用于修饰现代化程度或者说技术水平的，通俗点说，就是把标准放低一点。这也意味着，当时的中国是以打了折扣的西方国家技术水平作为自身的努力目标和衡量标准。

1979 年 12 月 6 日，邓小平会见日本首相大平正芳时指出，"我们要实现的四个现代化，是中国式的四个现代化。我们的四个现代化的概念，不是像你们那样的现代化的概念，而是'小康之家'。到本世纪末，中国的四个现代化即使达到了某种目标，我们的国民生产总值人均水平也还是很低的"③。邓小平在这里首次借用了中国传统文化中的"小康"概念来阐述中国的现代化，"小康"概念由此被纳入中国共产党的话语体系中，成为改革开放以来党和国家事业向前发展的重要目标，在后续 40 多年时间里发挥了引领社会主义现代化建设的显著作用。在这次谈话中，邓小平开始以人均国民生产总值的指标来衡量"中国式四个现代化"的实现程度，进一步阐述了"中国式四个现代化"在目标设定上显著低于西方国家的现代化水平，更有助于促成日本乃至西方国家同中国加强经济技术合作。

1984 年 3 月 25 日，邓小平在会见日本首相中曾根康弘时进一步指

---

① 《邓小平思想年编（1975—1997）》，中央文献出版社 2011 年版，第 225 页。
② 《邓小平思想年编（1975—1997）》，中央文献出版社 2011 年版，第 226 页。
③ 《邓小平文选》第 2 卷，人民出版社 1994 年版，第 237 页。

出，"翻两番，国民生产总值人均达到八百美元，就是到本世纪末在中国建立一个小康社会。这个小康社会，叫做中国式的现代化。翻两番、小康社会、中国式的现代化，这些都是我们的新概念"①。从这里可知，邓小平沿用了"小康"概念，强调小康社会就是中国式的现代化，并且使用了确切的人均国民生产总值来描述中国式的现代化。与以往论述相比，"四个现代化"被做了弱化处理，也就是说更强调从整体意义上看待现代化，这样就使得"中国式"的限定语更加凸显出来。

在邓小平提出"中国式的四个现代化"之后，党内对现代化建设问题有过很多讨论。起初，对"四个现代化"是什么样子以及应该怎样搞等新问题，包括中央在内都还是不甚清楚的。但很快在这一问题上中央就形成了一个基本定论——必须从中国的特点出发，适合中国情况。

1979 年 3 月 30 日，邓小平在党的理论工作务虚会上鲜明指出，"中国式的现代化，必须从中国的特点出发"，"过去搞民主革命，要适合中国情况，走毛泽东同志开辟的农村包围城市的道路。现在搞建设，也要适合中国情况，走出一条中国式的现代化道路"。② 这里的讲话，显然不是从现代化的程度水平上理解"中国式"，而是从如何实现现代化的角度谈论中国式的现代化道路。

1983 年 6 月 18 日，邓小平在会见参加北京科学技术政策讨论会的外籍专家时进一步指出，"我们搞的现代化，是中国式的现代化。我们建设的社会主义，是有中国特色的社会主义。我们主要是根据自己的实际情况和自己的条件，以自力更生为主"。③ 由此可知，"中国式"基本上与中国特色相等同，都是强调从中国的国情和基础出发，实事求是地推进现代化建设。

因此，对于邓小平提出的"中国式的现代化"概念，大致可以做两方面理解：一方面，从现代化程度角度谈论中国式的现代化与西方现代化的不同，这主要是立足中国的现实来设定预期目标，并向国内外尤其是发达国家解释中国式的现代化实现后到底是什么样的；另一方面，是

---

① 《邓小平文选》第 3 卷，人民出版社 1993 年版，第 54 页。
② 《邓小平文选》第 2 卷，人民出版社 1994 年版，第 163—163 页。
③ 《邓小平文选》第 3 卷，人民出版社 1993 年版，第 29 页。

从如何实现现代化的角度谈论中国式的现代化道路，重在指导中国各地怎样解决推进现代化建设过程中遇到的实践难题，也就是必须从中国的实际情况和现有基础出发，不能离开中国国情搞现代化建设。

在按照"中国式的现代化"分步走战略基础上，中国20世纪末实现了建立小康社会的现代化奋斗目标。然后，又用了20年的时间，全面建设惠及十几亿人口的更高水平的小康社会。2021年7月1日，习近平总书记在庆祝中国共产党成立100周年大会上宣告："经过全党全国各族人民持续奋斗，我们实现了第一个百年奋斗目标，在中华大地上全面建成了小康社会，历史性地解决了绝对贫困问题，正在意气风发向着全面建成社会主义现代化强国的第二个百年奋斗目标迈进。"[①] 对于新的征程，习近平总书记强调，"我们坚持和发展中国特色社会主义，推动物质文明、政治文明、精神文明、社会文明、生态文明协调发展，创造了中国式现代化新道路，创造了人类文明新形态"[②]。

习近平总书记在党的二十大报告中深刻指出，"中国式现代化，是中国共产党领导的社会主义现代化，既有各国现代化的共同特征，更有基于自己国情的中国特色"[③]。这里的"中国式现代化"显然早已不是谈论现代化的程度和水平，而是从实现现代化的道路角度谈论中国式现代化的独特性，这就与邓小平谈论"中国式的现代化"的第二重意涵相吻合。也就是说，这里的"中国式"强调的是，我们实现现代化的道路不同于西方国家，不是照搬的西方现代化，而是基于自己的国情，具有鲜明的中国特色。在邓小平与习近平总书记跨越40多年的论述之间，最大的区别在于中国现代化所处的历史方位不同。当邓小平提出"中国式的现代化"概念时，具有中国特色的现代化进程才刚刚开启，"中国式"还仅仅是我们推进现代化建设时需要遵循的总体性原则要求；而在习近平总书记指出新时代成功推进和拓展了中国式现代化时，我们已经成功走出了一条中国式现代化新道路，取得了全面建成小康社会的历史性成就，并且迈上了全面建设社会主义现代化国家的新征程。

---

① 《习近平谈治国理政》第4卷，外文出版社2022年版，第3页。
② 《习近平谈治国理政》第4卷，外文出版社2022年版，第10页。
③ 《中国共产党第二十次全国代表大会文件汇编》，人民出版社2022年版，第18页。

二　中国式现代化的主要内涵

在党的二十大报告中，习近平总书记从新时代新征程中国共产党的使命任务角度，对中国式现代化做了大篇幅的集中论述，科学回答了中国式现代化的基本内涵、主要特色、本质要求以及重大原则等问题，明确做出了"中国式现代化，是中国共产党领导的社会主义现代化"这一重大判断，并且系统指出了中国式现代化具有人口规模巨大、全体人民共同富裕、物质文明和精神文明相协调、人与自然和谐共生以及走和平发展道路五大特色。这些对于我们准确理解和把握中国式现代化的内涵要义提供了根本性的遵循。

从中国式现代化提法的演变可知，"中国式"的限定语内在地要求中国的现代化建设不能离开自身的国情和基础，必须一切从中国的实际出发去推进。那么，中国最大的国情是什么？2014 年 5 月 9 日，习近平总书记在参加河南省兰考县委常委班子专题民主生活会时明确强调，"一定要认清，中国最大的国情就是中国共产党的领导。什么是中国特色？这就是中国特色"①。中国共产党是中国的最高政治领导力量，中国共产党的领导是中国特色社会主义最本质的特征。在中国式现代化的探索和实践过程中，中国共产党一直是积极推动现代化建设进程的领导力量。2023 年 2 月 7 日，在新进中央委员会的委员、候补委员和省部级主要领导干部学习贯彻习近平新时代中国特色社会主义思想和党的二十大精神研讨班开班式上，习近平总书记深入阐释了中国共产党在中国式现代化建设中的领导地位，深刻指出"党的领导直接关系中国式现代化的根本方向、前途命运、最终成败"，并进一步强调"党的领导决定中国式现代化的根本性质，只有毫不动摇坚持党的领导，中国式现代化才能前景光明、繁荣兴盛；否则就会偏离航向、丧失灵魂，甚至犯颠覆性错误"。②因此，中国式现代化最根本的一条就是有中国共产党的坚强领导。这既是中国式现代化不断向前发展的根本保证，也是区别于西方现代化的最

---

① 习近平：《中国共产党领导是中国特色社会主义最本质的特征》，《求是》2020 年第 14 期。

② 《正确理解和大力推进中国式现代化》，《光明日报》2023 年 2 月 8 日。

关键所在。正是有了中国共产党的领导，才确保了中国式的现代化始终是坚持以人民为中心、维护人民根本利益的社会主义现代化，而不是其他别的现代化。

人口规模是影响现代化进程的重要因素之一。在 1979 年提出"中国式的现代化"之初，邓小平就提醒我们必须注意中国国情的两大特点：一是底子薄，中国当时仍然是世界上很贫穷的国家之一，并且科学技术力量很不足，总体看落后世界先进国家二三十年；二是人口多、耕地少，当时全国人口已有 9 亿多，其中 80% 是农民，这种情况不是很容易改变的。[①] 从人口规模看，到目前为止，中国仍然是世界上人口最多的国家。截至 2022 年末，全国人口共有 141175 万人。[②] 这一数字，在人口规模上超过了已经实现现代化的国家和地区的人口总和。要知道，迄今为止，全世界实现现代化的国家和地区不超过 30 个，总人口不超过 10 亿人。在这些国家里，除了美国、日本等少数国家的人口规模达到亿级体量外，其他大多数国家的人口规模仅仅是千万级甚至百万级，超过 10 亿人口的现代化至今在人类历史上尚无成功案例。[③] 在中国推进现代化，意味着 14 亿人的现代化，需要让这么多的人口整体性向现代化社会迈进。这样的庞大体量是前所未有的，其艰巨性和复杂性同样是前所未有的。如果中国式现代化如预期般成功推进和拓展，在 14 亿多人口规模的基础上实现现代化，就会让全世界实现现代化的人口翻一番多，必然会彻底改变现代化的世界版图。

共同富裕是社会主义的本质要求，也是社会主义现代化的一项重要目标。中国式现代化，归根结底是中国共产党领导的社会主义现代化。消除贫困、改善民生，逐步实现全体人民共同富裕，这是我们党坚持全心全意为人民服务根本宗旨的重要体现，也是中国式现代化内在优越性的具体呈现。为了推动共同富裕的现代化建设，早在 20 世纪 80 年代中期，邓小平就从当时中国经济社会发展实际出发，创造性地提出了

---

① 《邓小平文选》第 2 卷，人民出版社 1994 年版，第 163—164 页。

② 《中华人民共和国 2022 年国民经济和社会发展统计公报》，国家统计局网（http：// www. stats. gov. cn/tjsj. /zxfb/202302/t20230227_ 1918980. html），访问日期 2023 年 7 月 1 日。

③ 尹德挺、营立成：《深刻认识人口规模巨大的现代化这一重大命题》，《光明日报》2023 年 2 月 21 日。

"先富带后富最终实现共同富裕"的思想。他强调，"社会主义的目的就是要全国人民共同富裕，不是两极分化。……我们提倡一部分地区先富裕起来，是为了激励和带动其他地区也富裕起来，并且使先富裕起来的地区帮助落后的地区更好地发展。提倡人民中有一部分人先富裕起来，也是同样的道理"①。在东部沿海地区实现率先发展、区域及城乡发展不平衡问题不断凸显背景下，党中央遵循"先富带后富最终实现共同富裕"的发展思想，在21世纪初相继提出西部大开发战略、东北地区等老工业基地振兴战略、中部地区崛起战略等重大决策。经过20多年的持续努力，中国已经全面建成小康社会，人均国民生产总值保持在1.2万美元以上，建成了世界上最大的社会保障体系，在实现共同富裕现代化进程上取得了显著的阶段性成效。习近平总书记同样反复强调，共同富裕是社会主义的本质要求，是中国式现代化的重要特征。在全面建设社会主义现代化国家新征程上，中国共产党坚持将满足人民对美好生活的新期待作为发展的出发点和落脚点，着力于解决各地区各领域发展不平衡不充分问题，努力推动实现人的全面发展和全体人民共同富裕不断取得新的实质性进展。可以说，中国式现代化是中国共产党领导人民促进共同富裕的现代化，发展成果已经并将继续更多更公平地惠及全体人民。

共同富裕是全体人民的富裕，而且是人民群众物质生活和精神生活双富裕。近代以来，资本主义生产方式带来了西方现代化的大发展，物质进步的信念深植于普通民众心中。这种信念一定程度上极大地调动了个体创造财富的积极性，却也容易让西方现代化堕入对物质和金钱的崇拜怪圈。在借鉴西方现代化经验教训基础上，经过新中国成立以来特别是改革开放以来的长期探索和实践，我们党对社会主义现代化建设的规律性认识不断走向深化。改革开放之初，邓小平就针对现代化建设的复杂性和综合性，提出了一系列"两手抓"的战略方针。后来，又将其应用到"两个文明"建设，强调不仅经济要上去，社会秩序、社会风气也要搞好，只有两个文明建设都搞好才是有中国特色的社会主义。②党的十

---

① 《邓小平文选》第3卷，人民出版社1993年版，第110—111页。

② 《邓小平文选》第3卷，人民出版社1993年版，第378页。

四大报告从坚持两手抓、两手都要硬的原则出发，明确提出"物质文明和精神文明都搞好，才是有中国特色的社会主义"①。党的二十大报告进一步指出，"物质富足、精神富有是社会主义现代化的根本要求。物质贫困不是社会主义，精神贫乏也不是社会主义"②。沿着物质文明和精神文明相协调的现代化建设思路，中国从改革到深化改革再到全面深化改革过程中，一方面，坚持对外开放、对内搞活，不断解放和发展生产力，推动中国社会生产力水平整体跃升，更好地满足人民群众日益增长的物质生活需求；另一方面，狠抓思想政治工作，加强爱国主义、集体主义和社会主义教育，更加凸显社会主义核心价值观的引领作用，不断满足人民群众多样化、多层次、多方面的精神文化需求。

人与自然的关系是现代化建设的一个重要维度。近代以来，受人本主义思想的支配以及主客二分思维方式的影响，人类在很长一段时间里都视自身为自然的主宰，要求"人为自然立法"，将自身的生存发展史看作与自然做斗争并逐步征服自然的过程。正是从这样的现代化观念出发，西方国家习惯于从人与自然相对立的角度思考如何征服自然，并且无止境地向自然索取甚至直接破坏自然。这样偏执的现代化实践，已经遭遇了自然的强有力反噬，气候恶化、水土流失加剧、环境质量下降、生物多样性减少等负面效应不断暴露出来。马克思主义科学揭示了人与自然的辩证关系，形成了人与自然之间具有"一体性"的生态思想。在学习和实践马克思主义关于人与自然关系思想基础上，中国汲取了传统思想中天人合一、道法自然的生态智慧，提出了人与自然和谐共生的现代化思想。进入新时代，以习近平总书记为核心的党中央站在实现中华民族永续发展的战略高度，做出了"绿水青山就是金山银山"的科学论断，倡导形成绿色发展方式和生活方式，并从生态系统整体性出发，统筹推进山水林田湖草沙一体化保护和修复，推动构建人与自然生命共同体。习近平总书记专门指出，"我们要建设的现代化是人与自然和谐共生的现代化，既要创造更多物质财富和精神财富以满足人民日益增长的美好生

---

① 《江泽民文选》第1卷，人民出版社2006年版，第238页。
② 《中国共产党第二十次全国代表大会文件汇编》，人民出版社2022年版，第19页。

活需要，也要提供更多优质生态产品以满足人民日益增长的优美生态环境需要"①。

世界上不存在定于一尊的现代化模式，也不存在放之四海而皆准的现代化标准。西方国家固然是人类现代化事业的先行者，但却不是其他国家实现现代化的范本。历史地看，西方思维有着根深蒂固的"强者意识"，一直按照零和博弈的逻辑推进现代化，留下了"圈地运动""西进运动"、奴隶贸易等诸多历史罪责。这种损人利己、充满血腥罪恶的现代化老路，不仅对内残酷剥削本国人民，而且通过战争、殖民、掠夺等方式，给广大发展中国家和人民带来了长时间难以抹平的沉重苦难。中国就曾是饱受西方国家侵略的国家之一，亲历过沦为半封建半殖民社会的民族劫难并深受其害，走向现代化的数次尝试均被这些侵略式扩张和压榨式掠夺所打断，造成了长达一百年时间里国家蒙辱、人民蒙难、文明蒙尘的困难局面。中国极力批判西方现代化模式的弊病，同时深深理解广大发展中国家推进现代化的难处。在推进社会主义现代化建设过程中，中国始终高举和平、发展、合作、共赢旗帜，坚持走和平发展的现代化道路，在发展自身中更好地造福世界，形成了一条具有鲜明特色的中国式现代化道路。

中国式现代化道路既是中国的，也是世界的。在打破现代化等同于西方化历史迷思的同时，中国式现代化道路为那些希望走向现代化而又保持自身独立的发展中国家提供了中国智慧和中国方案。对于中国式现代化道路的超越意义和世界贡献，习近平总书记在党的十九届六中全会第二次全体会议上做了集中阐述：

> 我们党领导人民不仅创造了世所罕见的经济快速发展和社会长期稳定两大奇迹，而且成功走出了中国式现代化道路，创造了人类文明新形态。这些前无古人的创举，破解了人类社会发展的诸多难题，摒弃了西方以资本为中心的现代化、两极分化的现代化、物质主义膨胀的现代化、对外扩张掠夺的现代化老路，拓展了发展中国

① 《习近平谈治国理政》第3卷，外文出版社2020年版，第39页。

家走向现代化的途径，为人类对更好社会制度的探索提供了中国方案。①

三 中国式现代化的内在逻辑

中国式现代化就是中国特色的社会主义现代化。它内在地要求我们，从中国自身的国情和实际出发，在充分吸取西方现代化经验教训基础上，努力推进中国社会主义现代化建设的总体进程。在全面建设社会主义现代化国家新征程上，要按时完成以中国式现代化全面推进中华民族伟大复兴的使命任务，必须先从理解把握中国式现代化的基本逻辑上下功夫。只有全面理解并系统把握好中国式现代化的基本逻辑，新时代新征程的中国式现代化建设才能更好更快地取得显著实效。

第一，近代以来对现代化的接续探索是中国式现代化所属的历史脉络。自鸦片战争以来，中国遭遇了数千年未有之大变局，现代化进程在内忧外患中被动开启。一方面，"天朝上国"的迷梦被西方列强的侵略彻底打破，老大帝国陷入了任人宰割、备受欺凌的黑暗境地，几代中国人经历了山河破碎、民不聊生的深重苦难；另一方面，为了救亡图存和民族复兴，无数仁人志士抛家舍命、前仆后继，矢志探求富国强民的现代化道路，但却壮志难酬，均以失败告终。自 1921 年成立以来，中国共产党勇于接过历史的接力棒，不忘初心、牢记使命，经过艰苦卓绝的不懈奋斗和长时间的探索实践，终于带领中国人民走上了通往中国式现代化的康庄大道。

第二，中国特色社会主义是中国式现代化的根基所在。中国特色社会主义是改革开放以来党的全部理论和实践的主题，是党和人民历尽千辛万苦、付出巨大代价所取得的根本性成就。历史和实践已经并将继续证明，要顺利推进中国式现代化，既不能走封闭僵化的老路，也不能走改旗易帜的邪路，必须始终坚持和发展中国特色社会主义。中国共产党领导是中国特色社会主义最本质的特征，是中国特色社会主义制度的最大优势。因此，只有始终坚持党的全面领导、坚持和发展中国特色社会

---

① 习近平：《以史为鉴、开创未来　埋头苦干、勇毅前行》，《求是》2022 年第 1 期。

主义，社会主义现代化强国的宏伟目标才会全面实现。

第三，富强民主文明和谐美丽是中国式现代化的核心内涵。新中国成立后，我们党在推进现代化建设进程的几十年间，对什么是现代化、如何实现现代化的认识不断深化，由此与时俱进地拓展和充实着现代化建设的主要内容。从最初的工业化到包括工业、农业、国防和科学技术在内的"四个现代化"，从党的十二大报告的"高度文明、高度民主"、党的十三大报告的"富强、民主、文明"到党的十七大报告的"富强民主文明和谐"再到党的十九大报告的"富强民主文明和谐美丽"，中国式现代化早已不再局限于最初的器物层面和物质追求，其核心内涵已经辐射到经济建设、政治建设、文化建设、社会建设、生态文明建设"五位一体"的各方面，变得更加丰富和完善。在新征程上，我们必须统筹推进"五位一体"总体布局，实现物质文明、政治文明、精神文明、社会文明、生态文明的协调发展，全方位地加快全面建设社会主义现代化国家的历史进程。

第四，分步走是中国式现代化的战略安排。改革开放前后，中国均采用了"分步走"的思路来贯彻落实现代化战略目标。1964 年 12 月，周恩来在三届全国人大一次会议上做《政府工作报告》，首次提出了实现"四个现代化"目标的"两步走"设想，即"为了实现这个伟大的历史任务，从第三个五年计划开始，我国的国民经济发展，可以按两步来考虑：第一步，建立一个独立的比较完整的工业体系和国民经济体系；第二步，全面实现农业、工业、国防和科学技术的现代化，使我国经济走在世界的前列"①。1987 年 10 月，党的十三大提出了中国经济建设分三步走的总体战略部署："第一步，实现国民生产总值比一九八〇年翻一番，解决人民的温饱问题。这个任务已经基本实现。第二步，到本世纪末，使国民生产总值再增长一倍，人民生活达到小康水平。第三步，到下个世纪中叶，人均国民生产总值达到中等发达国家水平，人民生活比较富裕，基本实现现代化。"② 之后，党的十五大、十六大在走完前两步的基

---

① 《建国以来重要文献选编》第 19 册，中央文献出版社 1998 年版，第 483 页。
② 《十三大以来重要文献选编（上）》，人民出版社 1991 年版，第 16 页。

础上，实际上又提出了另一个版本的"三步走"战略。① 沿着"分步走"的基本思路，党的十九大报告提出，从当时到 2020 年是全面建成小康社会的决胜期，并将 2020 年到 21 世纪中叶划分为两个阶段：一是在全面建成小康社会的基础上，到 2035 年时基本实现社会主义现代化；二是在基本实现社会主义现代化的基础上，到本世纪中叶把中国建成富强民主文明和谐美丽的社会主义现代化强国。同时，该报告明确强调，"从全面建成小康社会到基本实现现代化，再到全面建成社会主义现代化强国，是新时代中国特色社会主义发展的战略安排"②。

第五，改革是中国式现代化的推进动力。改革开放是一项长期、艰巨而又繁重的事业，只有进行时没有完成时。正是因为有了 40 多年前的改革开放，中国的今天才会备受世界关注；而如果当前不继续推进全面深化改革，中国的明天就难言多么美好灿烂。当前的改革是由问题倒逼而产生，势必也要在不断解决问题中得以深化。要向全面建设社会主义现代化强国进军，必须用一系列的改革创新提供推进中国式现代化建设的强大动力。因此，在新征程上，必须坚持全面深化改革、扩大开放，不断推进国家治理体系和治理能力现代化。一方面，坚决破除一切不合时宜的思想观念和体制机制弊端，以更大决心突破利益固化、阶层固化的藩篱；另一方面，协调推进各领域、各环节的改革创新，在经济、政治、文化、社会、生态、国防和军队等各具体领域找准现代化建设的着力点和战略支撑，以新的改革奇迹来彰显中国特色社会主义的独特优势和治理效能。

第六，中华民族伟大复兴是中国式现代化的终极追求。正如习近平

---

① 党的十五大报告提出，"展望下世纪，我们的目标是，第一个十年实现国民生产总值比二〇〇〇年翻一番，使人民的小康生活更加宽裕，形成比较完善的社会主义市场经济体制；再经过十年的努力，到建党一百年时，使国民经济更加发展，各项制度更加完善；到世纪中叶建国一百年时，基本实现现代化，建成富强民主文明的社会主义国家"。党的十六大进一步提出，"根据十五大提出的到二〇一〇年、建党一百年和新中国成立一百年的发展目标，我们要在本世纪头二十年，集中力量，全面建设惠及十几亿人口的更高水平的小康社会，使经济更加发展、民主更加健全、科教更加进步、文化更加繁荣、社会更加和谐、人民生活更加殷实。……经过这个阶段的建设，再继续奋斗几十年，到本世纪中叶基本实现现代化，把我国建成富强民主文明的社会主义国家"。

② 《习近平谈治国理政》第 3 卷，外文出版社 2020 年版，第 23 页。

总书记所说，"实现中华民族伟大复兴，就是中华民族近代以来最伟大的梦想。这个梦想，凝聚了几代中国人的夙愿，体现了中华民族和中国人民的整体利益，是每一个中华儿女的共同期盼"①。在通往现代化之路上，人民幸福、民族复兴不仅仅是全体共产党人的初心所系和使命所在，同时也是所有中华儿女念兹在兹的共同情怀。只有全面建成社会主义现代化强国，中国人民过上了更加幸福安康的生活，中华民族伟大复兴的梦想才能够真正照进现实。

第三节　中国式现代化视域中的全过程人民民主

现代化和民主是近代以来世界大多数国家面临的两大主题，中国也不例外。现代化与民主之间的关系，依赖于对现代化含义的理解而不同。如果将现代化视作一个综合性概念，也就是指称一个涉及经济、政治、社会、文化等多方面发展的总体性变迁过程，那么民主政治就是现代化的组成内容，更准确地说是政治现代化的题中应有之义。如果将现代化主要理解为从传统农业社会向现代工业社会的转变过程，那么现代化与民主的关系就成为政治社会学的重要论题，关于二者之间的相互联系、相互依存问题受到了广泛的关注和研究。现代政治学的主流观点认为，民主政治与一定社会的经济发展水平密切相关，社会经济发展水平越高，民主政治的发展空间就越大，反之亦然。英格尔哈特认为，现代化概念的核心内涵是经济和技术发展会带来大致可以预期的社会和政治变革。究其原因，一方面，现代化带来教育水平的提高，促使劳动力转向要求独立思考的职业。随着知识社会的兴起，这些职业促使人们更善于表达和更有准备地介入政治，也越来越有可能对僵硬的等级权威提出质疑。另一方面，现代化提升了人们的生存安全水平，促使自我表达价值观变得越来越普遍，人们由此也越来越注重政治中的自由选择并要求公民自

① 《习近平谈治国理政》，外文出版社 2014 年版，第 36 页。

由、政治自由和民主体制。①

在当代中国，民主与现代化的关系集中体现为人民民主或者全过程人民民主与中国式现代化之间的逻辑关联上。全过程人民民主是在人民民主的基础上发展而来的，是新时代人民民主的最新形态。全过程人民民主与中国式现代化之间的逻辑关联，既反映和体现了民主与现代化之间的一般性关系，更维持了人民民主与中国现代化进程包括后来的中国式现代化之间的互动逻辑，同时又适时体现了新时代以来的一些鲜明特点。从方便讨论的角度考虑，下文论述时主要阐述人民民主与包括中国式现代化在内的中国现代化进程的相互关系，必要时再对新时代以来全过程人民民主与中国式现代化之间的新型关联做补充探讨。

一 时代背景：人民民主伴随中国现代化进程而展开

正如前文所说，中国的现代化进程是在内忧外患中被动开启的。在中国共产党成立前，先进的中国人为救亡图存和民族复兴纷纷向西方国家寻求真理，试遍洋务运动、维新变法、辛亥革命等各种办法进行富国强民的现代化探索，却无一例外均告失败，旧中国的社会性质和中国人民的悲惨命运没有发生任何改变。毛泽东曾经感慨，"中国人向西方学得很少，但是行不通，理想总是不能实现。多次奋斗，包括辛亥革命那样全国规模的运动，都失败了。国家的情况一天一天坏，环境迫使人们活不下去。怀疑产生了，增长了，发展了"②。

十月革命后，中国的先进分子学了马克思列宁主义，组建了中国共产党，经过长达28年的不懈奋斗取得了新民主主义革命的伟大胜利，建立了人民当家作主的中华人民共和国，为实现现代化创造了根本社会条件。新中国成立初期，中国基本上照搬了苏联社会主义建设模式，建立起高度集中的政治经济体制，也取得了一些不错的发展成绩。只不过后来苏联模式的负面影响日益凸显，再加上自1958年起受"左"的思想和

---

① ［美］罗纳德·英格尔哈特：《现代化与民主》，载［俄］伊诺泽姆采夫主编《民主与现代化：有关21世纪挑战的争论》，徐向梅等译，中央编译出版社2011年版，第132—153页。

② 《毛泽东选集》第4卷，人民出版社1991年版，第1470页。

"文化大革命"的影响，中国总体经济状况一直处于缓慢发展和停滞状态，整个政治局面陷入了混乱状态。① 正是在系统总结新中国成立后正反两方面经验基础上，邓小平得出了"搞社会主义，一定要使生产力发达，贫穷不是社会主义"② 的结论，提出建设有中国特色的社会主义，走中国式的现代化道路。

追求中国的现代化，实现民族独立和国家富强，是近代以来中华民族始终面临的历史任务。新中国成立后尤其是改革开放以来，探索实现国家富强、人民富裕的中国式现代化道路变得愈发迫切，聚焦发展的现代化建设具备了压倒一切的紧迫性和优先性。40 多年来，现代化建设始终是党和国家的中心工作，其内涵得到了不断的拓展和充实。从最初的"四个现代化"到党的十九大提出"富强民主文明和谐美丽"，中国式现代化超越了器物层面的物质性追求，实现了与"五位一体"总体布局相衔接，涵盖了经济建设、政治建设、文化建设、社会建设以及生态文明建设等多个方面。在这一过程中，人民民主始终伴随中国现代化进程而逐步展开。随着中国式现代化的起步、拓展及深化，它对中国社会主义民主政治提出了不同的阶段性发展要求，人民民主正是在回应不同时期的民主需求中实现了有序发展，成功走出了一条越来越宽广的中国特色社会主义政治发展道路，形成了全过程人民民主的崭新形态。

二　核心功能：以人民民主推进中国式现代化

依据现代化起始时间和启动因素的不同，现代化的类型可分为早发内生型和后发外生型两种。早发内生型现代化属于自然演进式，有一个长期的渐进发展过程，政府在其中所起作用比较有限。与早发内生型现代化相比，后发外生型现代化是在面临外部现代性挑战的情况下强行启动的，政府不仅直接介入现代化进程，而且往往成为现代化建设的实际组织者和主要推动者。③

中国的现代化建设属于典型的后发外生型，呈现出突出的政治驱动

---

① 《邓小平文选》第 3 卷，人民出版社 1993 年版，第 264 页。

② 《邓小平文选》第 3 卷，人民出版社 1993 年版，第 225 页。

③ 孙立平：《后发外生型现代化模式剖析》，《中国社会科学》1991 年第 2 期。

特征。这其中，中国共产党的领导和现代取向的强有力政府发挥了极为重要的作用。① 自党的十一届三中全会召开后，党和国家的中心点从以阶级斗争为纲转到以发展生产力为中心，这一时期的中国式现代化呈现出鲜明的发展导向，强调"社会主义的根本任务是发展生产力""发展才是硬道理""发展是解决我国一切问题的基础和关键"。尤其是党的十三大系统阐述社会主义初级阶段的基本路线后，"以经济建设为中心"成为我们党几代领导集体执政兴国的普遍共识，经济建设作为重中之重的地位更加稳固。在推进经济体制改革过程中，随着改革的逐步深入，党的领导层愈发感到政治体制改革的必要性，认为不搞政治体制改革，经济体制改革就难以继续前进，就会阻碍生产力的发展和中国式现代化的实现。因此，进行政治体制改革的总目的，就是要发展社会主义民主，调动人民和基层单位的积极性，确保中国式现代化的顺利进行。② 政治体制的这种改革，显然是针对发展导向的适应性改革，属于一种诱致性的制度变迁。③

发展人民民主是政治体制改革的核心内容。在推动中国式现代化进程中，人民民主的最主要功能前后保持了较强的一致性，就是充分调动人民群众参与经济社会建设的积极性、主动性和创造性。改革开放之初，发展人民民主的重要内容之一就是权力下放，通过下放权力，给人民群众和基层单位更多的自主权，以此调动他们干事创业的积极性。邓小平反复强调，"调动积极性是最大的民主"，"调动积极性，权力下放是最主要的内容"，"要使人民有更多的民主权利，特别是要给基层、企业、乡村中的农民和其他居民以更多的自主权"。邓小平总结当时农村改革的经验是，给了农民更多的自主权，调动了农民的积极性。因此，他强调把权力下放的经验应用到各行各业，调动各方面的积极性。④ 在社会主义市场经济体制确立后，中国式现代化推动了不同利益主体和不同利益诉求的出现，此时人民民主建设面临着保障人们权益、激发人民创造活力的新要求。因此，社会主义民主政治建设呈现出更多的法律化、制度化特

---

① 胡伟：《探寻现代化的中国模式》，《江苏行政学院学报》2009 年第 1 期。

② 《邓小平文选》第 3 卷，人民出版社 1993 年版，第 176—180 页。

③ 胡伟：《改革开放后中国现代化的经验——关于"中国模式"的探讨》，《江西社会科学》2009 年第 3 期。

④ 《邓小平文选》第 3 卷，人民出版社 1993 年版，第 242 页。

征，更加重视以法律形式和制度体系保障人们的各种权利和利益，以此调动广大人民参与中国式现代化的积极性。

党的二十大明确提出了新时代新征程中国共产党的使命任务，鲜明强调以中国式现代化全面推进中华民族伟大复兴。作为新时代人民民主的最新实践，全过程人民民主理应在这一伟大进程中有所作为，通过完整的制度程序和完整的参与实践，充分激发人民的创新创造活力，广泛凝聚社会各方面的智慧和力量，为全面建设社会主义现代化国家、全面推进中华民族伟大复兴提供强劲的发展动力。

事实上，发展人民民主之于中国式现代化建设不仅仅具有工具性价值，它在中国式现代化进程中逐渐被明确为一项重要的目标和任务。在党的十二大报告中，高度民主就已经被列为现代化建设的奋斗目标之一。20 世纪 80 年代末，邓小平在会见美国总统布什时，有限度地承认了民主的目的性价值。邓小平审慎地谈道，"民主是我们的目标，但国家必须保持稳定"[1]。之后，民主的目的性价值得到了越来越广泛的认知和肯定。2002 年 5 月 31 日，江泽民在中央党校省部级干部进修班毕业典礼上强调，"发展社会主义民主政治，建设社会主义政治文明，是社会主义现代化建设的重要目标"[2]。将近 20 年后，习近平总书记在首次中央人大工作会议上更鲜明地指出，"民主是全人类的共同价值，是中国共产党和中国人民始终不渝坚持的重要理念"[3]。当然，发展人民民主或者说全过程人民民主虽然兼具工具性价值和目的性价值，但在强调发展导向的中国式现代化进程中，社会主义民主政治建设显然属于适应性改革，呈现出了更多的从属性。

三　实践特征：在中国式现代化进程中扩展和深化人民民主

一般来说，现代化是从传统社会向现代社会的转变，是一个涉及多方面变革的总体性变迁过程，包括经济现代化、政治现代化、社会现代化等。在早发内生型国家里，这些现代化任务是在不同阶段分别提出并

---

① 《邓小平文选》第 3 卷，人民出版社 1993 年版，第 285 页。
② 《十五大以来重要文献选编（下）》，人民出版社 2003 年版，第 2416 页。
③ 习近平：《论坚持人民当家作主》，中央文献出版社 2021 年版，第 335 页。

逐一解决的。以英国为例，社会学家马歇尔（T. H. Marshall）认为经过了一个公民赋权的积累性增长过程，先从民事权利开始，比如，人身保护权、私有产权、出版自由，接着走向政治权利，特别是投票权和担任陪审员权，最后再通过出台社会政策来保障失业保险、义务教育、儿童福利等社会权利。[①] 与之相比，在后发外生型国家里，这些现代化任务或者一揽子式地全面铺开，或者只能在高度压缩的时间段里有选择地错位展开。[②] 如果选择错位展开现代化任务，那么该国的民主发展就必须因应现代化建设各阶段的不同需求，在推进现代化进程中展现不同的建设内容，由此自身也不断地得到扩展和深化。这种情况下，民主发展的常见特征是在不同时空条件下有着不同的具体表现，时空条件的转换会诱发民主发展在内容与形式上实现更替。这种更替，常常表现在时间维度上依次递进，民主质量逐步提升；在空间维度上竞相创新，民主形式不断丰富。

改革开放以来人民民主的发展历程就是例证之一。40 多年来，中国选择了错位完成现代化任务的推进策略，中国式现代化各方面的建设梯次递进，表现出不同的阶段性特征，中国特色社会主义民主政治的发展也是如此。这期间，民主发展首先体现在采取各种措施发扬党内民主和人民民主。一方面，是恢复党内民主生活，进一步发扬党内优良传统和民主作风；另一方面，是恢复和巩固原有的民主政治制度，通过把权力下放给广大人民和基层单位，推动基层民主建设。之后，伴随着人民群众积极性的提高，发展人民民主的法律化、制度化需求愈发强烈。因此，社会主义民主政治建设的主要进展体现为依法治国，保证有法可依、有法必依、执法必严、违法必究。进入新世纪，随着利益主体多元化和利益诉求多样化的出现，发展人民民主必须着力于解决经济和社会结构变化所产生的各种矛盾和问题。这样一来，丰富民主形式、健全民主制度就变得迫切起来。在党内民主的示范带动下，各地的基层民主实践创新逐渐丰富起来，人民群众有更多的参与渠道表达自身的意见建议，影响当地公共政策的制定和实施，并且推动了本地区、本部门各类矛盾纠纷的及时化解。进入新时代，面对社会主要矛盾发生的历史性变化，人民

---

① 郭忠华、刘训练编：《公民身份与社会阶级》，江苏人民出版社 2007 年版，第 7—15 页。
② 孙立平：《后发外生型现代化模式剖析》，《中国社会科学》1991 年第 2 期。

民主的建设思路必须突出全面发展，必须在全过程和各领域扩大公众参与、推进协同治理，因此，国家治理现代化与全过程人民民主被提到党和国家的重要议程上来。

从空间维度看，人民民主建设呈现出竞相创新的生动局面，各地结合自身实际，确定民主制度的具体落实形式。20 世纪 80 年代初，农村自治组织的出现就说明了这一点。当时在实行家庭联产承包责任制后，农村基层组织建设成为亟待解决的重要问题，很多地方的村级组织涣散，甚至陷于瘫痪或者半瘫痪状态。这时，广西多个地方的农民就自发成立了自治组织。先是 1980 年 2 月 5 日，广西宜山县三岔公社合寨大队的果作生产队经村民投票选举产生了村民委员会，负责全村的公共事务管理。同属广西河池地区的罗城县也建立了类似的农民自我管理组织，只是叫法不同，或者叫村治安领导小组或者叫村管会。[①] 进入新世纪，基层政府层面也出现了竞相创新的发展局面。就参与式预算而言，中国已经有十多个省份进行了探索实践。比较有代表性的实践，主要有浙江省温岭市民主恳谈基础上的参与式预算改革、江苏省无锡市在乡镇和街道层面单笔固定金额预算改革实验、云南省盐津县的群众参与预算改革等。[②] 即便是在同一地方，下属各乡镇之间也是分头创新、互学互鉴，形成了类似政治锦标赛式的制度创新局面，比如温岭市参与式预算的新河模式、泽国模式等。新时代以来，人民民主进入新的发展阶段，人民群众的全过程参与成为社会主义民主政治建设的显著特征。各地在推动民主参与实践创新上热情持续高涨，在协商平台和品牌创建、基层立法联系点设置等方面形成了你追我赶、竞相发展的良好局面。

四　推进策略：以有序扩大方式回应中国式现代化衍生的公民政治参与需求

公民政治参与是民主政治的实质性内容，参与水平如何是衡量民主程度的重要指标之一。在中国式现代化进程中，随着经济社会的不断发展，人民群众在政治参与方面的意识和诉求随之高涨，公民政治参与实

---

① 房宁：《民主的中国经验》，中国社会科学出版社 2013 年版，第 105—106 页。

② 贾西津：《参与式预算的模式：云南盐津案例》，《公共行政评论》2014 年第 5 期。

践一直处于有序扩大、渐进发展之中。这种民主发展的方式集中表现为公民权利的扩充和公民权力的强化两种路径上。改革开放以来，这两种路径有过交叉和重叠，前期更注重扩展公民权利，中期开始双轨并行，后期更侧重于增强公民的政治权力。

笼统来说，公民权利大致可以划分为民事权利、政治权利和社会权利三大类。改革开放40多年间，公民权利的扩充呈现出民事权利、政治权利、社会权利依次递进的演进态势，并且各类权利呈现出不均衡发展的总体特点。其中，民事权利发展得最早也最为全面，自20世纪80年代初获得优先发展后，国家对人身自由、财产权等民事权利的保护更为全面。政治权利在发展顺序上紧随其后，在20世纪80年代末开始推动，一直处于稳步发展之中，尤其是在基层政治领域，村民自治、居民自治等基层选举实践确保了公民选举权、被选举权的行使，而政务、村务和预算公开制度则保障了公民在基层公共事务方面的知情权和监督权。社会权利的发展相对晚一些，但由于受教育权、社会保障等权利备受重视，新世纪以来《中华人民共和国义务教育法》重新修订、《中华人民共和国就业促进法》《中华人民共和国社会保险法》等一系列法律法规相继出台并进行修订，有效推动了社会权利的迅速跟进。①

从公民权力角度看，公民政治参与主要表现在参与治理过程并影响公共决策上，主要集中在信息获取、咨询建议、事项议决、预算参与、干部推选、监督问责、议程设置以及规则制定等方面。在这些方面的政治参与中，公民获取和分享的权力不同，所扮演的角色自然也不同。这其中，最低层次的政治参与是获取政务信息，公民扮演的是关注者的角色；比这稍高的政治参与层次是通过发表意见建议来影响公共决策的制定，公民扮演的是参谋助手的角色；更高层次的政治参与是公民直接主导公共决策的议事日程，由此从政府那里获得和分享了更大的权力，公民扮演的是议题主导者的角色。② 随着2007年《中华人民共和国政府信

---

① 肖滨：《改革开放以来中国公民权利成长的历史轨迹与结构形态》，《广东社会科学》2014年第1期。

② 肖滨、方木欢：《扩大公民有序政治参与的双轨路径——基于中国改革开放以来实践经验的理论分析》，《政治学研究》2017年第4期。

息公开条例》及其配套文件的施行，中国公民获取信息的权力已经得到了切实保障。当前，公民权力方面的政治参与主要集中于影响公共决策阶段。党的十九届五中全会提出，"制定事关经济社会发展全局和涉及群众切身利益的重大政策，要采取座谈会、听证会、公开征求社会意见、民意调查等多种方式广泛听取意见建议，涉及特定群体利益的政策，还要与相关人民团体、社会组织以及群众代表沟通协商"。畅通参与政策制定的渠道，有助于充分保障人民群众在政策制定中的知情权、参与权、表达权和监督权，有利于切实提高决策的科学化、民主化水平。当然，各地在这方面的认识水平和推进力度并非整齐划一，允许公民政治参与的制度化程度仍然存在较为明显的差别。

第四节　从人民民主到全过程人民民主的 规律性认识

新中国成立后特别是改革开放以来，中国经过持续的探索实践和不懈奋斗，在经济社会领域的各方面已经发生了深刻的历史性变化。中国式现代化取得了举世瞩目的伟大成就，人民民主不断深入发展并在新时代形成了全过程人民民主的崭新形态。这就给我们分析总结中国式现代化视域下从人民民主到全过程人民民主的规律性认识提供了坚实的实践支撑。

一　现代化与民主发展存在耦合关系

回顾近代以来的世界史可以发现，无论是早发内生型还是后发外生型现代化国家，其现代化进程每往前推进一步，都会或多或少推动所在国家的民主发展，进而导致公民政治参与的扩大。换言之，现代化虽不直接产出民主，却能为民主政治的向前发展创造出必要的先决条件。19世纪英国的经济和社会改革，就伴随着并在很大程度上导致了周期性的选民范围扩大。① 先是 1832 年议会改革后，选民财产和身份方面的限制

---

① ［美］塞缪尔·P. 亨廷顿、琼·纳尔逊：《难以抉择——发展中国家的政治参与》，汪晓寿、吴志华、项继权译，华夏出版社 1989 年版，第 4 页。

有所降低，选民人数有了一定幅度的增加。之后，1867 年的改革使得大部分城市工人获得了选举权。到 1884 年时，选民的财产资格进一步降低，农业工人也获得了选举权，英国成年男子的普选权基本实现。类似这样的民主发展之后，其结果是经济社会的发展活力得到充分释放，由此又反过来促进了经济社会的现代化进程。

现代化与民主发展之间的这种耦合关系，在中国改革开放和社会主义现代化建设的实践中同样得到了证明。40 多年来，在中国特色社会主义民主政治发展的每一个阶段，都有现代化这个"看不见的手"在幕后推动。一旦经由民主发展解决了现代化进程中所遇到的障碍，现代化建设就能加速前进。可以说，现代化与民主发展如影随形、互促共进，二者都不可能保持较长时间的单兵突进态势。现代化的单兵突进，一方面会导致经济社会发展过程中遇到的障碍得不到及时的清理，造成发展受阻；另一方面，会导致新社会群体的参与诉求得不到及时的满足，在长时间压制下造成政治参与的内爆局面。民主发展的单兵突进，则会造成公民政治参与的过度扩大，超出经济社会现代化特定阶段的允许范围，导致权利超速下现代化陷入停滞甚至是衰退局面。应该说，走向现代化是世界各国面临的必由之路。在全面建设社会主义现代化强国新征程上，有必要全面推进全过程人民民主建设，进一步释放民主发展的工具性价值。与此同时，未来中国式现代化的不断拓展和深化，也必然会推动全过程人民民主的进一步发展，并且其实现形式和具体内容也将变得更加多样化。

二　从人民民主到全过程人民民主是由中国式现代化遇到的问题倒逼形成的

以政治参与为主要内容的民主发展，"与其说是精英、群体或个人把它当作目标或手段而有意选择的结果，不如说它更可能是发展的意外后果或副产品"[1]。在中国式现代化进程中，不同阶段面临的任务或者问题不同，其对民主政治提出的要求也就不同。这就造成了人民民主建设具

---

①　[美]塞缪尔·P.亨廷顿、琼·纳尔逊：《难以抉择——发展中国家的政治参与》，汪晓寿、吴志华、项继权译，华夏出版社 1989 年版，第 180 页。

有突出的问题导向，它是由不同阶段的现代化问题倒逼而产生并在不断地解决问题中得以深化的。以对私营企业主的政治吸纳为例，在中国式现代化推进过程中，新兴的私营经济领域快速成长，由此产生出掌握相当规模经济资源和社会资源的私营企业主阶层。他们在对中国经济持续快速发展发挥重要作用的同时，也希望分享公共权力，在政治领域扮演更加重要的角色。为促进经济社会发展和政治稳定，中国共产党主动顺应了社会阶层结构的变迁，对私营企业主采取了政治吸纳策略，开放了政治参与的多种渠道，主要途径包括行业协会和工商联、政协委员和人大代表以及入党等。①

进入新时代，中国社会主要矛盾转变为人民日益增长的美好生活需要与不平衡不充分的发展之间的矛盾。一方面，人民美好生活需要日益广泛，不仅对物质文化生活提出了更高要求，在民主、法治、公平、正义、安全、环境等方面的要求也随之增长；另一方面，在社会生产力水平总体显著提高的同时，中国面临着更加突出的发展不平衡不充分问题。② 这就要求新时代的人民民主走向全面，以全过程、无间歇的政治参与来解决各领域发展不平衡不充分问题，发展全过程人民民主、充分保障人民当家作主的必要性就凸显出来。今后随着中国式现代化侧重点的调整与变化，民主发展在人民美好生活需要中的位次势必会进一步前移，推进全过程人民民主建设需要为公民提供更加广泛、更加多样的政治参与渠道，确保人民当家作主具体地、现实地体现到国家政治生活和社会生活的方方面面。

三　人民民主的不断发展是上下互动、相融共生的结果

民主发展是一个复杂的系统工程，每一项新举措都涉及千千万万人的利益，必须慎重地分步骤实行。民主发展的复杂性、系统性，决定了它不可能是某一群体或者精英们单方面选择的产物，而是多方角力、互

①　黄金辉、魏倩：《中国共产党对私营企业主阶层的政治吸纳与整合——改革开放以来中国政治稳定的一个解释视角》，《教学与研究》2017 年第 12 期。

②　习近平：《决胜全面建成小康社会，夺取新时代中国特色社会主义伟大胜利——在中国共产党第十九次全国代表大会上的报告》，人民出版社 2017 年版，第 11 页。

相作用的结果。

在人民民主发展过程中，每一次增量发展往往都经过了试点、扩大、总结、推广的过程。这在村民自治制度的产生过程中得到了充分的说明。1980 年 2 月 5 日，在广西宜山县三岔公社合寨大队下属的果作村，村民们选举产生了村委会这一新的农村基层组织。之后，又在全村大会上制定了村规民约。这样的举措，使得本村社会秩序混乱的局面迅速得到改善。受此影响，合寨大队所有的自然村都建立了村委会等群众自治组织。这引起了宜山县所在的河池地委的高度重视，1981 年以文件形式希望本地区各地参照执行。广西壮族自治区领导也注意到宜山县出现的村委会这一新情况，很快到河池地区进行了实地调查。1981 年 6 月 20 日，广西区委研究室主办的《调研通讯》第四期刊登了《宜山县冷水村建立村管理委员会管理全村事务》的调查报告。这一材料引起当时正在主持修订《中华人民共和国宪法》的彭真的高度重视。在派人到广西宜山县进行调查研究后，彭真充分肯定了宜山县建立村委会的做法。1982 年 4 月，《中华人民共和国宪法修改草案》充分肯定了全国一些地方建立村委会的试点情况，明确把中国农村基层组织确定为村民委员会。当年 8 月，中央发文要求各地有计划地进行建立村民委员会的试点工作。1982 年底，《中华人民共和国宪法》正式颁布，正式以国家根本法的形式规定了村民委员会是中国农村基层的组织。1983 年起，改革农村生产大队管理体制、建立村民委员会的试点工作在全国范围内普遍开展起来。在试点基础上，1984 年全国全面开展建立村委会的工作。到 1985 年 2 月，全国已经普遍建立起村委会。[①] 从这一改革可以看出，发展人民民主是上下互动、相融共生的结果，并且遵循了试点推进的务实策略。

新时代以来基层立法联系点的创新实践，同样是在上下互动、相融共生过程中推进的，逐步实现了设点单位类别的广泛拓展和联系点功能的不断深化。未来，全过程人民民主要在推进中国式现代化上有大的提升，仍然离不开试点推进、鼓励创新的增量发展方式。在保持安定团结政治局面的前提下，有序扩大政治参与仍然是中国民主发展的现实路径。

---

① 　白益华：《我国农村村民自治制度的产生和发展（上）》，《百年潮》2017 年第 3 期。

四　民主发展要坚持走自己的路

方向决定道路，道路决定命运。习近平总书记指出，"以什么样的思路来谋划和推进中国社会主义民主政治建设，在国家政治生活中具有管根本、管全局、管长远的作用"①。很显然，我们不能搬用西方那一套所谓的民主，不能犯削足适履的根本性错误，不能盲目模仿他国的民主发展道路，否则就只会陷入水土不服、反受其累的糟糕境地。

30 多年前，苏东剧变让西方国家欢呼雀跃，自由主义民主被吹捧为民主进步的唯一代表，历史终结论甚嚣尘上。凭借民主话语霸权，西方国家将民主化直接等同于西方化，在全球范围内持续投入包括金钱在内的大量资源"输出民主"，通过"跑马圈地"的粗暴方式实现了自由主义民主的全面扩张。受此鼓动和影响，一些发展中国家照搬西方民主制度，使得所在国家和地区的政治运作陷入了多米诺骨牌式的危局，不但打断了政治发展的原有进程，甚至还造成了国家动荡、政治混乱等种种失控的民主乱象。这些失败的案例反复告诉我们，各国的历史经验和自身情况不同，走向民主的道路不可能完全一样。民主发展必须坚定走自己的路，从自身的特点和实际出发，他国的经验只能参考而不能照搬。

邓小平对中国的民主发展有着深刻清醒的认识。早在改革开放初期，他就针对中国的政治体制改革指出，"我们要根据社会主义国家自己的实践、自己的情况来决定改革的内容和步骤"②。在新中国以来的长期探索基础上，尤其是经过改革开放 40 多年的成功实践，中国的人民民主事业展现出强大的发展定力，不仅形成了一整套人民当家作主的制度安排，也探索形成了一条中国特色社会主义政治发展道路。这条道路的核心要义就是坚持党的领导、人民当家作主、依法治国三者有机统一，这就是中国的社会主义民主政治实现从人民民主到全过程人民民主伟大升华的关键所在。

---

① 《习近平谈治国理政》第 2 卷，外文出版社 2017 年版，第 285 页。
② 《邓小平文选》第 3 卷，人民出版社 1993 年版，第 241 页。

第 六 章

全过程人民民主与中国共产党的领导

全过程人民民主是对新时代中国特色社会主义民主政治建设做出的总概括，是一种具有显著比较优势的民主新模式。全过程人民民主不是从天上掉下来的，更不是世界上哪一个国家恩赐施舍的，其形成和发展是与中国共产党的领导密不可分的。可以说，没有中国共产党的领导，就没有人民当家作主，更没有从人民民主到全过程人民民主的迭代升华。

第一节　民主与政党的双重关联

在现代政治中，民主注定是个绕不开的关键词。与古希腊时代的直接民主不同，这里的民主已经演变成间接民主，是在代议制基础上增添了一定的民主色彩。它强调从各阶级、阶层、集团中选举一定数量能够反映其利益和意志的代表组成代议机关，根据少数服从多数的议事原则，对一国政治、经济、文化和社会生活等重大事务进行决策和管理。[①] 代议制民主政治的正常运转离不开政党的作用，政党的兴起与政党政治的发展正是现代政治的重要标志之一。作为现代政治的主要组织因素，政党通过组织政府、执掌政权，成为名副其实的政治权力中心，对所在国家民主政治的存续发展具有重要作用。詹姆斯·布赖斯就认为，政党是必不可免的，没有哪个大的自由国家不存在政党，同样没有哪个代议制政

[①] 周叶中：《代议制度比较研究》，武汉大学出版社 2005 年版，第 10—11 页。

府可以离开政党而运作。① 即便新社会运动、利益集团和大众媒体等其他政治活动主体正在持续挑战着政党在民主政治中的角色与作用，但是在杰弗里·普里德汉姆看来，政党作为国家与社会之间政治性和组织性的联系机制，在自由民主政体中的作用依然关键，并且这种角色很难被复制。②

政党的分类标准有很多，形成路径是学界常用的研究角度之一。这是因为，无论政党存续的时间有多久，其起源模式都会在后续发展历程中留有一定印记，这种印记往往能够在政党的意识形态取向、组织形态类型以及自身履行的主要功能等方面有所体现。正如帕尼比昂科所认为的，政党的组织特征更多地依赖于其历史，也就是说，与其他因素相比，更依赖于组织是如何起源、如何巩固的。事实上，政党的起源特征的确有可能在数十年后依然对政党的组织结构施加影响。③ 迪韦尔热以议会为参照物，从政党与议会的关系角度出发，将现代国家中的政党区分为内生型和外生型两大类。内生型政党产生于议会内部，是由议会内精英团体演变而来，与议会和选举具有密切的关联；外生型政党产生于议会之外，由非政治化的集团或者协会创建而成，最初是在议会与选举之外形成并开展活动，经过一定发展后加入所在国家或地区的选举竞争和议会政治中。

议会是现代国家的政治活动中心，是代议制民主政治正常运作的核心载体，议会与政党之间的关联对于探讨民主与政党的关系模式具有很强的参考意义。沿着这一思路，可以关注比较一国民主政治与政党形成的先后时间，将民主与政党的关系概分为两种模式：一种是民主催生政党；另一种是政党创造民主。

西方国家是代议制民主的滥觞之地，也产生了世界上最早的政党。代表性的政党群体是自由党和保守党，它们都是从这些民主国家的议会或政府内部的"派别"中逐步发展而来。民主是近代资产阶级反封建斗

---

① ［英］詹姆斯·布赖斯：《现代民治政体》，张慰慈等译，吉林人民出版社 2011 年版，第 101 页。

② Geoffrey Pridham, *Securing Democracy: Political Parties and Democratic Consolidation in Southern Europe*, London and New York: Routledge, 1990, pp. 3 - 4.

③ ［意］安格鲁·帕尼比昂科：《政党：组织与权力》，周建勇译，上海人民出版社 2013 年版，第 58 页。

争的一面旗帜。资产阶级革命成功后，这些国家陆续建立起代议制民主政治，选举权成为这种民主实践的核心组成部分。起初，选举权的范围非常有限，政党只是当时政治精英之间的松散联合，意在谋求选举时的顺利当选。后来，随着选举权限制条件的放宽，选民范围一步步扩大，组建政党成为政治精英谋求选举获胜时更为经济实用的办法。因此可以说，这些政党是近现代政治民主化的发展产物，是适应代议制民主和选举政治的需要而组建起来的。它们借助自身的政治纲领和政策主张，围绕选举竞争和议会政治开展各类活动，以此履行代议制框架内包括利益表达与综合、组织议会和政府等在内的主要功能。萨托利对这一历史进程做了简要总结：

> 伴随着民主化过程，政党成为表达的手段。同时，恰恰是因为政党为表达、沟通以及实践被统治者的要求提供了渠道，负责任的政府才成为真正意义上的反应型的政府。那么，正是从宗派到政党、从负责任的政府到反应型的政府以及从议会党到选举党的渐进性的、自我延续的演进，才确立了政党的基本功能、功能角色和体系地位——简而言之，确立了政党所赖以存在的理由。[①]

与西方国家民主催生政党的发展轨迹不同，发展中国家政党创造民主的现象更为普遍。第二次世界大战结束后，亚非拉地区民族解放运动空前高涨，原来的殖民主义体系土崩瓦解，一大批发展中国家在本国政党领导下纷纷独立建国，走上了独立自主的发展道路，这些政党也因为领导独立运动成为所在国家的执政党。从这些发展中国家的历史进程看，其现代国家构建与民主政治的建立基本上可以视作同步，都是在本国政党的领导下实现的，如印度的国大党等。这类政党源于旧的政治体系之外，在领导本国民族独立革命取得胜利的同时，推动了以建立现代民主政治制度为核心内容的政治现代化进程。亨廷顿对此强调说，"处于现代化之中的政治体系，其稳定取决于其政党的力量……那些在实际上已经达到或者可以被认为达到政治高度稳定的处于现代化之中的国家，至少

---

① ［意］G. 萨托利：《政党与政党体制》，王明进译，商务印书馆2006年版，第56页。

拥有一个强大的政党"①。

第二节　中国共产党的百年奋斗与人民民主事业

中国人民民主的形成和发展过程，同样得益于现代政党对政治过程的有效组织，并且深嵌于中国共产党领导中国人民为实现当家作主所进行的百年奋斗之中。自成立之日起，中国共产党就以实现人民当家作主为己任。1925 年，毛泽东在《〈政治周报〉发刊理由》一文中写道："为什么要革命？为了使中华民族得到解放，为了实现人民的统治，为了使人民得到经济的幸福。"② 人民当家作主是中国共产党百年奋斗的出发点和落脚点。一百年来，一代又一代中国共产党人积极因应时代变迁、回应人民需要，圆满完成了不同历史时期的民主发展任务，先后出色地扮演了人民民主事业的探索者、开创者、推动者、引领者四重角色。中国共产党的百年奋斗对于人民民主事业不断发展具有不可或缺的历史性地位，中国发布的民主白皮书对这种历史性地位和贡献给予了高度肯定。2005年发布的《中国的民主政治建设》白皮书指出，"中国人民当家作主，是在中国共产党领导下经过艰苦卓绝的斗争实现的。中国的民主政治制度，是中国共产党领导中国人民创建的。中国民主政治制度的发展和完善，是在中国共产党领导下进行的"③。2021 年发布的《中国的民主》白皮书进一步指出，"全过程人民民主，是中国共产党团结带领人民追求民主、发展民主、实现民主的伟大创造，是党不断推进中国民主理论创新、制度创新、实践创新的经验结晶。中国共产党的奋斗史，是团结带领人民探索、形成、发展全过程人民民主的奋斗史"④。

---

① ［美］塞缪尔·P. 亨廷顿：《变化社会中的政治秩序》，王冠华、刘为等译，沈宗美校，上海人民出版社 2008 年版，第 341 页。

② 《毛泽东文集》第 1 卷，人民出版社 1993 年版，第 21 页。

③ 中华人民共和国国务院新闻办公室：《中国的民主政治建设》，《人民日报》2005 年 10 月 20 日。

④ 中华人民共和国国务院新闻办公室：《中国的民主》白皮书，人民出版社 2021 年版，第 7 页。

一 人民民主事业的探索者

人民民主事业的关键是谁的民主以及怎样实践民主这两个关键问题：前者的实质是哪些阶级掌握国家的权力，在国家政权中占有统治地位；后者的实质是采取什么样的民主形式来推进政权建设。在新民主主义革命时期，中国共产党根据革命形势的发展变化，不断推动马克思主义与中国社会实际相结合，与时俱进地深化着对人民民主内涵的认识，采取了符合革命发展要求的多种民主形式，开展了保障人民当家作主、维护人民切身利益的多样化实践。这些理论和实践上的诸种探索，主要是围绕着建立什么样的国体和政体而展开的，是将民主建设寓于现代国家构建之中的。应该说，人民民主道路的探索过程具有了非常强的时代性和适应力。这种弹性或者说韧性是适应形势变化的发展需要，是通过重新审视人民概念的范围而获得的，在人民民主道路的不懈探索中有着丰富生动的反映和体现。

在建党初期，中国共产党人对马克思主义有了初步了解，但在将其与中国革命实际相结合上明显缺乏理论和行动的自觉，对于中国革命的动力、对象以及建立什么样的民主制度没有相对成熟的经验性思考与判断。受右倾机会主义的影响，人民民主的道路探索在起步阶段就遭遇了大革命失败的严峻考验。

当时，面对强大的反革命力量，特别是蒋介石、汪精卫集团与帝国主义和大地主大资产阶级相互勾结，中国革命向何处去成为摆在中国共产党面前的首要问题。毛泽东在深入农村调查中国社会各阶级状况基础上，通过总结井冈山根据地及其他地区建立小块红色政权的经验教训，提出了"工农武装割据"的重要思想，为大革命失败后中国共产党建立农村革命根据地、探索人民民主道路提供了正确的方向性指引。这一重要思想强调，在中国共产党领导下，以武装斗争为主要形式，以土地革命为中心内容，以农村革命根据地为战略阵地，形成三者密切结合、相辅相成的有机统一体。在毛泽东看来，有了农村革命根据地，就能够实行人民当家作主，按照人民的意愿颁布法令，推行土地制度改革，便利于征税征兵，从而获得更加坚实的革命保障。① 这一时期的"人民"具有工农联合的阶级属性，建立的政权形式是工人和农民民主专政的国家，这种政权是属于工人、农民、红军兵士及一切劳苦民众的。② 1934 年 1 月，毛泽东在第二次全国苏维埃代表大会上专门针对苏维埃的民主制度做了这样的阐述：

> 工农民主专政的苏维埃，他是民众自己的政权，他直接依靠于群众。他与民众的关系必须保持最高程度的密切，然后才能发挥他的作用。苏维埃具有绝大的力量，他已经成为革命战争的组织者与领导者，而且也是群众生活的组织者与领导者。他的力量的伟大，是历史上任何国家形式所不能比拟的。但他的力量完全依靠于民众，他不能够一刻离开民众。苏维埃政权需要使用强力去对付一切阶级敌人，但对于自己的阶级——工农劳苦群众，则不能使用任何的强力，而他表现出来的只是最宽泛的民主主义。③

在工农苏维埃政权建设过程中，选举作为一种主要的民主形式，得到了《苏维埃政权的组织问题决议案》（1928 年）、《中华苏维埃共和国宪法大纲》（1931 年）、《中华苏维埃共和国选举细则》（1931 年）、《苏维埃暂行选举法》（1933 年）等一系列规范性文件的确认和保障，苏维埃的民主制度在根据地获得了广泛应用和认可。毛泽东认为，苏维埃实现了最宽泛、最完满的民主制度，在坚决制裁和镇压地主资产阶级的同时，给予广大民众一切民主权利和自由。在他看来，苏维埃的民主性表现在以下四个方面：一是给予一切被剥削、被压迫的民众完全的选举权与被选举权，女子权利与男子同等；二是作为苏维埃组织的基础，市乡代表会议使苏维埃密切接近于广大民众；三是给予一切革命民众完全的集会、结社、言论出版与罢工的自由；四是缩小从省至乡各级苏维埃的

---

① 周美雷、赵竞：《新民主主义革命时期中国共产党对人民民主道路的探索》，《北京行政学院学报》2022 年第 5 期。

② 《毛泽东年谱（1893—1949）（修订本）》上，中央文献出版社 2013 年版，第 358 页。

③ 《建党以来重要文献选编（一九二一——一九四九）》第 11 册，中央文献出版社 2011 年版，第 102 页。

管辖境界，使苏维埃密切接近民众，确保民众意见快速得到讨论与解决，也更便利于动员民众。①

抗日战争爆发后，中日之间的民族矛盾逐渐上升为中国社会的主要矛盾，抗日救国演变为中国民众最中心、最主要的问题。中国共产党从挽救民族危亡的大局出发，明确提出建立抗日民族统一战线，主张联合全民族抗战。中国共产党重塑了自身的代表性，从代表工农向代表中华民族转变，民主建设策略也随之调整，人民民主的道路探索朝着主体更加广泛的方向发展，强调要建成各革命阶级联盟的民主共和国，由大多数的人民在这一国家中占据主导地位。

1939 年冬，毛泽东在比较新旧民主主义革命基础上提出，"在抗日战争中，在中国共产党领导的各个抗日根据地内建立起来的抗日民主政权，乃是抗日民族统一战线的政权，它既不是资产阶级一个阶级的专政，也不是无产阶级一个阶级的专政，而是在无产阶级领导之下的几个革命阶级联合起来的专政。只要是赞成抗日又赞成民主的人们，不问属于何党何派，都有参加这个政权的资格"②。这种思想认识很快变成抗日根据地政权建设的指导意见。③ 根据抗日民族统一战线政权的原则，中国共产党在民主政权的人员组成上制定和执行了"三三制"的政策设计。这一政策规定，在各级参议会和政府人员组成上，共产党员占 1/3，非党的左派进步分子占 1/3，不左不右的中间派占 1/3。"三三制"的选举政策，在 1941 年通过的《陕甘宁边区施政纲领》中以法律形式进一步固定下来。"三三制"政权是一种具有统一战线性质的抗日民主政权，从制度设计上为党外人士参与政权建设并占有一定比例提供了有效保障。"三三制"政权在抗日根据地的相继建立，有效解决了抗日战争时期不同党派、阶级之间的合作问题，极大地提高了中国共产党和抗日民主政权在边区各阶

---

① 《建党以来重要文献选编（一九二一——一九四九）》第 11 册，中央文献出版社 2011 年版，第 103—106 页。

② 《毛泽东选集》第 2 卷，人民出版社 1991 年版，第 648 页。

③ 1940 年 3 月 6 日，毛泽东在为中共中央起草的对党内的指示即《抗日根据地的政权问题》中指出，"在抗日时期，我们所建立的政权的性质，是民族统一战线的。这种政权，是一切赞成抗日又赞成民主的人们的政权，是几个革命阶级联合起来对于汉奸和反动派的民主专政。它是和地主资产阶级的反革命专政区别的，也和土地革命时期的工农民主专政有区别"。

层人士中的威望，充分调动了根据地群众参与抗战和民主建设的积极性。

"民主政治，选举第一"，"民主的第一着，就是由老百姓来选择代表他们出来议事管事的人"。① 作为抗日民主根据地的模范，陕甘宁边区按照中国共产党的抗日民族统一战线政策，采用普遍、平等、直接、无记名投票的选举制度，先后于1937年、1941年、1945年举行过三届大规模的民主选举，参选率不断提高，由第一次的70%以上到第二次的80%以上再到第三次的82.5%②，选举产生的历届政权中都有一些党外人士参加领导工作。与此同时，陕甘宁边区还结合当时文化比较落后的实际情况，在投票方法上开展了一些简便易行的民主探索，有效地提升了选民的参选率。比如说，对识字的选民，采用写票法；对识字不多的选民，采用画圈法、画杠法、画点法、烙票法、编号选举法等；对不识字的选民，采用投豆法。此外，对因路远不能离开生产岗位，或者因疾病不能到选举现场的选民，采取由选举工作人员背选举投票箱送票收票的办法。③

抗日战争胜利后，实现民主统一、和平建国成为全体国民的期盼。但由于国民党撕毁政协协议、发动全面内战，中国主要矛盾再次发生重大变化，转变为民主建国力量与国民党独裁统治之间的矛盾。中国共产党顺应时势变化，成为民主建国的主导力量，所提出的民主建国方案不再包含国民党反动派，而是努力争取与民主党派和中间人士共同合作。1947年10月，毛泽东在为中国人民解放军总部所起草的政治宣言即《双十宣言》中写道，中国人民解放军的第一条基本政策是"联合工农兵学商各被压迫阶级、各人民团体、各民主党派、各少数民族、各地华侨和其他爱国分子，组成民族统一战线，打倒蒋介石独裁政府，成立民主联合政府"④。这也是中国共产党最基本的政治纲领。随着解放战争的不断胜利，敌我力量对比由量变开始发生质变，到1948年秋，人民解放战争已经进入夺取全国胜利的战略决战阶段，建立中央政府的问题被提上议

---

① 陕西省档案馆、陕西省社会科学院编：《陕甘宁边区政府文件选编》第3辑，档案出版社1987年版，第48—50页。

② 刘政：《民主政治选举第一》，《全国人大》2002年第3期。

③ 卢家骥：《抗战时期陕甘宁边区的民主选举》，《学习与研究》1987年第6期。

④ 《建党以来重要文献选编（一九二一——一九四九）》第24册，中央文献出版社2011年版，第423页。

事日程。1948 年 9 月，毛泽东在中共中央政治局会议上提出，"我们政权的阶级性是这样：无产阶级领导的，以工农联盟为基础，但不是仅仅工农，还有资产阶级民主分子参加的人民民主专政"①。1949 年 6 月 30 日，毛泽东在《论人民民主专政》中进一步论述了人民、人民民主专政等概念，这就为我们理解新政权的国体以及民主政治的主体提供了理论指导：

> 人民是什么？在中国，在现阶段，是工人阶级，农民阶级，城市小资产阶级和民族资产阶级。这些阶级在工人阶级和共产党的领导之下，团结起来，组成自己的国家，选举自己的政府，向着帝国主义的走狗即地主阶级和官僚资产阶级以及代表这些阶级的国民党反动派及其帮凶们实行专政，实行独裁，压迫这些人，只许他们规规矩矩，不许他们乱说乱动。如要乱说乱动，立即取缔，予以制裁。对于人民内部，则实行民主制度，人民有言论集会结社等项的自由权。选举权，只给人民，不给反动派。这两方面，对人民内部的民主方面和对反动派的专政方面，互相结合起来，就是人民民主专政。②

那么，人民民主专政的国家性质通过什么样的政权组织形式来体现呢？毛泽东提出，"人民民主专政的国家，是以人民代表会议产生的政府来代表它的"③。1947 年 11 月，中共中央提出，解放区各级政权形式应采用从下至上的代表会议制度。按照解放区有无工业区和大城市，代表会议分为人民代表会和农民代表会两种。各级人民代表会或农民代表会为各级政府最高权力机关，一切权力均应集中于此。至于代表会的代表，县以下由区、村直接选举，县以上由区、县代表会间接选举。④ 1949 年 3

---

① 《建党以来重要文献选编（一九二一──一九四九）》第 25 册，中央文献出版社 2011 年版，第 446 页。

② 《毛泽东选集》第 4 卷，人民出版社 1991 年版，第 1475 页。

③ 《建党以来重要文献选编（一九二一──一九四九）》第 25 册，中央文献出版社 2011 年版，第 446 页。

④ 《建党以来重要文献选编（一九二一──一九四九）》第 24 册，中央文献出版社 2011 年版，第 474—475 页。

月，毛泽东在中共七届二中全会上总结说，"我们是以工农联盟为基础的人民苏维埃，'苏维埃'这个外来语我们不用，而叫做人民代表会议"①。不过，由于革命形势的迅速发展，解放区面积迅速增大，新接收的解放区还不具备普选和召集代表会议的条件，现实中大多通过协商讨论形式确定各界人民代表会议的人员组成，以此等待大规模选举条件的成熟。这样的理论思考和实践做法，为后来中国确立人民代表大会制度作为根本政治制度做好了铺垫和准备。

二　人民民主事业的开创者

民主政治是人类社会交往的形式，而不是对真理的问题进行回答。②人民当家作主是民主的题中之义。它不能停留在抽象的理念和原则层面，必须寻找到合适的制度形态来呈现和落实。在中国，经过人民民主道路的长期探索，中国共产党对什么样的国体和政体更有利于贯彻落实人民当家作主的价值理念深有体会。新中国成立后，中国共产党带领人民把人民当家作主的价值理念逐步转变为一系列现实可行的制度机制，建立了适应国情的政治制度和经济制度，并推动这些制度完成了从新民主主义向社会主义的转变，人民在参与国家事务的管理中真正成为国家、社会和自己命运的主人。

国体即国家性质或者说国家的阶级本质，是一个国家的根本属性，表明了社会各阶级在该国中所处的地位。毛泽东对国体问题非常重视，在整个新民主主义革命时期一直根据革命形势的发展变化不断思考什么样的国体更适合中国。随着解放战争不断走向胜利，毛泽东对这一问题的思考越来越成熟，"总结我们的经验，集中到一点，就是工人阶级（经过共产党）领导的以工农联盟为基础的人民民主专政"③。这里的人民民主专政是工人阶级、农民阶级、城市小资产阶级和民族资产阶级等革命阶级的联合专政，体现了民主与专政的统一，也就是说，在由这些阶级

---

① 《建党以来重要文献选编（一九二一——一九四九）》第 26 册，中央文献出版社 2011 年版，第 200 页。

② ［美］本杰明·巴伯：《强势民主》，彭斌、吴润州译，吉林人民出版社 2011 年版，"1984 年版序言"，第 2 页。

③ 《毛泽东选集》第 4 卷，人民出版社 1991 年版，第 1480 页。

所组成的人民内部实行民主制度，对地主阶级和官僚资产阶级以及代表这些阶级的国民党反动派则实行严格的专政。①

1949 年 9 月 21—30 日，中国人民政治协商会议第一届全体会议召开，为新中国的成立做必要的准备工作。9 月 29 日，会议通过了具有临时宪法地位的《中国人民政治协商会议共同纲领》。它明确规定"中华人民共和国为新民主主义即人民民主主义的国家，实行工人阶级领导的、以工农联盟为基础的、团结各民主阶级和国内各民族的人民民主专政"，"中国人民民主专政是中国工人阶级、农民阶级、小资产阶级、民族资产阶级及其他爱国民主分子的人民民主统一战线的政权，而以工农联盟为基础，以工人阶级为领导"。② 经过几年的酝酿准备，在自下而上逐级召开人民代表大会基础上，第一届全国人民代表大会第一次会议于 1954 年 9 月正式召开。会议通过了新中国的第一部宪法即《中华人民共和国宪法》。该宪法在序言开篇写道，中国人民在中国共产党领导下建立了人民民主专政的中华人民共和国，中华人民共和国的人民民主制度即新民主主义制度能够保证我国建成繁荣幸福的社会主义社会。同时，宪法总纲明确规定，"中华人民共和国是工人阶级领导的、以工农联盟为基础的人民民主国家"③。工人阶级领导和以工农联盟为基础表明了我们国家的根本性质，最大多数的人民是国家真正的主人。民主与专政是一体两面的，对人民的民主与对敌人的专政是分不开的。人民民主专政的提法合乎新

---

① 人民民主专政是中国共产党在新民主主义理论的基本框架内提出的。1948 年 6 月 1 日，中共中央宣传部在重印列宁《共产主义运动中的"左派幼稚病"》第二章所写的前言中，专门指出过人民民主专政与无产阶级专政有着明显区别，强调"这种人民民主专政的内容和无产阶级的内容的历史区别，就是：我们的人民民主专政是无产阶级领导的、人民大众的、反帝反封建反官僚资本的新民主主义革命，这种革命的社会性质，不是推翻一般资本主义，乃是建立新民主主义的社会，建立各个革命阶级联合专政的国家；而无产阶级专政则是推翻资本主义，建设社会主义"。但在新中国成立后不久，受苏联的持续干预和影响，中国共产党接受了"人民民主专政实质上就是无产阶级专政"的理论规定，只不过在政策上要求采取灵活而有差别的宣传策略。1953 年 12 月 9 日，《中共中央关于目前政权性质问题的指示》提出，"中央认为人民民主专政和无产阶级专政本无实质上的区别，省级以上高级干部了解这个问题是有必要的，但对一般干部这样解释和宣传却是不适宜的，发展这一讨论也是不必要的"。参见刘建平《苏联、斯大林与中国共产党的人民民主专政理论及其体制的建立》，《中共党史研究》1997 年第 6 期。

② 《建党以来重要文献选编（一九二一——一九四九）》第 26 册，中央文献出版社 2011 年版，第 758—759 页。

③ 《建国以来重要文献选编》第 5 册，中央文献出版社 1993 年版，第 522 页。

中国成立后中国的国情和现实需要，并且具有相当大的政治弹性。① 更重要的是，人民民主专政的政权是工人阶级领导并以工农联盟为基础，所执行的政策也完全符合工人、农民的根本利益。人民民主专政的国体在得到宪法层面的确认后，其核心构成即工人阶级为领导力量、以工农联盟为基础自新中国成立以来保持了高度的一致性和连续性，而鲜明的统一战线属性在经过社会主义建设时期的特殊考验后获得了广泛认可。可以说，实行人民民主专政的国体已经成为全党全社会的一项普遍共识。

国体是政体存在和发展的基础，决定着政体的存在形态。换言之，有什么性质的国家，就要求有什么样的政权组织形式与之相匹配。经过新民主主义革命时期组建罢工工人代表大会和农民协会、工农兵代表会议、参议会以及人民代表会议等政权组织形式的探索实践，中国共产党最终选择以人民代表大会制度作为新中国的政体即根本政治制度。

新中国成立之初，由于尚不具备实行普选、召开全国人民代表大会、制定宪法的条件，中国人民政治协商会议在中国共产党领导下获得了全国人民的信任和拥护，在普选的全国人民代表大会召开前代行全国人民代表大会的职权，《中国人民政治协商会议共同纲领》则起着临时宪法的作用。当时，从根据地政治建设的长期经验出发，并参照苏联和各人民民主国家的经验，《中国人民政治协商会议共同纲领》就确定了人民民主要实行民主集中制的人民代表大会制度。在政权机关部分，它明确规定，"中华人民共和国的国家政权属于人民。人民行使国家政权的机关为各级人民代表大会和各级人民政府。各级人民代表大会由人民用普选方法产生之。各级人民代表大会选举各级人民政府。各级人民代表大会闭会期间，各级人民政府为行使各级政权的机关"②。正如周恩来指出的，"从人民选举代表、召开人民代表大会、选举人民政府直到人民政府在人民代表大会闭会期间行使国家政权的这一整个过程，都是行使国家政权的民主集中的过程"③。

---

① 王泉、郭圣福：《人民民主专政的历史发展和性质嬗变》，《当代世界社会主义问题》2010 年第 4 期。

② 《建国以来重要文献选编》第 1 册，中央文献出版社 1992 年版，第 4 页。

③ 《建国以来重要文献选编》第 1 册，中央文献出版社 1992 年版，第 18 页。

　　到 1953 年时，全国范围内开展了中国历史上第一次规模空前的普选，人民通过选举自己的代表行使当家作主的权利，自下而上地逐级召开人民代表大会。1954 年 9 月，第一届全国人民代表大会第一次会议的召开，标志着人民代表大会制度在全国范围内正式建立。9 月 20 日，会议通过了《中华人民共和国宪法》，又称"五四宪法"。该宪法在《中国人民政治协商会议共同纲领》基础上，结合新中国成立以来国家机关工作的经验和各级各界人民代表会议的经验，对中国人民民主的政治制度做了新的发展。其中，总纲在明确国体后对中国政权组织形式及其原则做了更加完备的规定："中华人民共和国的一切权力属于人民。人民行使权力的机关是全国人民代表大会和地方各级人民代表大会。全国人民代表大会、地方各级人民代表大会和其他国家机关，一律实行民主集中制。"①

　　人民代表大会制度是适合中国人民民主国家性质的政治制度，有利于人民行使自己的权力和参加国家的管理，能够充分发挥人民群众的积极性和创造性，是中国共产党领导下人民管理自己国家的最好政治组织形式。人民代表大会是具有高度民主性质的人民代表机关和国家权力机关，能够对一切重大问题做出决定并监督其实施，全国人民代表大会则完全统一地行使最高国家权力。各级国家行政机关均由全国人民代表大会和地方各级人民代表大会产生，受其监督并可以由其罢免，绝不能脱离人民代表大会或者违背人民代表大会的意志而进行活动。

　　正如前面所说，新中国即中华人民共和国是属于工人阶级、农民阶级、小资产阶级、民族资产阶级四个民主阶级的人民民主专政，具有鲜明的统一战线性质。筹建成立新中国的工作是一件具有里程碑意义的大事，恰恰是通过新政治协商会议即中国人民政治协商会议②这样的统一战线组织完成的。新政治协商会议源起于 1948 年中共中央发布的"五一"劳动节口号。这一口号的核心主张是，中国共产党与各民主党派、各人民团体共商国是，讨论如何召开全国人民代表大会、成立民主联合政府。

---

　　① 《建国以来重要文献选编》第 5 册，中央文献出版社 1993 年版，第 522 页。
　　② 有代表提出，只叫新政协无法与国民党主导的旧政协真正区别开来，反映不出两次政协会议的本质不同。周恩来建议在"政治协商会议"前加上"中国人民"四字，得到大家赞同。此后，"中国人民政治协商会议"的名称便沿用下来。参见路运占《协商建立新中国》，《学习时报》2023 年 4 月 4 日。

后来由于革命形势发展迅速，成立新政权已被提上议事日程，在全国范围内普选产生人民代表大会尚不具备条件的情况下，新政治协商会议或者说中国人民政治协商会议历史性地承担起协商成立新中国的重任。

在三个多月紧张有序的准备后，中国人民政治协商会议第一届全体会议于 1949 年 9 月 21 日至 30 日顺利召开并圆满完成了既定任务。会议代表全国各族人民意志，代行全国人民代表大会职权，通过了《中国人民政治协商会议组织法》《中华人民共和国中央人民政府组织法》和《中国人民政治协商会议共同纲领》，做出关于中华人民共和国国都、纪年、国歌、国旗 4 个重要决议，选举中国人民政治协商会议全国委员会和中华人民共和国中央人民政府委员会，宣告中华人民共和国的成立。这是中国共产党长期坚持统一战线政策的伟大胜利，标志着中国共产党领导的多党合作和政治协商制度正式确立。

根据《中国人民政治协商会议共同纲领》的有关规定，中国人民政治协商会议是人民民主统一战线的组织形式，包括工人阶级、农民阶级、革命军人、知识分子、小资产阶级、民族资产阶级、少数民族、国外华侨及其他爱国民主分子的代表。在普选的全国人民代表大会召开前，中国人民政治协商会议的全体会议执行全国人民代表大会的职权；在普选的全国人民代表大会召开后，其可以就有关国家建设事业的根本大计及其他重要措施，向全国人民代表大会或中央人民政府提出建议案。[1] 1954年 9 月，第一届全国人民代表大会第一次会议的召开，意味着中国人民政治协商会议结束了代行全国人民代表大会职权的阶段。该会议通过的"五四宪法"在序言中提出，中国的人民民主统一战线，在动员和团结全国人民完成过渡时期总任务和反对内外敌人的斗争中将继续发挥它的作用。因此，中国人民政治协商会议仍将以统一战线的组织形式而存在。它虽然不是国家的权力机关和行政机关，但对于国家大政方针仍有参与协商的必要。

1956 年 4 月，毛泽东在《论十大关系》中专门讨论了党和非党的关系。他提出，"究竟是一个党好，还是几个党好？现在看来，恐怕是几个

---

① 《建国以来重要文献选编》第 1 册，中央文献出版社 1992 年版，第 4—5 页。

党好。不但过去如此，而且将来也可以如此，就是长期共存，互相监督"①。同年9月，中共八大将"长期共存、互相监督"的方针写入了决议，认为各民主党派有必要在一个很长的时间内继续存在，并且它们与中国共产党之间能够起互相监督的作用。② 这一方针的提出及贯彻，推动形成了社会主义条件下中国共产党领导的多党合作的基本格局。

中国自古就是一个多民族国家。但无论是清朝、北洋军阀时期还是国民党统治时期，国内实行民族压迫政策，各民族之间存在长期形成的隔阂乃至仇视。中国共产党向来主张各民族应一律平等，发展平等、友爱、互助的民族关系。在中国共产党领导下，《中国人民政治协商会议共同纲领》明确了新民主主义时期的民族政策，基本精神是使中华人民共和国成为各民族友爱合作的大家庭。按照这一精神，《中国人民政治协商会议共同纲领》规定，"各少数民族聚居的地区，应实行民族的区域自治，按照民族聚居的人口多少和区域大小，分别建立各种民族自治机关。凡各民族杂居的地方及民族自治区内，各民族在当地政权机关中均应有相当名额的代表"③。这里的民族区域自治，是中国共产党运用马克思列宁主义解决中国民族问题的基本政策。依据这一政策，一切聚居的少数民族都有权利实行民族区域自治，建立自治区和自治机关来管理本民族的内部事务，行使自身当家作主的权利。新中国成立后，中央人民政府废除了民族压迫制度，并以民族区域自治为抓手，积极构建国内各民族平等、友爱、互助的新关系。截至1952年6月，全国已经建立各级民族自治区130个，自治区内少数民族人口约450万人，还有很多少数民族聚居的地区正在准备建立民族自治区。④

1952年8月，中央人民政府委员会按照《中国人民政治协商会议共同纲领》有关民族政策的规定，制定了《中华人民共和国民族区域自治实施纲要》。纲要规定，各少数民族聚居的地区，依据当地民族关系、经济发展条件并参酌历史情况，分门别类建立自治区。民族自治区的自治

---

① 《建国以来重要文献选编》第8册，中央文献出版社1994年版，第255页。
② 《建国以来重要文献选编》第9册，中央文献出版社1994年版，第85—86页。
③ 《建国以来重要文献选编》第1册，中央文献出版社1992年版，第12页。
④ 全国人大常委会办公厅、中共中央文献研究室编：《人民代表大会制度重要文献选编》，中国民主法制出版社2015年版，第122页。

机关，应依据民主集中制和人民代表大会制的基本原则建立。此外，纲要还规定了自治区在政治、经济、文化、生活等方面拥有广泛的自治权利。

1954 年通过的《中华人民共和国宪法》在序言中阐明了国内各民族间平等、友爱、互助的关系，在正文涉及民族问题的条款中贯彻了人民民主主义和社会主义的原则，用根本大法的形式保障了各少数民族的自治权利和少数民族公民的平等权利。这一宪法的贯彻实施，增进了各民族间的相互信任和团结，进一步推动了中国各民族紧紧团结在一起，共同为建设伟大祖国而努力。

到 1952 年底，随着土地改革的基本完成和国民经济的快速恢复，在农村互助合作和城市限制资本两方面的需求不断上升背景下，党中央认为在农村和城市逐步进行社会主义改造已有必要并具备了现实可能，就此提出了向社会主义过渡的问题。1953 年，党中央提出了过渡时期的总路线——"从中华人民共和国成立，到社会主义改造基本完成，这是一个过渡时期。党在这个过渡时期的总路线和总任务，是要在一个相当长的时期内，逐步实现国家的社会主义工业化，并逐步实现国家对农业、对手工业和对资本主义工商业的社会主义改造"①。到 1956 年底，中国绝大多数地区基本上完成了对生产资料私有制的社会主义改造，建立了以生产资料公有制和按劳分配为主要形式和特点的社会主义基本经济制度，完成了从新民主主义社会向社会主义社会的过渡，实现了中国历史上最广泛、最深刻的社会变革，从经济基础层面为中国人民实现当家作主提供了根本保障。

在社会主义革命和建设时期，人民民主事业并不是一帆风顺的，甚至可以说遭遇过严重的挫折。《关于建国以来党的若干历史问题的决议》对这一段历史做了这样的基本估计："新中国建立的时间不长，我们取得的成就只是初步的。由于我们党领导社会主义事业的经验不多，党的领导对形势的分析和对国情的认识有主观主义的偏差，'文化大革命'前就有过把阶级斗争扩大化和在经济建设上急躁冒进的错误。后来，又发生了'文化大革命'这样全局性的、长时间的严重错误。这就使得我们没

---

① 《建国以来重要文献选编》第 4 册，中央文献出版社 1993 年版，第 700—701 页。

有取得本来应该取得的更大成就。"① 民主和法制的严重破坏既是形成这种错误的重要原因之一，也是这种错误所造成的种种后果的一种体现。党内民主和国家政治社会生活的民主没有制度化、法律化，或者虽然制定了法律却没有应有的权威，就连人民代表大会也在"大民主"的名义下失去了国家权力机关的职能，宪法所规定的公民权利同样得不到应有的保障。

三　人民民主事业的推动者

民主理念需要相适配的制度来体现，而制度的建立仅仅是个开始，还需要在具体的历史社会条件下转化为现实的实践。新中国成立后，由于缺乏社会主义事业的建设经验以及受制于当时的社会经济条件，在确定了人民民主专政的国家权力性质后，人民民主事业经历了一个较为缓慢曲折的发展过程。直到改革开放后，中国开始走上一条具有中国特色的社会主义政治发展道路，不断健全保障人民当家作主的政治制度，人民民主进入了充分、有效的实践阶段。②

改革开放是中国共产党推进社会主义民主政治建设的一场革命。在改革开放初期，以邓小平为核心的党的第二代中央领导集体着眼于社会主义现代化建设需要，坚定推行了党和国家领导制度的改革，重塑了人民民主健康运作的深层架构，这就为新时期中国坚持走自己的民主路打下了坚实基础，同时为依托党和国家民主制度的力量确保人民当家作主权利的有效实现创造了有利条件。用邓小平的话说，就是要"切实改革并完善党和国家的制度，从制度上保证党和国家政治生活的民主化、经济管理的民主化、整个社会生活的民主化，促进现代化建设事业的顺利发展"③。党和国家领导制度的改革，旨在从两个方面明确权力的有限性：一方面，在执政党内部、在党和国家的领导层通过坚持民主集中制，发扬党内民主，废除领导干部终身制，有效限制领导干部权力的集中度和

---

① 《三中全会以来重要文献选编》（下），人民出版社 1982 年版，第 797 页。

② 陈尧：《建构民主：全过程人民民主的发展路径——基于公民参与的视角》，《人民论坛·学术前沿》2022 年第 5 期。

③ 《邓小平文选》第 2 卷，人民出版社 1994 年版，第 336 页。

持续性，从体制和制度上清除个人崇拜和特权观念的土壤，恢复党和国家的政治活力，推进党和国家政治生活的民主化；另一方面，理顺国家与社会的关系，通过简政放权、发展社会主义民主、加强法制，在政企关系、政社关系、党群关系等方面有效限制政府权力的干预范围，保证全体人民享有通过各种有效形式管理国家特别是管理基层地方政权和各项社会事务的权力，推动经济管理和社会生活的民主化。①

在党和国家领导制度改革的推动下，中国不仅使原有民主制度焕发出更加强大的生机活力，而且从农村改革经验出发提出了"调动积极性是最大的民主"②的重要论断，实现了民主建设思路的大转换，加速推进了人民民主制度建设的总体进程。

一是人民代表大会直接选举范围的扩大和城乡居民平等选举权的实现。1979年7月，五届全国人大二次会议在坚持1953年选举法精神和原则基础上，审议通过了《中华人民共和国地方各级人民代表大会和地方各级人民政府组织法》。该法适应当时经济社会发展的新情况、新需要，明确规定县级以上的地方各级人民代表大会设立常务委员会，并将直接选举的范围扩大到县一级，也就是说，县、自治县、不设区的市、市辖区的人民代表大会代表从以往的间接选举修改为由选民直接选举产生。同时通过的《中华人民共和国全国人民代表大会和地方各级人民代表大会选举法》③经过1995年、2010年两次重要修改后，推动中国农村与城市每一名全国人大代表所代表的人口数比例由8：1降到4：1再到1：1，保证了城乡居民享有平等的选举权。

二是人民政协的性质作用被载入宪法，中国共产党领导的多党合作和政治协商制度被明确为中国特色社会主义基本政治制度。1982年9月，党的十二大在"长期共存、互相监督"方针基础上，提出了中国共产党

---

① 包心鉴：《论全过程人民民主的内在逻辑和时代价值》，《当代世界与社会主义》2022年第2期。

② 这是1987年6月12日邓小平会见南斯拉夫共产主义者联盟中央主席团委员科罗舍茨时提出的论断。原话是："调动积极性是最大的民主。至于各种民主形式怎么搞法，要看实际情况。"参见《邓小平文选》第3卷，人民出版社1993年版，第242页。

③ 1979年通过的《中华人民共和国全国人民代表大会和地方各级人民代表大会选举法》第14条规定，"省、自治区、直辖市应选全国人民代表大会代表的名额，由全国人民代表大会常务委员会按照农村每一代表所代表的人口数八倍于城市每一代表所代表的人口数的原则分配"。

同民主党派"长期共存、互相监督、肝胆相照、荣辱与共"的十六字方针，它成为正确处理中国共产党同民主党派的关系以及统一战线内部关系的根本性指引。同年12月，人民政协的性质、作用被载入1982年宪法，为人民政协发挥职能作用提供了根本性的法律依据。1989年12月，中共中央印发《关于坚持和完善中国共产党领导的多党合作和政治协商制度的意见》，明确中国共产党领导的多党合作和政治协商制度是中国一项基本政治制度，确定了各民主党派在中国政治舞台上的参政党地位以及一系列参政议政形式。

三是民族区域自治的法律依据更加坚实。1982年宪法恢复了1954年宪法关于民族区域自治的规定，还增加了许多新规定，确保民族区域自治政策的贯彻执行。1984年5月，《中华人民共和国民族区域自治法》获得审议通过。作为实施宪法规定的民族区域自治制度的基本法律，该法为保障各少数民族的自治权利、发挥各族人民当家作主的积极性起到了应有作用，经2001年2月修改后明确了民族区域自治是中国的一项基本政治制度。

四是基层群众自治制度的建立。1982年宪法首次以根本法的形式明确了城市居民委员会和农村村民委员会的基本性质、组织原则和主要任务。①《中华人民共和国村民委员会组织法（试行）》《中华人民共和国城市居民委员会组织法》分别于1987年和1989年获得审议通过，标志着中国正式建立基层群众自治制度，这对于扩大基层民主、扩充人民群众的民主权利具有显著的推动作用。2007年，党的十七大报告把基层群众自治制度确立为中国发展社会主义民主政治必须坚持和完善的四项制度之一，由此进一步提升了基层群众自治在发展社会主义民主政治中的地位和作用。

在推进人民民主制度建设、调动人民群众积极性过程中，中国一贯

---

①　《中华人民共和国宪法》（1982年12月4日）在地方各级人民代表大会和地方各级人民政府部分用一条两款的形式对此做了规定："第一百一十一条　城市和农村按居民居住地区设立的居民委员会或者村民委员会是基层群众性自治组织。居民委员会、村民委员会的主任、副主任和委员由居民选举。居民委员会、村民委员会同基层政权的相互关系由法律规定。居民委员会、村民委员会设人民调解、治安保卫、公共卫生等委员会，办理本居住地区的公共事务和公益事业，调解民间纠纷，协助维护社会治安，并且向人民政府反映群众的意见、要求和提出建议。"

高度重视坚持党的领导，不断健全社会主义法制，有效扩大了社会主义民主。在改革开放以来社会主义民主政治建设基础上，党中央不断深化对发展社会主义民主政治的理论认识，系统探讨了党的领导、人民当家作主和依法治国三者之间的逻辑关系。江泽民在党的十六大报告中指出，"发展社会主义民主政治，最根本的是要把坚持党的领导、人民当家作主和依法治国有机统一起来。党的领导是人民当家作主和依法治国的根本保证，人民当家作主是社会主义民主政治的本质要求，依法治国是党领导人民治理国家的基本方略"[1]。

按照依法治国基本方略的原则要求，中国加快推进社会主义民主法治建设，不断提高科学立法、民主立法水平。到 2011 年时，中国已经形成了以宪法为统帅，以宪法相关法等多个法律部门的法律为主干，由法律、行政法规、地方性法规等多个层次的法律规范有机构成的中国特色社会主义法律体系，为人民当家作主奠定了坚实的法制基础。与此同时，中国注重发挥党内民主的示范引领作用，以此带动人民民主向前发展。改革开放以来，我们党在地方组织选举、党员权利保障、干部选拔任用等方面制定了一系列重要党内法规，逐步建立起支撑党内民主建设的制度法规体系，由此也带动了人民民主的发展和完善。

四　人民民主事业的引领者

民主实践从来都不是孤立的自我循环，而是在很大程度上受到特定的时代因素、社会形势的制约和影响。中国特色社会主义进入新时代，意味着中国的社会主义现代化建设进入了一个新的阶段，所遇到的问题是前所未有的，亟须通过拓展民主渠道、丰富民主形式来实现凝聚人心和力量，以此更好地回应和解决当前面临的发展不平衡不充分以及社会阶层加速分化的时代难题。

在新的历史条件下，党中央深刻把握民主发展的时代需求，不断推动马克思主义民主理论与中国具体实际、中华优秀传统文化相结合，既对人民民主的精髓要义进行了创造性继承和创新性阐释，从顶层设计的角度全面推动了协商民主体系建设，促使新时代的社会主义民主政治具

---

① 《江泽民文选》第 3 卷，人民出版社 2006 年版，第 553 页。

备了突出的全过程特征，同时又进一步强化了民主的实用性功能，在推进国家治理现代化过程中加快中华民族伟大复兴的总体进程。

法国政治思想家托克维尔在考察美国民主时主要考虑了自然、法制和精神三方面的原因，认为美国之所以能够维护民主制度应该归功于地理环境、法制和民情，并且民情因素占主要地位，发挥的作用最为关键。[①] 这里的民情，是一个民族整体道德和精神面貌的总称，"它不仅指通常所说的心理习惯方面的东西，而且包括人们拥有的各种见解和社会上流行的不同观点，以及人们的生活习惯所遵循的全部思想"[②]。那么，中国又有着什么样的民情呢？

中国自古至今有着深厚的协商议事传统，形成了源远流长的"和合"文化。这不仅体现在国家政治制度层面如廷议或者朝议等形式的协商决策以及士大夫阶层在学校、书院、会馆、雅集等公共领域开展的协商活动中，也体现在普通老百姓在当地祠堂、乡贤祠等固定场所参与的集体议事里。[③] 这种协商议事传统重在参与者之间的商量讨论，已经深入中国社会各阶层的思维深处，成为一种带有民主色彩的处事习惯和生活方式，并且渗透到中国共产党团结带领人民追求当家作主的实践里。1956 年 12 月，毛泽东在同工商界人士谈话时就指出，"我们政府的性格，你们也都摸熟了，是跟人民商量办事的，是跟工人、农民、资本家、民主党派商量办事的，可以叫它是个商量政府"[④]。在总揽人民民主实践历程基础上，习近平总书记对人民民主的内在精神做了创造性的挖掘，明确提出："在中国社会主义制度下，有事好商量，众人的事情由众人商量，找到全社会意愿和要求的最大公约数，是人民民主的真谛。"[⑤] 这种极具理论和现实洞察力的揭示，赋予了协商民主在新时代发展社会主义民主政治中的合法性和优先性，为后来全面发展协商民主提供了强有力的理论支撑。

党中央是人民民主的最高领导力量和总体统筹者。进入新时代，中

---

① ［法］托克维尔：《论美国的民主》，董果良译，商务印书馆 1988 年版，第 354—358 页。

② ［法］托克维尔：《论美国的民主》，董果良译，商务印书馆 1988 年版，第 332 页。

③ 谈火生：《协商治理的当代发展》，广东人民出版社 2018 年版，第 75—78 页。

④ 《毛泽东文集》第 7 卷，人民出版社 1999 年版，第 178 页。

⑤ 《习近平谈治国理政》第 2 卷，外文出版社 2017 年版，第 292 页。

央把协商民主提到社会主义民主政治建设的重要位置，将其提升到中国特色社会主义民主政治的特有形式和独特优势的高度来看待，综合运用加强顶层设计与鼓励基层创新等方式全面发展协商民主。一方面，2015年研究出台《关于加强社会主义协商民主建设的意见》及其多个配套文件，统筹推进政党协商、人大协商、政府协商、政协协商、人民团体协商、基层协商以及社会组织协商，着力构建程序合理、环节完整的协商民主体系，推动了协商民主广泛多层制度化发展；另一方面，党中央鼓励各地结合自身实际，不断推进协商民主的实践创新，各地竞相发展出民主恳谈会、民主议事会、小院议事厅、坝坝会等一系列基层协商形式，充分调动了人民群众有事好商量的积极性、主动性和创造性，在解决群众身边急难愁盼问题上取得了显著成效。

中国的协商民主是在党的领导下进行的，党的领导是协商民主实现广泛多层制度化发展的根本前提。在党的领导下，协商民主不仅被视作中国特色社会主义民主政治的特有形式和独特优势，具有突出的目的性价值，有利于实现人民之治；同时，它也是新时代深化政治体制改革、实现国家治理现代化的重要内容，通过发挥自身的工具性作用，有利于广泛汇聚民意民智，推动社会主义现代化建设顺利进行。在各层级、各类别的协商民主实践中，人民群众的政治参与渠道更加丰富多样，其利益诉求和意见建议通过制度化的方式直达决策层，由此提升了公共决策的民主化、科学化水平。

正如习近平总书记所说，"协商民主深深嵌入了中国社会主义民主政治全过程"①。协商民主在国家政治生活和基层公共事务中的广泛开展，推动了人民民主呈现出一种前所未有的全过程特征。这种全过程性集中体现在：一方面，人民群众不仅在人大、基层或者本单位的选举时有平等投票的权利，而且在日常政治生活和周边基层事务决策中也有持续参与的渠道和机会；另一方面，随着协商民主实践的全面开展，人民群众的知情权、参与权、表达权、监督权有了更充分的保证和更深入的实践，推动人民民主朝着全过程人民民主的新形态转变。

---

① 《习近平谈治国理政》第2卷，外文出版社2017年版，第294页。

第三节　党的领导在发展全过程人民民主中的作用

一　党的领导确保全过程人民民主始终沿着中国特色社会主义方向发展

早在 170 多年前,马克思、恩格斯就在《新莱茵报》上评论道,"民主是什么呢? 它必须具备一定的意义,否则它就不能存在。因此全部问题就在于确定民主的真正意义"①。这是因为,在不同的历史阶段,对不同的阶级来说,民主有着不一样的实际含义。"任何民主,和任何政治上层建筑一样……归根到底是为生产服务的,并且归根到底是由该社会中的生产关系决定的。"②

在马克思主义看来,由于经济基础的不同,民主作为建立于其上的国家制度、国家形态,有着资产阶级民主或者说资本主义民主和社会主义民主的根本性区别。一方面,资本阶级民主具有积极和消极的两面性。近代以来,资本阶级民主代替了封建专制,呈现出一定的历史进步性。然而,在资本主义制度下,民主共和国与其他任何国家形式并无二致,只不过是镇压无产阶级的机器。这种民主本质上代表的是资本拥有者的利益,是极少数人和富人的专利,对无产阶级和劳动人民来说远不是真正的民主。另一方面,社会主义民主是历史上新的民主类型。马克思、恩格斯在深刻批判资产阶级民主虚伪性、局限性的同时,主要使用了"无产阶级民主"的概念。列宁除了沿用这一概念外,还使用了"社会主义民主"的概念,认为社会主义民主是人类历史上新的更高类型的民主。社会主义民主在阶级性质上属于无产阶级民主,是无产阶级民主理想在实践中的体现:一是社会主义民主是工人阶级及其他劳动人民当家作主的民主;二是社会主义民主是社会成员中绝大多数人享有的民主;三是社会主义民主是由工人阶级政党领导、组织工人阶级及其他广大劳动群

---

① 《马克思恩格斯全集》第 10 卷,人民出版社 1998 年版,第 315 页。
② 《列宁全集》第 40 卷,人民出版社 2017 年版,第 279 页。

众参加管理和监督的民主；四是社会主义民主是实现劳动解放的民主。①

马克思、恩格斯在《共产党宣言》中鲜明指出，"共产党人并不是同其他工人政党相对立的一个特殊政党。他们并没有任何同整个无产阶级的利益不同的利益"②。中国共产党作为世界上最大的马克思主义政党、世界社会主义的引领者，除了工人阶级和最广大人民的利益外，从来没有自己特殊的利益。习近平总书记在庆祝中国共产党成立100周年大会上明确强调，"中国共产党始终代表最广大人民根本利益，与人民休戚与共、生死相依，没有任何自己特殊的利益，从来不代表任何利益集团、任何权势团体、任何特权阶层的利益"③。中国共产党在利益代表上的这种纯粹性，充分解释了为什么党在百年奋斗历程中始终支持和保证人民当家作主，是当代中国国家政权建设呈现出鲜明的人民性、公共性的原因所在。

全过程人民民主是社会主义民主的一个子类型，是在中国特色社会主义政治发展道路上形成的。全过程人民民主的形成和发展，同中国共产党的领导密切相关。中国共产党的领导作用集中体现在：一方面，有效统筹推进人民民主的全过程运作，保证了全过程人民民主在正确方向上健康运转。全过程人民民主是一个贯通各环节、贯穿各层级、覆盖各领域的复合式民主实践过程，这就要求有一个坚强的领导核心能够总揽全局、协调各方。中国共产党是中国特色社会主义事业的领导核心，是最高政治领导力量。在党的坚强领导下，各系统、各层级、各部门能够既合理分工又密切协作，实现民主与集中的统一、人民意愿和国家意志的耦合，确保了社会各方面力量形成合力而不相互对立、相互抵消。另一方面，能够抵御各种错误观点的不当影响，应对好发展全过程人民民主过程中遭遇的各种风险挑战。当前，国际领域意识形态斗争纷繁复杂，美国牵头捏造民主对抗威权的叙事框架，将意识形态和价值观作为打压中国、推进地缘战略的工具。在党的正确领导下，我们才能时刻保持理论的清醒和斗争的自觉，坚决摒弃这些错误观点及其带来的各种不利影

①　李铁映：《论民主》，人民出版社、中国社会科学出版社2001年版，第67—81页。
②　《马克思恩格斯全集》第4卷，人民出版社1958年版，第479页。
③　习近平：《在庆祝中国共产党成立100周年大会上的讲话》，《求是》2021年第14期。

响，进一步坚定全党全社会的民主自信。①

因此，在全面建设社会主义现代化国家新征程上，全过程人民民主要充分体现社会主义性质，始终沿着中国特色社会主义方向发展，关键就在于坚持和完善中国共产党的领导。只要我们党在中国特色社会主义事业中继续发挥总揽全局、协调各方的领导核心作用，全过程人民民主就不会变异变质，就会始终沿着中国特色社会主义方向不断发展。

二　党的领导确保全过程人民民主的制度保障坚实有力

民主的实质就是人民当家作主。社会主义民主或者说人民民主既是一种抽象的价值原则，也是一种具体的、经验性的现实。这就意味着除了一切国家权力归属人民外，还需要通过民主制度、形式与手段，保证人民共同管理国家事务、管理经济和文化事业、管理社会事务。从人民民主到全过程人民民主，人民当家作主制度体系的建设经历了一个在中国共产党领导下不断发展并日趋成熟定型的过程。人民当家作主制度体系的发展完善过程，是与中国共产党的适应性分不开的。

亨廷顿认为适应性是衡量政治组织制度化水平的四大标准之首，是后天获得的组织性，也就是适应环境挑战的能力和存活能力。② 适应性反映了一个政党组织动员能力的增强，是其领导和执政本领提升的集中体现，这种本领的增强是靠着无数的学习和实践获得的。不断学习就是一个政党主动寻求环境适应性的具体表现。回望中国的近百年历程，不同的历史时期有不同的时代任务，这就对中国共产党提出了与时俱进推进人民民主建设的总体要求。正如习近平总书记指出的，"中国共产党人依靠学习走到今天，也必然要依靠学习走向未来"③。一百年来，几代中国共产党人积极因应时代变迁，通过主动学习各方面知识，一次又一次地克服了本领恐慌问题，不断提升了全党推动人民民主制度建设的能力和

---

① 陈爱萍：《党的领导是发展全过程人民民主的根本政治保证》，《哈尔滨工业大学学报》（社会科学版）2023 年第 2 期。

② ［美］塞缪尔・P. 亨廷顿：《变化社会中的政治秩序》，王冠华、刘为等译，沈宗美校，上海人民出版社 2008 年版，第 10—11 页。

③ 《习近平谈治国理政》，外文出版社 2014 年版，第 407 页。

水平。

自成立之日起，中国共产党就把为中国人民谋幸福、为中华民族谋复兴确定为自身的初心使命，为真正实现人民当家作主开展了不懈探索和接力奋斗。在新民主主义革命时期，我们党领导人民对建立新型人民民主政权及其组织形式进行了长期的探索和实践，在此基础上建立了实行人民民主专政的新中国，实现了从几千年封建专制政治向人民民主的伟大飞跃。在社会主义革命和建设时期，中国在巩固人民民主专政、进行社会主义改造基础上，逐步构建起发展社会主义民主政治的总体框架，人民代表大会制度、中国共产党领导的多党合作和政治协商制度、民族区域自治制度都得到了建立和发展。在改革开放和社会主义现代化建设新时期，我们党带领人民成功找到并坚持了一条中国特色社会主义政治发展道路，民族区域自治制度、基层群众自治制度先后被纳入中国的基本政治制度范畴，人民当家作主的制度保障更加坚实。随着中国特色社会主义进入新时代，中国社会主义民主政治的制度程序更加趋于完整，以全面发展协商民主为支撑的人民群众参与实践更加丰富多样，最广泛的爱国统一战线不断巩固发展，人民当家作主的制度体系更加成熟、更加定型。

制度建设不是一蹴而就的事情，而是一个与时俱进、不断调适的发展过程。对于加强人民当家作主制度保障，党的二十大报告提出，"坚持和完善我国根本政治制度、基本政治制度、重要政治制度，拓展民主渠道，丰富民主形式，确保人民依法通过各种途径和形式管理国家事务，管理经济和文化事业，管理社会事务"①。这里提出的完善要求，不是就社会主义民主政治的根本性制度架构来说的，而是着眼于如何从中微观层面更好地落实人民当家作主四梁八柱式的制度安排来谈的。新征程要在具体化制度安排上更好地保障人民当家作主，依然需要依靠中国共产党不断学习的意识和努力，充分发挥党集中统一领导的显著优势，及时回应和解决发展全过程人民民主遇到的制度建设难题，确保人民当家作主的制度保障更加坚实有力。

---

① 《中国共产党第二十次全国代表大会文件汇编》，人民出版社2022年版，第31页。

三 党的领导确保全过程人民民主的优势和效能充分彰显

中国是一个拥有 14 亿多人口的超大规模国家，民意聚合和国家治理的难度举世罕见。近代以来的中国历史和实践充分证明，只有中国共产党有足够的政治威望和组织能力，依靠遍布各行各业的近 500 万个基层组织和 9600 多万名党员，最大限度地凝聚全社会的共识和力量，带领全国人民向着共同目标迈进。

民主集中制是中国共产党团结带领人民推动民主发展、实现有效治理的关键所在。这一概念作为一个政党的组织原则，是由列宁首先提出的。它最初是以集中制的面目出现的，列宁后来用民主集中制即民主的集中制这一政党组织原则区别于专制的集中制或者官僚的集中制。列宁式的民主集中制政党，是无产阶级民主类型新国家的基石。在这类政党和国家的关系中，国家是政党革命的产物。在缔造国家时，政党将自身的品质、特征和偏好赋予所造之物，政党的组织原则便自然地转化为国家政权的构建原则。① 就中国而言，民主集中制在方法论上的核心内涵，是民主基础上的集中和集中指导下的民主相结合。它既是中国共产党的组织原则，也是国家组织形式和活动方式的组建原则，甚至也成为中国民主运作的突出特点。在党的领导下，各国家机关是一个统一整体，既合理分工，又密切协作；既充分发扬民主，汇聚最广泛人民的意志，又有效进行集中，形成科学决策，最大限度地实现民主与效率的统一，确保人民意愿和国家目标得以实现。

中国人期望的民主是实质性民主。胡锦涛在纪念全国人大成立 50 周年大会上曾提出，"衡量一个政治制度是不是民主的，关键要看最广大人民的意愿是否得到了充分反映，最广大人民当家作主的权利是否得到了充分实现，最广大人民的合法权益是否得到了充分保障"②。因此，人民民主始终围绕和服务于中国的社会主义现代化建设，推动人民群众聚焦

---

① 陈明明：《马克思主义政府原理的中国逻辑》，上海人民出版社 2021 年版，第 154—158 页。

② 胡锦涛：《在纪念全国人大成立 50 周年大会上的讲话》，《人民日报》2004 年 9 月 16 日。

突出问题和明显短板充分表达自身意愿，同时不断地用高质量的治理效能来回应人民群众的各种诉求和期盼，确保人民意愿在充分表达后能够得到有效实现。作为马克思主义使命型政党，中国共产党向来以"功成不必在我"的精神境界和"功成必定有我"的历史担当，始终坚持人民至上，充分发扬钉钉子精神，带领中国人民实现了由贫困到温饱再到全面建成小康的翻天覆地变化。

新时代新征程上，面对中国社会主要矛盾发生的历史性变化，面临人民对美好生活日益增长的各种需要，面向全面建设社会主义现代化国家、全面推进中华民族伟大复兴的宏伟目标，我们必须坚决拥护和支持中国共产党的领导，坚定不移地发展全过程人民民主。这是因为，中国共产党具备了足够的政治威望、组织能力和人民群众认可支持的高尚品格，能够让全过程人民民主的制度优势和治理效能充分彰显，从而不断满足人民对美好生活的向往。

第 七 章

全过程人民民主与协商民主

在当代民主理论家看来，至少从 20 世纪 90 年代初起，民主理论在很大程度上就出现了一种协商转向，民主实践同样见证了一系列协商取向的制度创新。[①] 十多年后，这一转向开始吸引了一些国内学者的关注，协商民主理论由此进入国内学界的研究视野中。经过十年左右的宣传引介努力，"协商民主"写入党的十八大报告这一官方文件中，直接影响了中国民主发展的路径选择，进而极大地调动了学者们对协商民主的研究热情。随后几年时间里，协商民主的相关文章增加了数倍之多，并且与其他民主模式的研究相比也取得了压倒性优势。不过，自 2019 年 11 月习近平总书记提出"人民民主是一种全过程的民主"以来，学界在经过较为短暂的酝酿期后掀起了一股持续至今的全过程人民民主研究热潮，同时期谈论协商民主的文章则大幅减少。这样对比鲜明的研究动态变化，自然容易让人对协商民主与全过程人民民主之间的关系产生足够的兴趣。在回答这一问题之前，有必要对中国的协商概念和协商民主类型做一番探讨，尝试为厘清协商民主与全过程人民民主之间的复杂关系打下坚实的基础。

回顾国内协商民主研究走过的历程，可以发现大致有两种研究路径：一是集中引介西方协商民主理论的基本理念、主要流派、重要争议及前沿进展等内容；二是在协商民主概念被官方认可后，部分学者有意识地转向本土的协商民主实践，开展经验性研究，总结提炼中国各领

---

① John S. Dryzek, "Deliberative Democracy in Divided Societies: Alternatives to Agonism and Analgesia", *Political Theory*, Vol. 33, No. 2, 2005, pp. 218 –242.

域、各层面的协商民主做法和相关经验。这里将在综合两种研究路径基础上，考察中国语境中的协商概念，辨析民主理论创新及协商民主实践中的"说法"与"做法"，探讨协商民主两种取向之间的内在张力及其变迁方向。

第一节　历史变迁中的协商概念

一　"协"与"商"的本义及引申义

"协"的本义是共同，强调众人和同、一齐发力之意，它是"劦"的分化字。《说文·劦部》："劦，同力也，从三力。""劦"是会意字，甲骨文里字形像三耒并耕，其中耒是殷商时用于挖土的一种木制农具。因此，"劦"的本义是合力并耕，引申泛指合力、同力。由于"劦"成为偏旁，原义便由另加义符"十"[1] 而构成的"協"字，即"协"来表示。[2]《说文·劦部》："協，众之同和也"。段玉裁注："同众之和，一如同力。"《尚书》《国语》等典籍都使用过"协"字的共同之义。《尚书·盘庚下》："罔罪尔众，尔无共怒，协比谗言予一人。"[3] 《尚书·洪范》："次四曰协用五纪。"[4]《国语·周语上》："稷则偏戒百姓，纪农协功。"[5] 从共同这一本义出发，"协"字引申出和合之义，也就是和睦、相合或者使和睦、相合的意思。在《尚书》《礼记》等典籍中，这一用法出现多次。《尚书·汤誓》："有众率怠弗协。"[6]《尚书·皋陶谟》："同寅协恭和衷哉。"[7]《尚书·尧典》："百姓昭明，协和万邦。"[8]《礼记·孔子闲居》云："弛其文德，协此四国。"[9] 对此，郑玄及《广雅·释诂》将"协"字注释为和、合。

---

① 在注解《说文解字》的"协"字时，徐铉、徐锴将"十"解释为"众也"。

② 谷衍奎：《汉字源流字典》，华夏出版社 2003 年版，第 235 页。

③ ［清］阮元（校刻），《十三经注疏》（清嘉庆刊本），中华书局 2009 年版，第 363 页。

④ ［清］阮元（校刻），《十三经注疏》（清嘉庆刊本），第 398 页。

⑤ ［清］孙诒让撰，王文锦、陈玉霞点校，《周礼正义》，中华书局 1987 年版，第 2743 页。

⑥ ［清］阮元（校刻），《十三经注疏》（清嘉庆刊本），第 338 页。

⑦ ［清］阮元（校刻），《十三经注疏》（清嘉庆刊本），第 292 页。

⑧ ［清］阮元（校刻），《十三经注疏》（清嘉庆刊本），第 250 页。

⑨ ［清］阮元（校刻），《十三经注疏》（清嘉庆刊本），第 3511 页。

"商"是象形字，最初指古代的一种酒器，甲骨文的字形就像一种双柱、大腹、三足的酒器①，借此可以对酒进行度量，所以本义指的是度量、计算。《说文·卣部》："商，从外知内也。从卣，章省声。"段玉裁注："汉律历志云：'商之为言章也，物成孰可章度也。'《白虎通》说：'商贾云，商之为言章也，章其远近，度其有亡，通四方之物，故谓之商也。'……从外知内、了了章箸曰商。"这里的"章"同"商"，指的就是度量、计算的意思。《广雅·释诂》采用这一含义，解释为"商，度也"。《尚书·费誓》："祗复之，我商赉尔。"② 这里的"商"字，同样使用了度量兼有考虑的意思。由此本义出发，"商"字的重要引申义之一就是商议、商量。《易·兑》："九四，商兑未宁，介疾有喜。"王弼对此注解为，"商，商量裁制之谓也"③。

二　"协商"概念的出现及其含义变动

从出现时间来看，"协商"一词要比"协同""协和""商和""商量"等词晚得多，仅有百余年的历史。就基本含义而言，《辞海》《现代汉语词典》等工具书中均收录了"协商"一词，解释为"共同商量"，目的是取得一致性意见。值得注意的是，《辞源》自 1915 年初版完成以来并没有收录"协商"词条，而其收录内容一般止于 1840 年以前的古代汉语、一般词语、常用词语、成语及典故等。这在一定程度上佐证了"协商"一词出现时间较晚，并且很可能意味着其起初使用的领域也不宽广。1927 年编纂完成的《清史稿》，有多处使用了"协商"提法，基本上都是用于军务处理和外交谈判的记述中，涉及的最早事件是乾隆十三年（1748）三月"命班第赴金川军营协商军务"。因此，有理由推测，"协商"一词的使用场合，最初主要局限于军务处理及外交谈判，之后逐步被人们所接受，扩展运用到社会其他领域和行业中，进入日常用语的范围。

就政治学领域来说，"协商"一词的首要含义仍然是共同商量，而其

---

① 谷衍奎：《汉字源流字典》，华夏出版社 2003 年版，第 656 页。

② ［清］阮元（校刻），《十三经注疏》（清嘉庆刊本），第 542 页。

③ ［清］阮元（校刻），《十三经注疏》（清嘉庆刊本），第 143 页。

为人们所熟悉，很大程度上得益于"政治协商"概念的使用。20 世纪 40 年代，中国召开过两次政治协商会议，"政治协商"概念正是源自于此。[①] 这其中，1946 年 1 月召开的政治协商会议通常被称为"旧政治协商会议"，它旨在以政治方式和平解决二战后的国共冲突，焦点问题在于军队国家化和政府民主化，这次会议就国共之间的政治与军事问题达成了协议，但这一协议很快被国民党政府撕毁，成为一纸空文。1949 年 9 月，"新政治协商会议"（后改称为"中国人民政治协商会议"）召开，主要讨论了成立民主联合政府这一重大问题，通过了《中国人民政治协商会议共同纲领》等多个历史性文件，完成了建立新中国的历史使命。应该说，这两次会议的历史作用虽然不同，但二者都是由各方面政治力量的代表在国家正式制度层面开展政治协商，通过共同商量和反复讨论的方式，寻求各方均能接受的最大共识。

半个多世纪后，随着西方协商民主理论的迅速引入，尤其是在协商民主写入党的十八大报告以来，协商或者说协商民主在有意援引国外民主理论资源的背景下成为国内日益流行的高频词，规范意义上的审议含义就此进入"协商"概念的内涵中。它推崇审慎的反思和理性的讨论，强调公众在获取充分信息和理性对话后提出深思熟虑的判断，以此达成更加符合公共利益和公共理性的政治决策。

第二节　协商民主的两种取向

一　协商民主的商量取向

从政治学角度看，协商民主的商量取向除了与协商本义相关外，更与几十年来政治领域的使用情况密切相关。从 20 世纪 40 年代的政治协商会议以来，协商概念的使用大致可以分为两个阶段：一是政治协商阶段，协商成为统一战线的具体工作方法；二是协商民主阶段，协商成为中国特色社会主义民主政治的重要特征。

[①]　陈玉凤：《政治协商、民主协商、协商民主的联系与区别》，《中国统一战线》2014 年第 9 期。

（一）政治协商中的商量内涵

政治协商先后出现了政协协商与政党协商两种形态。① 它最初是指政协协商形态，由中国共产党依托专门的政治协商会议，同各民主党派、各族各界代表人士商量涉及国家大政方针政策的重要问题。后来，政治协商外溢到政协机构之外，发展出政党协商形态，也就是由中国共产党同各民主党派通过定期或不定期的座谈会形式，就国家大政方针和社会主义现代化建设中的重要问题来沟通情况、征求意见。实际上，无论是政协协商形态还是政党协商形态，这种协商始终强调一同商量讨论、广泛听取意见。对此，毛泽东在 1954 年 12 月与各民主党派、无党派民主人士座谈政协工作时，就认为"通过政协容纳许多人来商量事情很需要"。他在阐述政协的五大任务时，将协商等同于商量，频繁地交替使用这两个词语，认为"民主是商量办事"，通过协商可以听取各党派、团体的意见。比如，谈到"协商国际问题"任务时，强调有些问题"需要先商量商量"；谈到"商量候选人名单"任务时，强调要对各级人民代表大会代表的候选人名单及政协各级委员会组成人员的人选进行协商；谈到"提意见"任务时，强调"国家各方面的关系都要协商"。② 邓小平同样认为，政协的民主协商精神就在于各方面人士充分讨论并提出好的意见。③

政治协商的实践进程同样印证了这种协商的商量内涵。新中国成立初期，中国共产党高度重视政治协商制度的重要意义，注意发挥人民政治协商会议和各级协商机构的作用，围绕国家的大政方针和群众生活的重要问题，积极听取各民主党派、人民团体及各族各界人士的意见建议。在经历"文化大革命"期间的长期停滞状态后，多党合作和政治协商制度得到了迅速恢复并有了新的发展。1989 年 12 月，《中共中央关于坚持和完善中国共产党领导的多党合作和政治协商制度的意见》规定，除了依托人民政协这一重要组织形式开展政治协商外，中共同民主党派政治协商的主要形式是会议协商。具体而言，一是中共中央主要领导人邀请

① 俞可平等：《中国的治理变迁（1978—2018）》，社会科学文献出版社 2018 年版，第108 页。

② 《毛泽东文集》第 6 卷，人民出版社 1999 年版，第 384—388 页。

③ 政协全国委员会办公厅、中共中央文献研究室编：《人民政协重要文献选编》（中卷），中央文献出版社、中国文史出版社 2009 年版，第 349 页。

各民主党派主要领导人和无党派的代表人士举行民主协商会，就中共中央将要提出的大政方针问题进行协商。二是中共中央主要领导人根据形势需要，不定期地邀请民主党派主要领导人和无党派的代表人士举行高层次、小范围的谈心活动，就共同关心的问题自由交谈、沟通思想、征求意见。三是由中共召开民主党派、无党派人士座谈会，通报或交流重要情况，传达重要文件，听取民主党派、无党派人士提出的政策性建议或讨论某些专题。政治协商也可以采取其他形式，比如各民主党派和无党派人士可就国家大政方针和现代化建设中的重大问题向中共中央提出书面的政策性建议，也可约请中共中央负责人进行交谈。① 这一重要文件出台后，政治协商由政协协商转为政协协商与政党协商并行的双轨运行机制。不过，这里的协商依然是强调通过商量方式达到广泛征求意见建议的目的。

（二）协商民主中的商量内涵

进入新世纪，"协商"提法的使用渐趋频繁并且日益丰富②，它开始摆脱政治协商概念的既有限制，逐步与"民主"概念形成了交融趋势。这在党的十八大报告给予正式确认的同时，其内涵和外延都有了进一步的扩充与发展。正是由于这种交融过程的出现，协商进入了民主语境，民主增加了协商特征。

协商与民主两大概念交融趋势的萌芽，最早可追溯至 1991 年 3 月江泽民在七届全国人大四次会议、全国政协七届四次会议党员负责人会议上的讲话。他强调，"人民通过选举、投票行使权利与人民内部各方面在选举、投票之前进行充分协商，尽可能就共同性问题取得一致意见，是我国社会主义民主的两种重要形式"③，要求中国共产党和各民主党派、各界爱国人士在政协工作中"通过各自学习和互相协商、互相监督，共同提高，在重大原则问题上逐步达到一致"。从这里可知，协商与民主概念的初步交融，依然是在政协的制度框架内，本意是围绕政治协商来谈

---

① 《十三大以来重要文献选编（中）》，人民出版社 1991 年版，第 824 页。

② 这里既有统领性的协商民主概念，又有不同的协商形式如专题协商、对口协商、界别协商、提案办理协商等，还有不同的协商特点如充分协商、广泛协商、民主协商等。

③ 《江泽民论有中国特色社会主义》（专题摘编），中央文献出版社 2002 年版，第347 页。

民主的实现形式。① 沿着这一论述思路，协商与民主的交融逐步走向深入，直至催生出"协商民主"这一新提法。2006 年《中共中央关于加强人民政协工作的意见》以正式文件的形式，基本照搬了江泽民 15 年前的讲话内容。② 2007 年 11 月，《中国的政党制度》白皮书除沿用相关表述外，直接采纳了"协商民主"的新提法，强调"选举民主与协商民主相结合，是中国社会主义民主的一大特点"③。这里的"协商民主"，仍然是就中国共产党领导的多党合作和政治协商制度而言的。该提法虽有新意，但其内涵和外延并没有发生实质性变化。

"协商民主"概念的突破性发展，是在党的十八大上实现的。2012 年 11 月，党的十八大报告正式提出"健全社会主义协商民主制度"，要求"完善协商民主制度和工作机制，推进协商民主广泛、多层、制度化发展"。协商民主从此进入了发展的快车道：一方面，从人民民主或者说社会主义民主的两种民主形式之一，发展为一种具象化、可操作的民主制度；另一方面，突破原有政协协商和政党协商的思维定式，开始朝着体系化的方向加快发展，呈现出渠道更加广泛、层级更加健全、类别更加多样的特点。尤其是随着党的十八届四中全会提出"构建程序合理、环节完整的协商民主体系"以来，协商民主的制度化、体系化步伐大大加快。2015 年 2 月，《关于加强社会主义协商民主建设的意见》正式颁布，不仅对协商民主建设做出了全面部署，还提出了政党协商、人大协商、政府协商、政协协商、人民团体协商、基层协商和社会组织协商七大渠道。同年，《关于加强城乡社区协商的意见》《关于加强政党协商的实施意见》等多个规范性文件密集出台，分别对具体领域的协商民主实践做了具体安排。

协商民主中的协商范畴，虽然突破了政治协商制度及政治协商职能

① 俞可平等：《中国的治理变迁（1978—2018）》，社会科学文献出版社 2018 年版，第 93 页。

② 《中共中央关于加强人民政协工作的意见》的表述是："人民通过选举、投票行使权利和人民内部各方面在重大决策之前进行充分协商，尽可能就共同性问题取得一致意见，是我国社会主义民主的两种重要形式。"与江泽民讲话的区别在于，这里将"选举和投票"改为"重大决策"，协商范围得以显著扩展。

③ 《中国的政党制度》，中国政府网（http：//www.gov.cn/zhengce/2007－11/15/content_2615762.htm），访问日期 2019 年 5 月 22 日。

的局限，在更广渠道、更多层次上得到了广泛应用，但它仍然是在商量取向上加以使用的。2014 年，习近平总书记在庆祝中国人民政治协商会议成立 65 周年大会上指出，"在中国社会主义制度下，有事好商量，众人的事情由众人商量，找到全社会意愿和要求的最大公约数，是人民民主的真谛"①。作为中国社会主义民主政治的特有形式和独特优势，协商民主要求在治国理政时在人民内部各方面进行广泛商量。因此，这里的协商就是在相关群体中进行商量的过程，就是广泛听取意见建议、提高决策的科学性和实效性的过程。

二　协商民主的审议取向

（一）审议取向的协商民主特征

规范意义上的协商民主概念，植根于 20 世纪 80 年代在西方兴起的协商民主理论，内含着对更优民主的追求。在后续发展过程中，协商民主理论内部产生了不同的走向，其差异更多地源自对"协商"概念的不同理解，具体表现在协商具有不同的思想基础、活动场所以及问题焦点等。②

虽然协商民主理论在发展过程中产生了诸多分野，但各种学术脉络之间对于协商民主的最初内涵还是具有共识的。协商民主，起初就是指人们通过共同的审议活动就公共事务做出决策。③ 这一界定涉及协商民主的三种核心要素，也就是协商的主体、方式及目的。借助这一定义，我们可以从核心要素的角度来分析协商民主的审议取向。其一，协商主体的包容性和平等性。在参与范围上，协商民主的判定标准是利益的相关性，也就是说所有受到决策影响的公民都有权参与到协商过程中。在艾丽斯·杨看来，"协商民主的理想模式认为，所有那些其基本利益会受到某项决策影响的人都应当被包括在那种协商性的民主过程中"④。在这种

① 《习近平谈治国理政》第 2 卷，外文出版社 2017 年版，第 292 页。

② 谈火生：《审议民主理论的基本理念和理论流派》，《教学与研究》2006 年第 11 期。

③ 段德敏：《冲突还是协调：协商民主与政治代表机制间关系分析》，《学术月刊》2018 年第 3 期。

④ [美] 艾丽斯·M. 杨：《包容与民主》，彭斌、刘明译，江苏人民出版社 2013 年版，第33 页。

民主模式中，个体既可以直接参与协商，也可以借助代表来间接参与。不管以何种方式参与协商，其参与行为都应是自愿的，而非强迫的。在协商过程中，个体间的地位是平等的，并且应尽可能摒除权力或资源不平等所带来的影响，换句话说，参与协商的个体应该有影响结果的同等权利和机会。其二，协商方式的公共性和说理性。协商民主强调公开说理，推崇更佳论证的力量。这就意味着，对参与其中的个体来说，一方面不能坚持认为他们自己的利益可以凌驾于所有其他人的利益之上，另一方面也不能坚持主张他们关于何为正当的意见和偏好是没有讨论余地的。① 公民及其代表应该从公共利益角度而非纯粹自利的视角来审视公共议题，通过相互分享信息、相互陈述理由的方式开展公开而又理性的讨论，并且这些理由应该是彼此之间可以达成理解并能共同接受的。其三，协商目的的确定性和协商结果的开放性。协商民主不是为了协商而协商，它有一个看得见的终点，目的在于做出符合公共利益和公共理性的决策，这是其结果确定性的一面。然而，由于具体决策建基于当时的信息获取和理性讨论情况之上，因此，协商的结果势必要保持一定的开放性，一旦遇到了更充分的信息和更缜密的论证，决策结果必然要重新校准，进而获取更强的政治合法性。

应该说，协商民主的审议取向，突出地表现在说理式的协商方式之中。完整的协商过程，逻辑上包括两大环节:内在反思和集体审议。每个人都是具有理性思维能力的个体，都能进行内在的省思。在参与集体审议前，个体应该多采取换位思考的方式，尝试着从他人的立场和视角看问题，并且多从维护公共利益的考虑出发，针对讨论议题开展个体性的审慎反思。在审慎反思基础上，个体之间依据公共理性，相互给出充分的理由来展示自己看法的合理性，同时又要认真聆听其他人的观点和论证。在这些不同观点和论证面前，个体一方面要通过内省方式来重新评估甚至修正自身的看法和论证，另一方面还要通过相互辩难方式，与其他人展开相对温和而又充满理性的往返讨论，以此寻找出更加合理的

———————

① ［美］艾丽斯·M. 杨:《包容与民主》，彭斌、刘明译，江苏人民出版社 2013 年版，第30 页。

解决方案。①

（二）审议取向的协商民主实践

协商民主虽然有多个理论流派，但各流派介入实践的情况差异很大。比较而言，协商民主实践中着力最多的当属詹姆斯·费什金。他不仅将传统民意调查技术与协商民主理念相结合，创造性地提出了协商民意测验（deliberative poll），还将这种协商民主的技术应用到美国、英国、澳大利亚等20多个国家中，从中观察普通公众在获得充分信息和理性讨论后的意见变化情况。

就国内而言，虽然协商民主理论在短时间内被快速地引介过来，但规范意义上的协商民主影响政治实践的机会并不多，学者们更愿意做相对容易的问卷调查、参与式观察而非难度系数大的政治实验。因此，审议取向的协商民主实践比较有限，尚处于点状分布阶段。这其中，较为学界熟悉的典型案例是浙江省温岭市泽国镇的参与式预算以及广东省惠州市外嫁女上访问题的化解，二者在实践中均采取了协商民意测验方式，呈现出比较明显的审议取向。这里仅以泽国镇2005年参与式预算实践为例，聚焦当年度城镇建设项目的选择过程，探讨规范化、程序化的民主恳谈活动如何彰显出协商民主的审议取向。

泽国镇2005年的民主恳谈活动包含了五个主要步骤，涉及代表确定、材料发放、问卷调查及协商讨论四方面。一是随机抽选民意代表，按照1000人口以上每村（居）4人、1000人口以下每村（居）2人的原则，采用乒乓球摇号方式，从全镇范围内抽选出参加恳谈会的275名民意代表。二是提前发放项目材料。提前10天向民意代表发放30个城镇建设项目的详细说明材料和专家组提供的中立、公正的项目介绍。三是第一次填写调查问卷。3月30日，民意代表就30个项目的重要程度填写调查问卷。四是交替召开小组讨论和大会讨论。4月9日上午，与会的259名民意代表随机分成16个小组开展讨论，小组讨论由培训过的人员主持，确保代表们有平等的发言机会；第一次小组讨论后，代表们参与第一次大会讨论，各组带着本组最关心的问题和最集中的意见参加大会发言。当

① 谈火生：《协商民主：西方学界的争论及其对中国的影响》，《中国党政干部论坛》2013年第7期。

天下午，民意代表再次分组讨论，并带着小组讨论中产生的新意见和问题参与第二次大会讨论。在两次大会讨论中，参会的 12 位专家分别回答各小组提出的问题。五是第二次填写调查问卷。恳谈结束后，民意代表再次填写同一份调查问卷。在统计两次调查问卷的结果后，就得出了 30 个项目的重要性排序和恳谈前后的意见变化情况。①

从代表确定及参与环节看，恳谈活动具备了相当高的包容性和平等性。首先，泽国镇的代表抽选做到了范围全覆盖，全镇各村（居）的每一个户都分到一个号码，被抽到的可派出 1 名年满 18 周岁的代表参加恳谈，由此使得恳谈活动具备了良好的包容性基础。其次，抽选工作采用随机抽样技术，确保了每户都有同等的中选概率，体现出户户平等的原则。此外，按照泽国镇当年的规定，被抽到的奇数号码应派出男性代表、偶数号码应派出女性代表，这样就比较好地兼顾到了性别平等。最后，分组讨论使得有限时间内每位代表都有机会发表看法，设置的中立主持人则保证了代表之间的发言时间、次数基本均等。在大会讨论环节，发言代表是通过抽签方式产生，这进一步确保了机会均等原则落到实处。从材料提供及专家作用看，恳谈活动做到了让代表充分知晓信息。一方面，泽国镇针对每个候选建设项目，都准备了详细的说明材料及专家组提供的客观公正的项目介绍，并且提前 10 天就把材料发放给民意代表，这些都有助于代表们在会前做到对恳谈内容的充分了解；另一方面，泽国镇还组织了专家组以非利益相关人的身份列席会议，由专家们对民意代表提出的问题做客观公正的解答，进一步深化了民意代表对议题的理解。从讨论安排和发言情况看，恳谈活动充满了审慎的反思和理性的讨论。小组讨论和大会交流的交替进行，既有利于民意代表自身的意见表达，也有利于他们听取和吸收其他各组的不同意见及专家分析，同时也给了民意代表内在省思、修正看法的时间和机会。随着对话交流的深入，民意代表的发言明显少了情绪化色彩，并且开始摆脱纯粹自利的立场，转而主动从政府角度考虑，所持观念也更加趋向理性公正，更加符合公

① 潘长勇：《参与式预算与地方政治制度的发展——以温岭市泽国镇参与式预算为案例的比较研究》，硕士学位论文，浙江大学，2010 年，第 14—15 页。

共利益。①

三　协商民主两种取向之间的张力与比较

（一）商量与审议之间的内在张力

在协商民主内部，商量取向与审议取向之间确乎存在着一定的张力，并且有着相互冲突的可能性。这种潜在冲突，实际上是协商民主解释权之争的反映和体现。2008 年国际金融危机爆发后，世界经济局势出现历史性拐点，中国与西方发达国家的经济发展呈现出完全不同的走向，比较优势有了根本性逆转的迹象。与以往相比，中国在国际舞台上的自信心显著提升，党中央就此明确提出"四个自信"的要求，即坚定"道路自信、理论自信、制度自信、文化自信"。在此背景下，党中央从政治发展与政权安全的考虑出发，开始调整民主实践的方向和重心，一方面刻意淡化、弱化选举民主的地位和作用，另一方面积极阐释、宣传协商民主的意义和价值。从这样的总体考虑出发，党中央为获得协商民主概念的解释权，有意识地重新评估中国传统的政治文化，并努力挖掘党的历史传统的现代价值，形成了以商量为协商民主核心内涵的基本共识。与之相比，学术界一直以来希望借助西方的民主理论资源，在国内民主理论创新和政治实践中发挥更大的作用。十多年来尤其是党的十八大以来，不少学者先是积极参与了西方协商民主理论的引介工作，对协商民主的理念、内涵和价值等做了许多阐释性研究，然后又依据既有的协商民主理论资源，对国内蓬勃发展的协商实践做了一定的总结、提炼甚至是介入，试图以协商民主中的审慎含义来规范和引领协商实践的实际运行。他们看重政治平等和审慎协商的民主价值，强调协商民主中个体反思和理性对话的重要性，努力为中国的民主发展进程寻求新的活力。

在协商民主解释权之争的背后，隐藏的是协商实践的路径之争。协商民主的商量取向，理念上可追溯至中国传统的"和"文化，实践上源起于依托人民政治协商会议而来的政治协商。笼统来说，它强调广泛多

---

① 蒋招华、何包钢：《协商民主恳谈：参与式重大公共事项的决策机制——温岭市泽国镇公众参与 2005 年城镇建设资金使用安排决策过程的个案报告》，《学习时报》2005 年 10 月 24 日。

层制度化地发展各式各样的咨询协商，将协商活动作为决策前的必要环节和必经程序，以此来尽可能地听取各方面代表人士的意见建议。在这一取向看来，商量式的咨询操作，一方面能够实现对政治参与行为的有序管控，另一方面也能够满足决策科学化的协商目的。这样一来，协商民主的商量取向，势必会在协商实践中大幅消解审议取向的诸多规范性要求，并且代之以更加灵活多样的咨询方式。相比之下，协商民主的审议取向无疑是个"舶来品"，它植根于西方民主理论的发展脉络中，是参与民主理论的逻辑延伸，更加强调参与质量的提升。在这一取向看来，协商民主理应是对更优民主的追求，内含着一系列规范性要求，比如说强调普通公众的平等参与、理性对话以及对议题信息的充分知晓等。它的协商策略是以审议内涵的嵌入式发展来渐进替代商量式的咨询操作。具体而言，审议取向的各种规范性要求，以分散嵌入的方式来谋求自身的发展空间，先是通过化整为零的形式渗透进现有的政治结构中，并借助协商民主的各种操作性技术一步步落到实处，然后在不断的改进和完善过程中，渐次替代原有的商量式机制与做法，最终实现整个协商结构的更新换代。[①]

（二）商量与审议之间的多重比较

协商民主的内在张力，在协商实践中必然有着诸多体现。通过聚焦协商实践中的差异之处，我们可以梳理出商量取向与审议取向在多个维度上的显著不同。

1. 公众参与

在商量取向的协商脉络里，公众参与主要采取定向邀请、自愿报名等方式，相对比较灵活甚至略显随意。这种随意性，主要指协商人员产生方式的科学性不足。比如说，定向邀请中包含了直接指定的情形，相关人员因某方面突出而被邀请参加，其他人员没有参与机会；自愿报名的参与者与协商事项往往存在利益高度相关的情况，而那些没有时间参与或者利益关联度低的人员成为协商活动中的缺席者。相比而言，审议取向重视协商中的政治平等价值，强调受政策影响的个体有均等的参与机会。因此，在公众参与上注意引进必要的协商技术，比如使用社会调

---

① 谈火生：《协商民主的当代发展》，广东人民出版社 2018 年版，第 192 页。

查中的随机抽样、分层抽样等技术，确保公众参与的平等性。

2. 信息提供

在商量取向的协商实践中，组织者对信息提供工作重视程度远远不够，没有将此上升到事关协商成败的高度来认识。通常情况是，完全不向参与者提供协商讨论的必要材料，或者仅提供比较笼统概括的议题材料。在提供时机上，往往也不会给参与者留有提前阅读消化的充足时间，参与者甚至只有到会议召开时才临时拿到有关的议题材料。审议取向的协商实践，强调参与者在信息充足情况下提出深思熟虑的意见。因此，在协商的筹备过程中，基本上都会提供内容翔实的议题手册，写明现有的各种政策选项及其利弊得失，还会留有充足的阅读理解时间，方便参与者的判断建基于深思熟虑之上。

3. 对话过程

在商量取向的协商实践中，参与者的发言顺序或者是按职务职级、社会地位等重要程度降序排列，或者是按座次轮流发言。这种发言基本上都是一次性的，并且有时候发言内容还需要提前交由组织者审核把关。因此，在不同观点和视角相互碰撞后，参与者缺乏反思动力，而修正后的意见看法也没有正式提出的机会。另外，在参与者发言后，协商会上通常都会安排主要领导做总结性讲话，对参与者的发言进行概括性呼应，并做出定调处理。这种对话过程，实际上是有等级的、纵向式的，是"参与者说—组织者听"的单向度对话，主要作用是汇总收集参与者的意见建议。至于参与者之间，则缺乏横向上的充分沟通和交流。审议取向的协商实践，看重理性对话对协商质量的提升作用。一方面，通过设置中立主持人等措施，确保参与者有同等的时间和机会表达自身的观点，防止个别人掌控对话过程；另一方面，参与者的发言不是一次性的，彼此之间能够开展对话互动，在不同观点、视角碰撞后，参与者有机会遵循公共理性的教导，及时修正自身看法，提出更加符合公共利益的判断。

4. 协商目的

商量取向的协商实践，属于国家治理体系和治理能力现代化的范畴。这是因为，党的十八届三中全会把推进协商民主作为政治体制改革的重要内容，将协商过程作为提升国家治理体系和治理能力现代化水平的重要手段。因此，协商概念的商量取向，必然更加注重协商结果的效能，首要追求公共决策的科学化而非民主化。与之不同的是，协商概念的审议取向，隶属于西方民主理论的发展脉络。它注重借助协商过程来彰显民主价值，追求的是协商结果的政治合法性，强调公共决策要有坚实的民意基础。

总言之，在党和政府的大力推动下，中国的协商民主实践呈现出快速发展、亮点频出的良好局面，程序合理、环节完整的社会主义协商民主体系正在加速形成。在此过程中，不仅顶层的协商实践日益完善，各地的基层协商也竞相发展起来，共同汇成了一股民主发展的协商浪潮。这股浪潮显然受到了商量取向和审议取向的双重影响，并且这种影响在未来很长一段时间内仍将延续下去。两种取向之间的内在张力，决定了二者必然是相互竞争、相互作用的互动状态。这就预示着中国未来的协商民主实践既不是完全循着商量取向进行，更不可能完全接纳审议取向，更有可能采取的策略是走"执两用中"的中庸之道。未来的协商民主实践，一方面必然会保留一定的商量成分，维持住既有的决策优势和灵活多样特点；另一方面，审议取向的规范性要求会部分地进入协商过程中，进一步推动协商民主的制度化发展，从而对现有的以商量取向为主的协商实践起到一定的再造作用，协商实践的规范性也会相应地显著增强。

第三节　协商民主对发展全过程人民民主的支撑作用

政治学的研究议题很大程度上是由政治决定的，政治学的话语建构与当代中国政治生活的主题变换有着密切关系。① 自党的十八大以来，国内的政治学总体上出现了两次比较明显的转向：一个是治理转向，另一个是民主转向。这里的转向，是就学术研究的注意力分配、资源投入及成果产出而言的，意味着至少在某种程度上形成了一种极易辨识的趋势和潮流。就民主转向而言，它又可以分为前后两继的两波，也就是协商民主和全过程人民民主。党的十八大报告首次提出"社会主义协商民主

---

① 王炳权：《政治学话语体系建构需要"对话"》，《北京日报》2023 年 5 月 15 日。

是我国人民民主的重要形式"，并要求"健全社会主义协商民主制度"，并将其作为坚持走中国特色社会主义政治发展道路和推进政治体制改革的重要内容。在此影响下，协商民主的研究热潮迅速形成并延续到2020年左右，协商民主的研究成果数量持续增加。自2019年11月习近平总书记提出"人民民主是一种全过程的民主"，尤其是在庆祝中国共产党成立100周年大会上提出"发展全过程人民民主"以来，全过程人民民主成为备受关注的热门话题。虽然全过程人民民主重大理念的提出时间尚短，但其研究势头在中美意识形态斗争大背景下可谓迅猛，政治学界纷纷谈论民主，掀起了一股持续至今的研究热潮。与此同时，主流媒体纷纷围绕"全过程人民民主"做文章，协商民主的理论文章数量急剧减少，形成了"譬如积薪，后来居上"的宣传现象。这种前后反差和横向对比，要求我们给出一种相对合理的解释，换言之，就是必须回答协商民主与全过程人民民主之间存在什么样的逻辑关联。

实际上，协商民主与全过程人民民主之间不是一种割裂的、对立的关系，政治表述上的延续性就是佐证之一。比如说，在"全过程"的提法上，习近平总书记既指出"协商民主深深嵌入了中国社会主义民主政治全过程"①，又提出了"人民民主是一种全过程的民主"这样的重大判断；在"完整的制度程序和参与实践"的提法上，习近平总书记在庆祝中国人民政治协商会议成立65周年大会上提出"社会主义民主不仅需要完整的制度程序，而且需要完整的参与实践"②，在党的十九大报告中要求"加强协商民主制度建设，形成完整的制度程序和参与实践，保证人民在日常政治生活中有广泛持续深入参与的权利"③，在中央人大工作会议上则强调"我国全过程人民民主不仅有完整的制度程序，而且有完整的参与实践"④；等等。这种政治表述上的延续性，一定程度上已经明确提示我们，协商民主与全过程人民民主具有紧密的关联，并且前者对后者的提出及发展具有较为明显的支撑作用。

---

① 《习近平谈治国理政》第2卷，外文出版社2017年版，第294页。
② 《习近平谈治国理政》第2卷，外文出版社2017年版，第292页。
③ 《习近平谈治国理政》第3卷，外文出版社2020年版，第30页。
④ 习近平：《在中央人大工作会议上的讲话》，《求是》2022年第5期。

一 以有事好商量的民主精神支撑全过程人民民主的运作

民主有着十分复杂的内涵，讨论民主必须明确是在哪个层面或者说哪几个层面进行的，否则就很难形成实质性对话。林尚立提出，民主政治实际上是由价值、制度与程序这三大要素组成的。这其中，价值决定民主政治的目标取向与合法性基础，制度决定民主政治的结构与功能，程序决定民主政治的运行方式与手段。民主程序是有价值偏好的，它与民主政治本身的价值取向具有一定关系，但又不完全取决于这一价值取向，本质上还是要基于现实社会发展对民主政治作用的实际要求而形成。民主程序的价值偏好选择主要有三种：竞争、非竞争与协商。在此基础上，他认为中国民主政治发展的程序选择必须以协商为价值偏好。① 应该说，这一学理分析是充满理论洞见的，民主的协商偏好是中国民主运作内在精神的反映和体现，在改革开放以来中国社会结构发生多元分化条件下深刻影响着人民民主向前发展的路径选择。

习近平总书记在许多场合对协商民主做了大段大段的集中论述，尤其是对人民民主内在精神做了极富洞察力的揭示。他深刻指出，"在中国社会主义制度下，有事好商量，众人的事情由众人商量，找到全社会意愿和要求的最大公约数，是人民民主的真谛"②。也就是说，协商民主在深层次上是作为人民民主的真实意义存在的，并且深深嵌入了中国社会主义民主政治的全过程。因此，对于政党、国家、社会和公民之间的冲突，中国从自身的"和"文化传统出发，基于社会主义和人民民主的本质规定性，坚持党性和人民性相统一、国家利益和人民根本利益相一致，主张涉及人民利益的事情就要在人民内部开展广泛充分的商量。人民根本利益的一致性，决定了有事好商量的可行性；人民具体利益的差异性，又决定了遇事多商量的必要性。通过事前的协商和反复的讨论，中国政府可以回应人民群众日益增长的利益表达和政治参与需求，化解个体与群体之间及群体内部的矛盾冲突，形成一种稳定和谐的社会秩序，从而维护和体现人民在国家政治生活和社会生活中的主人翁地位。

---

① 林尚立：《协商政治：对中国民主政治发展的一种思考》，《学术月刊》2003 年第 4 期。
② 《习近平谈治国理政》第 2 卷，外文出版社 2017 年版，第 292 页。

有事好商量的民主精神是中国协商民主的深层意蕴，深刻濡染着中国社会主义民主政治的方方面面。它支撑起新时代人民民主的全过程运作，推动了人民在国家治理和社会治理中全面当家作主。协商民主对于全过程人民民主的关键支撑作用，正是在于其作为整个社会主义民主政治的运行原则而存在，以有事好商量的民主精神全过程濡染新时代社会主义民主政治的全部实践，中国的全过程人民民主就此实现了对局限于单一环节和领域的狭隘民主的超越，从多环节、多层级、多领域逐步发展到全环节、全层级、全领域，成为全链条、全方位、全覆盖的社会主义民主。

二　以协商民主体系塑造全过程人民民主的形态

民主政治的分类标准有很多。比如说，常见的分类方式是直接民主与代议民主，这是从民主主体角度来划分的；从社会制度的角度看，又主要分为资本主义民主和社会主义民主；等等。在中国特色社会主义民主政治发展过程中，我们基于自身的制度建设和民主实践经验，对民主政治形成了相对独特的划分方式，认为选举民主和协商民主是中国社会主义民主的两种形式。2007 年发表的《中国的政党制度》白皮书首次用选举民主和协商民主的提法来概括中国特色社会主义民主的两种实现形式，指出"选举民主与协商民主相结合，是中国社会主义民主的一大特点"①。习近平总书记同样指出，"在中国，这两种民主形式不是相互替代、相互否定的，而是相互补充、相得益彰的，共同构成了中国社会主义民主政治的制度特点和优势"②。事实上，30 多年来选举民主与协商民主这种提法连同以往的内涵式表述③在各种场合被反复提及和确认，早已

---

①　中华人民共和国国务院新闻办公室：《中国的政党制度》白皮书，《人民日报》2007 年11 月 16 日。

②　《习近平谈治国理政》第 2 卷，外文出版社 2017 年版，第 293 页。

③　1991 年 3 月 23 日，江泽民在七届全国人大四次会议、全国政协七届四次会议党员负责人会议上指出，"人民通过选举、投票行使权利与人民内部各方面在选举、投票之前进行充分协商，尽可能就共同性问题取得一致意见，是我国社会主义民主的两种重要形式。这是西方民主无可比拟的，也是他们所无法理解的。两种形式比一种形式好，更能真实地体现社会主义社会里人民当家作主的权利"。这是关于中国社会主义民主两种重要形式的最早表述，后来被略作修改后长期沿用。这里所说的"人民内部各方面在选举、投票之前进行充分协商"是有明确所指的，即人民政协的政治协商，而非一种带有普遍意义的民主实践形式。

成为全党全社会共享的民主观念。房宁就认为，"将民主政治在形式上划分为协商民主和选举民主，是一种十分中国化的民主政治分类方法，反映了一种具有中国特色的民主观念"①。

协商民主的正式提法出现后，在党的十八大以来的许多重要讲话中得到了广泛使用，并且在党和国家的民主话语体系里越来越被重视。作为民主政治的一种实现形式，协商民主的定位很快被确定下来，从党的十八大所说的"我国人民民主的重要形式"提升到党的十八届三中全会及后来常说的"我国社会主义民主政治的特有形式和独特优势"。比如说，习近平总书记在党的十八届三中全会上就《中共中央关于全面深化改革若干重大问题的决定》做说明时指出"协商民主是我国社会主义民主政治的特有形式和独特优势，是党的群众路线在政治领域的重要体现"②，后来在庆祝中国人民政治协商会议成立 65 周年大会上做了类似论述，并且进一步强调"协商民主是中国社会主义民主政治中独特的、独有的、独到的民主形式"③，在党的十九大报告中指出"协商民主是实现党的领导的重要方式，是我国社会主义民主政治的特有形式和独特优势"④，在同年召开的中央政协工作会议暨庆祝中国人民政治协商会议成立 70 周年大会上又做了同样的论述。

作为一种民主形式，协商民主必然需要依靠系统完备的制度程序来实现。新时代以来，党和国家一直将协商民主的制度建设放在重要位置，把推进协商民主广泛多层制度化发展作为政治体制改革的重要内容，把构建协商民主体系作为坚持和完善人民当家作主制度体系的重要内容来抓。继党的十八大提出健全社会主义协商民主制度的明确要求后，党的十八届三中、四中全会都将构建程序合理、环节完整的协商民主体系作为努力方向，加快推进社会主义协商民主制度建设，积极拓宽协商渠道，不断丰富协商形式。在党中央的高位推动下，协商民主体系的制度建设在 2015 年实现了快速推进，既制定了加强社会主义协商民主建设的管总

---

① 房宁：《民主的中国经验》，中国社会科学出版社 2013 年版，第 163 页。

② 《习近平谈治国理政》，外文出版社 2014 年版，第 82 页。

③ 《习近平谈治国理政》第 2 卷，外文出版社 2017 年版，第 293 页。

④ 《习近平谈治国理政》第 3 卷，外文出版社 2020 年版，第 29—30 页。

性文件，也出台了若干重要协商渠道的专门性意见，在较短时间内形成了协商民主广泛多层制度化的良好态势。

当前，中国的协商民主体系已经初具规模：一方面，制度保障渐成体系，由政治性协商制度、行政性协商制度、治理性协商制度和社会性协商制度四种基本协商制度构成，具有复合、立体和跨域等诸多特征；①另一方面，协商渠道统筹发展，涵盖了政党协商、人大协商、政府协商、政协协商、人民团体协商、基层协商和社会组织协商七大协商渠道，具体、现实地体现在中国社会主义民主政治的各个方面和各个层级。协商民主是实践全过程人民民主的重要形式，是全面发展全过程人民民主的一大亮点。全国上上下下的广泛商量是协商民主全方位的题中应有之义。从政党到国家、从国家到社会、从中央到基层的全方位协商机制②，让人民群众在日常政治生活和社会生活中实现了广泛、持续、深入的参与，由此形塑了全过程人民民主的实践样态，赋予其广泛性、全领域和全过程等突出特征。

三　以集中民意民智推动全过程人民民主实现高质量治理

中国的协商民主是中国共产党领导中国人民实现的伟大政治创造，是在长期的革命、建设和改革开放实践过程中逐渐形成的，是最能体现中国式民主鲜明特点、具备多重独特优势的内生性民主形式，也是推动全过程人民民主实现高质量治理的关键所在。习近平总书记指出，"推进协商民主，有利于完善人民有序政治参与、密切党同人民群众的血肉联系、促进决策科学化民主化"③。后来，他又从党的群众路线在政治领域的重要体现这一基本定性出发，对中国社会主义协商民主的独特优势做了详细论述：

在中国共产党统一领导下，通过多种形式的协商，广泛听取意

---

① 陈周旺：《全方位民主：中国特色社会主义民主的理论体系与制度选择》，《学术月刊》2020年第2期。

② 陈家刚：《中国协商民主的比较优势》，《新视野》2014年第1期。

③ 《习近平谈治国理政》，外文出版社2014年版，第82页。

见和建议，广泛接受批评和监督，可以广泛达成决策和工作的最大共识，有效克服党派和利益集团为自己的利益相互竞争甚至相互倾轧的弊端；可以广泛畅通各种利益要求和诉求进入决策程序的渠道，有效克服不同政治力量为了维护和争取自己的利益固执己见、排斥异己的弊端；可以广泛形成发现和改正失误和错误的机制，有效克服决策中情况不明、自以为是的弊端；可以广泛形成人民群众参与各层次管理和治理的机制，有效克服人民群众在国家政治生活和社会治理中无法表达、难以参与的弊端；可以广泛凝聚全社会推进改革发展的智慧和力量，有效克服各项政策和工作共识不高、无以落实的弊端。这就是中国社会主义协商民主的独特优势所在。①

全过程人民民主是最广泛、最真实、最有效的民主，这种民主必然是具有高质量治理效能、满足人民群众需要的实质性民主。协商民主是实践全过程人民民主的重要形式，高质量治理是协商民主实践的必然追求。新时代以来，协商民主成为中国发展社会主义民主政治的战略选择和建设重点，在推进高质量治理过程中展现出巨大的优越性和强大的生命力。

与选举民主或者说票决民主不同，协商民主是在对话讨论、形成共识基础上做出公共决策的民主形式。在以协商促治理的实践逻辑中，中国的协商民主体现出以下三重优势：一是吸纳群众参与。公民参与是实现民主的核心要件，公民参与的范围是衡量民主政治真实性的指标之一。近些年来，中国的协商民主在高位推进下实现了广泛多层制度化发展。不管是国家大事还是身边小事，人民群众都能参与到协商讨论中，这就极大地拓展了公民有序政治参与的渠道，实现了最广泛的政治参与。二是推动科学决策。民主好不好，不在于具体形式如何，关键在于能否满足人民群众的现实需要。协商民主以参与的广泛性为基础，最大限度地包容和吸纳了人民群众内部的各种利益诉求，同时有效地汇聚了人民群众中的智慧和力量，通过民主决策的途径达到了科学决策的目的。三是

---

① 《习近平谈治国理政》第 2 卷，外文出版社 2017 年版，第 295—296 页。

促进社会和谐。改革开放以来，随着社会结构的变化和利益多元化的形成，社会和谐问题凸显出来，能否正确处理人民内部的各种矛盾成为一项时代课题。中国的协商民主能够建构起理性解决公民诉求的机制，更多地包容不同群体或个体的差异化利益需要，推动彼此之间开展平等的协商对话，通过积极的协商对话来努力寻求最大共识，因此有助于及时化解当今社会存在的各种矛盾冲突，显著提升社会的整体和谐程度。① 这三重优势为协商民主赋能全过程人民民主提供了理论可能和实践路径，进而在推进高质量治理中有利于更好地满足人民群众对美好生活的各种期待。

第四节　全过程人民民主视域下基层
矛盾协商化解

新世纪以来，伴随着中国改革开放的持续深入和经济结构的不断调整，整个社会的现代化转型速度大大加快，利益主体多元化、诉求多样化局面已然形成，基层矛盾纠纷呈现出数量增加、类型多样、成因复杂、燃点降低等诸多特征，社会秩序的构建面临着一系列严峻挑战，社会治理体系和治理能力的现代化被纳入党和国家的重要议事日程。在社会治理难题的倒逼作用下，国内很多地区从协商民主的理念出发，加大了实践创新和制度创新的力度，针对愈发常态化的基层矛盾探索出各具特色的协商化解方式，取得了良好的化解效果和社会反响。为此，从学理角度提炼不同地方的基层矛盾协商化解实践，对于新时代新征程发展全过程人民民主自然具有重要的理论和现实意义。这里所要探讨的具体问题是：基层矛盾的协商化解在理论层面可做何种类型划分？在实践层面又有哪些样态呈现？

一　基层矛盾协商化解的研究与不足

就基本含义而言，协商等同于商量，是指以达成合意为目标取向的言说行为。这种商量既包括面对面的直接协商，也包括有中立第三方介

---

① 陈家刚：《中国协商民主的比较优势》，《新视野》2014 年第 1 期。

入的间接调解。在基层社会，协商化解矛盾所指涉的情形是，矛盾纠纷的相关方通过直接或者间接的共同商量，形成比较一致的解决意见，以此消除彼此间既有的关系紧张和利益冲突。这里的商量是矛盾化解的基础和路径，也是达成有约束力的化解结果的必要前提。

（一）协商化解的特点和作用

协商化解方式具有一些共通的特点和优势：首先，协商化解的正当性来自当事人的自愿性和自治性，而不能是被强制或胁迫的。这就意味着，其过程启动和化解结果必须建立在当事人自愿的基础上，所依据的规则也必须内含着一定程度的心理认同。其次，协商化解的必要前提在于当事人地位的平等性，不能允许参与过程存在实质性的不平等。当事人在社会地位上固然有高低之别，但其不能影响到协商化解过程中的平等性，否则将不利于互惠性原则下给出充足的理由及有力的论证。最后，协商化解的突出优势在于沟通策略的灵活性。它在缺少一些刚性制约的同时，却又蕴含着柔性治理的优势，能够结合基层矛盾的类型及冲突程度采用不同的对话策略，由此保证了协商化解的推进。其中，调解是一种较为常见的矛盾化解方式，本质和价值在于自愿与自治，调解的开始与达成只能取决于当事人的自愿行为，而在调解依据的选择上则是开放的。① 从协商民主理论的视角出发，协商过程应体现平等性、公共性和说理性，强调必须以公开讲理的方式来证成各种解决方案的合法性。②

由于自身具有较为鲜明的特点和优势，协商过程对于基层矛盾的有效化解一直发挥着不可或缺的重要作用，这同时得到了中国传统"和"文化与源自西方的协商民主理论的学理支撑。一方面，协商在很大程度上与中国传统政治文化的价值相契合，并且突出表现在中国传统的"和"文化上。③ 这种协商与儒家主张的"和而不同""和为贵"等理念一脉相承，追求多样性的和谐统一，内部的差异非但不互相冲突，反而是相辅

① 范愉：《客观、全面地认识和对待调解》，《河北学刊》2006 年第 6 期。
② 谈火生、霍伟岸、何包钢：《协商民主的技术》，社会科学文献出版社 2014 年版，第12—18 页。
③ 陈剩勇：《协商民主理论与中国》，《浙江社会科学》2005 年第 1 期。

相成的。受"和"文化的深刻影响，无讼成为传统社会一以贯之的治理追求，在一些时期和地区代表了当时真实的历史状态①，有中立第三方介入的调解制度在共同体内部或者说在基层自治层面长期发挥着基础性的解纷作用。从公元前 1 世纪起，基于道德规范的调解方式就已经成为基层社会的通用准则。② 另一方面，源自西方的协商民主也被国内外很多学者认为具有突出的柔性治理优势，能够有效地应对社会冲突与紧张关系，有助于矛盾冲突的化解。特别是在基层治理层面，大量经验事实表明，协商民主有利于扩大公民有序政治参与，最大限度地包容和吸纳各种利益诉求，成为基层化解矛盾纠纷的一种新思路。③

（二）协商化解的若干研究重点

在社会科学的不同学科内部，基层矛盾的协商化解有着不同的视角和侧重。就政治学、社会学而言，其研究重点至少包括以下三个方面。

一是形式视角下关注协商民主内含的协商面向。协商源自人类生存境况的需要，它产生于不太可能消失的环境之中，比如稀缺、有限的慷慨、不相容的价值以及不彻底的理解。④ 从审议取向看，协商民主植根于西方民主理论的发展脉络，是对自由主义民主或者说选举民主过于强调自由而忽视平等这一倾向的反思和修正，更加强调公共协商的一面。这里的协商假定了人们的偏好不是既定的而是可以改变的，集体决策的过程依赖于深思熟虑之上的理性讨论，共识的达成尽可能地摒除了权力或者财富的影响，协商的力量和更佳的论证受到特别的推崇。在基层矛盾纠纷中，群体性矛盾或者说群体性事件是备受关注的热点问题，很多学者认为协商民主同样具有独特的治理优势。苏鹏辉和谈火生强调，协

① 范愉：《诉讼社会与无讼社会的辨析和启示——纠纷解决机制中的国家与社会》，《法学家》2013 年第 1 期。

② ［美］吉尔伯特·罗兹曼主编：《中国的现代化》，国家社会科学基金"比较现代化"课题组译，江苏人民出版社 2010 年版，第 86 页。

③ 何包钢：《协商民主：理论、方法和实践》，中国社会科学出版社 2008 年版，第 39—46 页；戴桂斌：《协商民主：化解社会矛盾冲突的有效形式》，《求实》2009 年第 11 期；陈家刚：《基层协商民主的实践路径与前景》，《河南社会科学》2017 年第 8 期。

④ ［美］阿米·古特曼、丹尼斯·汤普森：《民主与分歧》，杨立峰、葛水林、应奇译，东方出版社 2007 年版，第 377 页。

商式决策可以提升决策质量及民众对公共决策的认同度，有助于预防群体性事件的发生；协商式谈判通过构建政府威信空间及嵌入协商治理技术，能够维系理性化的沟通氛围，有助于遏制群体性事件的发展。① 何包钢通过协商民意测验方法，研究了协商民主如何有利于解决"出嫁女"的上访问题，认为协商民主有助于减少或解决上访问题，是一种有效的协商治理制度。② 还有不少学者从浙江基层协商民主的实践经验出发，认为民主恳谈提供了矛盾化解的契机，形成了以协商化解基层矛盾、协调冲突利益的新路径和新机制，这对全国各地有着积极的借鉴意义。③

二是形式视角下关注传统治理资源的现代再造。一个国家的治理体系和治理能力与其历史传承和文化传统密切相关。传统中国的社会治理实行上下分治，悬浮在基层之上的纵向治理主要依靠强制力量，联结基层民众的横向治理主要依靠协商。华中师范大学中国农村研究院的"深度中国调查"发现，在传统中国，乡村社会内部存在大量的协商实践和丰富案例。川西的"断道理"就是基层矛盾协商化解的一种方式，它遵循"公理众议"的协商逻辑，通过将矛盾冲突的当事人及更多的人聚合在一起相互讨论和自由评说，以求在明辨是非、判断曲直基础上达成一致性的处理意见。④ 在新的时代条件下，这些传统治理资源获得了转换再造的意义和价值。在基层矛盾协商化解过程中，很多地方主动激活传统治理资源，鼓励支持基层社会有威望的精英群体参与治理，特别是充分发挥老党员、老干部、老法官、老教师、老同志"五老"人群的特殊作

---

① 苏鹏辉、谈火生：《论群体性事件治理中的协商民主取向》，《国外理论动态》2015 年第 6 期。

② 何包钢：《协商民主和协商治理：建构一个理性且成熟的公民社会》，《开放时代》2012 年第 4 期。

③ 黄军勇：《协商民主：利益协调与矛盾化解新机制——基于温岭市"民主恳谈"的典型案例分析》，《台州学院学报》2008 年第 4 期；陈鼎：《协商民主视野下的社会矛盾纠纷化解机制创新——关于"民主恳谈"调解民间纠纷的个案研究》，《上海市社会主义学院学报》2014 年第 5 期；卢芳霞：《协商民主化解基层社会矛盾的功能与实现路径——基于浙江基层协商民主经验的研究》，《中共浙江省委党校学报》2017 年第 4 期。

④ 陈军亚：《公理众议：传统中国乡村社会的协商治理及价值——以"深度中国调查"的川西"断道理"为据》，《山东社会科学》2019 年第 1 期。

用，以此推动基层矛盾纠纷的就地化解。① 以乡贤为例，经过近年来的创造性激活和再造，不少地方的乡贤队伍能够弥补现行乡村治理体系的不足，成为乡村矛盾化解的重要力量，在多元化治理格局中发挥出日益重要的作用。②

三是内容视角下关注传统社会的秩序维持。道德规范是传统社会的行为依据和维系力量。费孝通认为，乡土社会是一种礼治社会，依赖社会经验累积而成的传统规则来维持秩序。礼是社会公认合式的行为规范，不是靠外在的权力来推行的，而是借重于身内的良心。在乡土社会，礼治秩序的维持不是靠打官司，而是靠长期的教化。对于发生的矛盾纠纷，乡土社会惯用的是带有教化性质的调解也就是说理过程。③ 传统的客家村落比较完整地保留了这种社会秩序，依据乡规民约、祖训家规等当地约定俗成的规定来维系，同一宗族内部的矛盾冲突主要是依靠族中长老来处理，村际或族际纷争的处理主要靠当地的公亲来调处。④ 这种秩序维持的最大特点是对道德习惯、乡规民约等地方性经验的挖掘，以及对特定的人际关系和舆论环境的有效利用。

应该说，学界对于基层矛盾协商化解的关联做了许多研究，对形式视角下调解与协商的独特作用和意义形成了一定的研究积累，对内容视角下传统社会的行为规范和维系力量也形成了一定的共识，这些都有助于该领域的研究走向深入。然而，现有研究中对于基层矛盾协商化解的探讨，尚存在提炼归纳不够的问题。一方面，学界对于协商化解的类型划分缺乏整体性理论视角，不利于分类指导下开展特定类型的研究；另一方面，对于各地创新实践的系统性挖掘不够，在协商化解研究中有所偏重，有关案例分析大多限定于一时一地，缺乏综合性的多案例呈现。

---

① 张君：《从农村矛盾化解角度看乡村治理多元化——以江苏省丰县梁寨镇为例》，《江苏师范大学学报》（哲学社会科学版）2017 年第 4 期。

② 李建兴：《乡村变革与乡贤治理的回归》，《浙江社会科学》2015 年第 7 期；王红艳：《新乡贤制度与农村基层治理：梁寨样本》，《江苏师范大学学报》（哲学社会科学版）2017 年第 4 期。

③ 费孝通：《乡土中国》，人民出版社 2015 版，第 58—69 页。

④ 刘大可：《论传统客家村落的纷争处理程序——闽西武北村落的田野调查研究》，《民族研究》2003 年第 6 期。

二　基层矛盾协商化解的整体性视角与基本类型

（一）基层矛盾协商化解的整体性视角

对基层矛盾协商化解的理论解释，需要采取一种整体性视角（见表7-1），有效整合协商化解的内容和形式两大方面。一是从内容视角出发，主要考虑由规范特点和维系力量构成的化解依据种类；二是从形式视角出发，主要考虑由协商方式和操作程序构成的化解程序种类。从实质指向来看，前者是对治理理念或其内在精神的反映和体现，后者是对治理方式或者说实现路径的展示和呈现。

表7-1　　　　　　　　　基层矛盾协商化解的整体性视角

考察视角	分析维度	主要要素	回应问题	实质指向
内容	化解依据	规范特点	1. 遵循何种规范来化解矛盾纠纷	治理理念
		维系力量	2. 化解结果依靠什么力量落到实处	
形式	化解程序	协商方式	1. 化解过程采用怎样的协商	治理路径
		操作程序	2. 依托何种程序推进化解	

基层矛盾协商化解的内容视角，观察分析的是协商化解的依据。这里的化解依据包括规范特点和维系力量两种要素，回应的具体问题是遵循何种规范来化解矛盾纠纷以及化解结果依靠什么力量落到实处，它背后的实质指向是依何而治的治理理念。众所周知，道德和法律是人们建立和维持社会秩序最基本、最重要的两种规范。从社会起源看，道德是在某一共同体内部自然而然形成的，有着长期演化、逐步认同的渐进过程，它具有明显的自发性特点；法律规范是公权力在某些特定时刻拟制出来的，带有很强的人为性。从调整范围看，道德规范包括价值观念和行为规则，既规范人们的行为，也约束其意识领域；比较而言，法律规范属于一种行为规范，调整的边际限度是有意识支配的行为，而无行为载体的意识不在其内。[①] 规范特点是与强制程度、维系力量紧密相关的。

---

① 刘华：《法律与伦理的关系新论》，《政治与法律》2002年第1期。

道德规范是软规范，它需要借助共同体内部的道德舆论压力，并借助人们内心的羞耻感、罪恶感来维持秩序；法律规范是硬规范，背后有国家强制力做后盾来确保实施。

基层矛盾协商化解的形式视角，观察分析的是协商化解的程序。这里的化解程序包括协商方式和操作程序两种要素，回应的具体问题是化解过程采用怎样的协商以及依托何种程序来有序推进，它背后的实质指向是以何致治的治理方式。从协商的直接性与间接性角度看，协商方式可以概分为调解与协商两大类。前者带有较强的间接性，强调中立第三方的介入作用，也就是说由中立第三方在协商化解中唱主角，当事人的这种间接协商与是否面对面无关。相比之下，后者更强调当事人面对面的直接商量，即便有主持人的参与，其也仅仅是起到维持协商秩序的作用，当事人需要在协商化解过程中做出更多的努力。操作程序是与协商方式相关的，这里的调解倾向于方便灵活的简易程序，协商倾向于规范、正式的复杂程序。其中，简易程序通常无须事先选定协商化解的时间与场合，也没有相对固定的基本流程，化解过程限于简单地摆事实、讲规则、说道理；复杂程序需要事先约定协商化解的时间，并且注重化解地点的甄选，化解过程有着相对固定的流程和步骤，并且特意营造出较强的仪式感和严肃感。

（二）基层矛盾协商化解的基本类型

从基层矛盾协商化解的整体性视角出发，我们选取化解依据和化解程序两个维度进行审视。为了讨论的方便，我们将化解依据简化为道德规范和法律规范、化解程序简化为简易调解和复杂协商，由此组合形成以下协商化解的四种基本类型（见表7-2）。

表7-2　　　　　　　　　　基层矛盾协商化解的基本类型

		化解程序	
		简易调解	复杂协商
化解依据	道德规范	I 型：道德性调解	II 型：道德性协商
	法律规范	III 型：法律性调解	IV 型：法律性协商

Ⅰ型是道德性调解，类型特点是依据道德规范、遵循简易调解程序来化解矛盾。这种类型通常出现在传统的地域生活共同体内部。由于人们世代生活在一起，彼此熟悉到不假思索的地步，这样的社会环境依赖教化性权力，注重运用道德舆论的影响力。在这样的共同体里，矛盾纠纷主要发生于邻里之间和家庭内部，往往属于个体性、生活性矛盾纠纷。对此，通常由群体内部的有德长者出面调解，调解的依据是当地普遍认同的传统规则、道德规范及常情常理，调解结果需要借重于道德舆论的无形压力来推行。有德长者是居中调解的主持人，化解方式是在道德舆论压力下进行公开评理。评理过程中，有德长者居间协调当事双方表达和倾听各自的意见及诉求。当事双方基本上拥有平等的协商地位，既可以面对面沟通商量，也可以经由调解者传递彼此的内心意思。

Ⅱ型是道德性协商，类型特点是依据道德规范、遵循复杂协商程序来化解矛盾。在相对传统的地域生活共同体内部，除了个体性矛盾纠纷外，传统社会也会有少量的群体性矛盾纠纷，其中的当事者大多具有相同的身份特征或者存在利益上的某种关联。这些矛盾纠纷的协商化解，需要按照约定俗成的程序，共同诉之于本圈子的老传统、老观念。这些老传统、老观念是人人认同并服膺的规则习惯，孰是孰非要看哪一方与此更为契合，化解结果的执行靠的是长期的教化过程而非外在的权力。在协商化解时，当事双方都有着平等的对话地位和机会，并且需要按惯例事先约定时间和地点。拿地点来说，为郑重起见，当事双方往往会选择祭祀祖先和神灵的地方。协商化解的过程是按照传统的处置程序来推进的，其间充满了仪式感和严肃感。有些地方会有朗诵祖训家规、祭祀祖先神灵或者赌咒发誓等程序，这些程序有着增强协商化解约束力和警示效果的作用。

Ⅲ型是法律性调解，类型特点是依据法律规范、遵循简易调解程序来化解矛盾。伴随着现代化、城镇化进程的不断加快，社会的开放性和流动性日渐增强，人际之间的社会关系类型、关系性质愈加复杂，基层社会不仅有常见的生活性矛盾纠纷，还有一些随社会转型而发生的结构性矛盾纠纷。[①] 在熟人社会日渐解体、陌生人社会日趋形成之际，个体之

---

① 陆益龙:《转型中国的社会秩序构建机制研究》,《人民论坛·学术前沿》2013年第18期。

间缺乏足够的熟识度和相互信任，人们都有较强的防范戒备心理。发生矛盾纠纷时，当事人之间基本上互不相识，至少是不够熟悉，彼此自然缺乏应有的共识和信任，难以按照熟人社会的办事法则来化解矛盾。因此，在产生矛盾纠纷后，双方都会诉诸超越地域范围的法律规范，寻求于己有利的法律规定，法律规范背后的国家强制力则成为化解结果得以执行的保障。在化解方式上，当事人会寻求掌握法律知识的中立第三方的介入调解，这是因为其既具有与双方利益无涉的中立性，也具有熟悉法律规范的专业性。由于矛盾纠纷的成因相对简单，冲突程度比较有限，这种调解不需要复杂繁琐的程序，当事人更多的是希望得到一种客观中立而又有法律根据的快速处理。

Ⅳ型是法律性协商，类型特点是依据法律规范、遵循复杂协商程序来化解矛盾。在现代化社会，基层社会的很多矛盾纠纷涉及人数比较多，具有多样性、复杂化的特点，比如征地拆迁、民间借贷、工程建设、劳动争议、医疗纠纷、交通事故等。这些矛盾纠纷涉及的权力关系、利益关系都是法律规范调整的重要内容，因此，当事人选择依据有国家强制力做后盾的法律规定进行协商，不仅是可行的，也是必要的。由于矛盾纠纷的涉及面广、成因复杂，协商化解的难度往往很大。在发生矛盾纠纷后，为避免信息的不对称，当事人倾向于面对面的公开协商，还会采取相对规范正式的化解程序和步骤，注重协商化解过程的规范性和仪式感。

三　基层矛盾协商化解的实践样态

从基层矛盾协商化解的基本类型出发，我们分别从江苏、江西、四川、浙江四个省份各选取一个具体案例（见表7-3），以此分析协商化解不同类型的具体特点和运作过程。所选取的四个案例都是近年来基层协商化解的创新性实践，并且都发生在镇域范围内，案例之间存在比较明显的共性基础，可比较性强。从所处的地理区域看，有两个案例来自中国东部，另两个案例分别来自中部和西部，对于基层矛盾的协商化解来说具备较强的代表性和典型性。

表7-3 协商化解案例比较

	梁寨镇 乡贤调解	芦洲乡 祠堂说事	沙渠镇 无讼社区	松门镇 民主恳谈
地理区域	东部	中部	西部	东部
所属类型	道德性调解	道德性协商	法律性调解	法律性协商
维度1：化解依据	道德规范	道德规范	法律规范	法律规范
规范特点	约定俗成的价值 观念和行为规则	约定俗成的价值 观念和行为规则	人为拟制的行为 规则	人为拟制的行为 规则
维系力量	道德舆论	道德舆论	国家强制力	国家强制力
维度2：化解程序	简易调解	复杂协商	简易调解	复杂协商
协商方式	第三方介入	直接商量	第三方介入	直接商量
操作程序	简单灵活	流程相对固定	简单灵活	流程相对固定

（一）梁寨镇乡贤调解：道德性调解

梁寨镇隶属于江苏省徐州市丰县，自2015年起全力培育乡贤文化，分批推选出一批辈分长、经验足、德高望重的人物，在镇、村两级分别成立了乡贤理事会和乡贤工作室，化解基层矛盾是其主要职能之一。[①]

从化解依据看，梁寨镇的乡贤调解主要依据道德规范。梁寨镇是当地有名的千年古镇、农业大镇，绝大多数人在本地务农为生，延续着世代聚居的传统，属于自然形成的共同体。当地的社会资本比较丰富，内部有着长期共享的价值观念和行为法则。梁寨镇的乡贤调解依据的是熟人社会中不可或缺的常情常理，也就是常说的老传统、老观念。其调解结果是靠熟人社会的道德舆论做保证的，同时借重于熟人社会中乡贤们的德行威望。

从化解程序看，梁寨镇的乡贤调解遵循简易调解程序。乡贤是村里选出的名人，在群众中的地位和威望都比较高，有着人熟、事熟、村情熟的独特优势。从梁寨镇乡贤们的值班日记来看，当地基层矛盾基本上都属于家长里短的琐事，大多是家庭矛盾和邻里纠纷，比如夫妻矛盾、

---

① 2017年3月13日，中国社会科学院政治学研究所"政治发展与国家治理"创新组访谈时任梁寨镇党委书记王磊。

赡养老人矛盾、彩礼争议、盖房或者种地的边界冲突等。[①] 在这些矛盾纠纷的背后，当事人的利益冲突程度相对有限，有些甚至仅仅属于一时意气而已。对此，乡贤们主要是居中调解，利用自身的威望和教化性权力，通过朴实易懂、贴地气的日常话语，对矛盾纠纷的当事人开展劝和式说服，大多数矛盾在调解一两次后就可以顺利化解。因此，乡贤的协商化解工作比较简单，没有什么复杂繁琐的环节，也不需要正式规范的程序步骤。

（二）芦洲乡祠堂说事：道德性协商

芦洲乡隶属于江西省宜春市上高县，自 2019 年起推行"祠堂说事"试点工作，在黄山村晏家组、新桥村新屋组、江口村芦家组三个试点村组建立了祠堂说事理事会制度，协助村两委干部调解各类矛盾纠纷，短期内就取得了较为明显的治理效果，引起宜春市、上高县两级政法委的重视。据统计，该乡自"祠堂说事"开展以来已经接待村民说事 6300 余人次，累计调解化解各类矛盾 750 余起。[②]

从化解依据看，芦洲乡的祠堂说事主要依据道德规范。芦洲乡是传统的农业乡，农业人口占了绝大多数。该乡祠堂文化底蕴深厚，很多村庄有规模较大的祠堂和较强的宗族观念，并且民众对祠堂向来有敬畏之心。因此，一方面，密切的血缘关系限制着人们之间的冲突和竞争烈度；另一方面，宗族观念、道德伦理发挥着显著的影响力。祠堂说事正是在这种熟人社会氛围中，依据各村的村规民约推行的。在发生矛盾纠纷时，人们一般不会直接诉诸法律规范，而是首先依据道德规范进行协商化解。由于顾忌道德舆论的无形压力，当事人基本上都会按照达成的化解协议来化解冲突。

从化解依据看，芦洲乡的祠堂说事遵循复杂协商程序。芦洲乡一直有着村民议事、村老调解的传统，但却长期缺乏固定的流程和规范，化解效果不尽如人意。芦洲乡在推行祠堂说事试点过程中，建立了祠堂说事理事会制度，确定了说事原则、程序和纪律，为村民祠堂说事划了范

---

① 骆耀明：《梁寨镇村村都有"乡贤工作室"》，《徐州日报》2015 年 7 月 22 日。

② 陈朵平、邹林帆：《江西上高："祠堂说事"推动乡村治理再升级》，人民网（http://jx. people. com. cn/n2/2023/0630/c186330 - 40477008. html），访问日期 2023 年 9 月 1 日。

围、立了规则。在化解较为复杂的矛盾纠纷时，芦洲乡倾向于选择较为正式规范的面对面协商程序，并且将当事人聚拢到祭祀祖先和先贤的祠堂，积极为协商化解创造有利的条件和氛围。以 2019 年江口村村组间高标准农田建设引发的土地归属争议为例，十余名村民齐聚该村的邹氏宗祠，先是当事双方面对面提供各自的解决意见并提供证据支持，之后经过村组协商、村民当场举手表决，针对争议土地签订了置换协议。①

（三）沙渠镇无讼社区：法律性调解

沙渠镇隶属于四川省成都市大邑县，自 2016 年起被大邑县列为"无讼社区"创建的 4 个试点乡镇之一。②"无讼社区"创建，意在引导社区运用法治思维和法治方式，依托人民调解、强化司法确认，着力提升人民调解协议的法律效力和解纷作用，致力于推动基层矛盾纠纷化解的无讼化。③

从化解依据看，沙渠镇的无讼社区主要依据法律规范。近年来，在工业化、城镇化的强力推动下，沙渠镇社会转型的速度大大加快，基本上形成了新的陌生人社会，个体之间缺乏密切的横向互动，也没有长期以来累积形成的信任，社会资本相对欠缺。比如，沙渠镇建成了全县第一个万人安置小区即东岳花苑社区，主要安置本镇 6 个村（社区）的拆迁农户，搬迁时没有按照原有村组整建制入住，村民们混居在大型的社区内，邻里之间的熟识度大大降低。在协商化解时，沙渠镇缺乏共同体所特有的、共享的道德规范，更加依赖法律的明文规定。尤其是在化解协议经过司法确认后，更是有国家强制力作为化解结果的执行保证。

从化解程序看，沙渠镇的无讼社区遵循简易调解程序。沙渠镇无讼社区建设的重心在社区，基本上都是化解相对简单的矛盾纠纷，主要包含家庭内部婚姻矛盾、财产纠纷、交通事故纠纷，以及工业化、城镇化带来的个体性劳动争议等。这些矛盾内含的利益纠缠比较少，涉及人员

---

① 《芦洲乡"祠堂说事"说出乡村治理新天地》，新浪网（http：//k. sina. com. cn/article_ 2624136152_ 9c6923d802000qxhn. htm），访问日期 2020 年 9 月 29 日。

② 2018 年 3 月 28 日，中国社会科学院政治学研究所"政治发展与国家治理"创新组围绕无讼社区建设在沙渠镇开展实地调研和专题座谈。

③ 吴光于、李力可：《成都大邑县：创新社会治理打造"无讼社区"》，新华网（http：// www. xinhuanet. com/local/2018 – 01/12/c_ 1122252171. htm），访问日期 2020 年 9 月 29 日。

一般都不多，化解难度相对小得多。沙渠镇无讼社区建设的真正亮点是，通过大量扎实、便捷的人民调解来减少对现有司法资源的需求，这样的人民调解在程序化和规范化方面相对有限，也不会将复杂的化解程序作为追求目标。在这种调解过程中，中立第三方的介入不是靠熟人社会中的德行威望，而是依靠调解组织成员的特定身份以及对相关法律知识的熟悉。

（四）松门镇民主恳谈：法律性协商

松门镇隶属于浙江省台州市的温岭市，是民主恳谈的实际发源地。[①]自20世纪90年代末以来，该镇持续开展民主恳谈活动，面对面的对话协商成为化解基层矛盾纠纷、增进干群互信的新机制和新途径。[②]

从化解依据看，松门镇的民主恳谈主要依据法律规范。松门镇长期位居全国综合实力千强镇行列，是名副其实的工业强镇、人口大镇。镇域内市场经济发达，外来人口众多，当地民众有着较强的现代法律意识和契约意识，对法律法规及政策要求有着很高的心理认同度。在发生矛盾纠纷后，当事人习惯于寻求法律和政策方面的支持，而非求助于传统社会的道德伦理，化解结果也需要有国家强制力作为执行保障。以2013年松门镇L教堂历史遗留问题民主恳谈会为例，当事双方在主要诉求和理由陈述中使用了很多法律用语和政策语言，比如依法办教、法人资格、违法建筑、农保地、公建用地等，并且双方分别依据以往的县委办文件和市民宗局文件展开讨论。[③]

从化解程序看，松门镇的民主恳谈遵循复杂协商程序。经过20多年的不断发展，松门镇的民主恳谈从一种基层政权组织与群众面对面的对话活动逐步拓展为一种广受认可的民主决策机制，制度化、规范化和程

---

① 1999年6月15日，松门镇召开以"社会治安综合治理与现代化建设"为主题的农业农村现代化教育论坛，100多名自发参会的群众就镇域范围内方方面面的问题与镇领导进行了平等对话。这种干群直接对话的形式在温岭得到了快速推广，并于2000年下半年被统一命名为"民主恳谈"。陈朋：《国家与社会合力互动下的乡村协商民主实践——温岭案例分析》，上海人民出版社2012年版，第73—75、111页。

② 2017年4月24—28日，中国社会科学院政治学研究所"政治发展与国家治理"创新组在浙江省温岭市围绕民主恳谈开展实地调研和系列座谈。

③ 陈鼎：《协商民主视野下的社会矛盾纠纷化解机制创新——关于"民主恳谈"调解民间纠纷的个案研究》，《上海市社会主义学院学报》2014年第5期。

序化水平持续提升。在此过程中，当地群众的协商意识和协商能力有了明显提升，面对面对话协商的社会氛围已经形成。在化解相对复杂的矛盾纠纷时，民主恳谈成为当事人的首选。这种恳谈活动具有平等参与、理性讨论、程序规范等突出特点。这里仍以 2013 年化解 L 教堂历史遗留问题为例，当时的民主恳谈活动慎重确定了恳谈的时间和地点，将恳谈地点安排在松门教堂会议室，同时选取了与该历史遗留问题相关的各类参会代表。恳谈过程中，不仅当事双方即"老堂"代表和"新堂"代表充分地表达了本方观点和理由，松门镇的规划分局和国土分局也从政策角度谈了教堂建设的意见。在恳谈基础上，双方多数代表达成了新、老教堂分开的共识。这一共识由温岭市宗教主管部门的领导当场宣读，长达 20 多年的历史纠纷就此基本得到解决。①

四　进一步的讨论与思考

党的十九大报告提出，"健全自治、法治、德治相结合的乡村治理体系"②。自治、法治、德治三治融合，不仅是乡村治理体系的目标取向，也应该是当前基层治理的努力方向。其中，自治回答的问题是谁是治理载体或者执行主体，与之对应的是他治，德治、法治回应的都是依何而治、以何致治的问题，谈的是治理体系或者说治理的体制机制所遵循的理念。基层矛盾协商化解的依据维度正是对治理理念的反映和体现。梁寨镇乡贤调解和芦洲乡祠堂说事，所依据的主要是道德规范，体现了一种对德治秩序的追求。在这种社会氛围和自发秩序下，人们从属于自然形成的共同体，彼此知根知底，血缘关系、婚姻关系盘根错节，个体之间有着密集的社会互动网络，这就决定了协商化解时不可能无视人人熟稔的道德观念和行为准则，而道德舆论仍然对人们的行为产生很强的影响力。沙渠镇无讼社区和松门镇民主恳谈所依据的主要是法律规范，体现了对法治秩序的追求。在这样的社会里，人们之间没有持久的共同生

---

① 陈鼎：《协商民主视野下的社会矛盾纠纷化解机制创新——关于"民主恳谈"调解民间纠纷的个案研究》，《上海市社会主义学院学报》2014 年第 5 期。

② 习近平：《决胜全面建成小康社会　夺取新时代中国特色社会主义伟大胜利——在中国共产党第十九次全国代表大会上的报告》，人民出版社 2017 年版，第 32 页。

活经历和密集的社会网络覆盖，其行为规则是公权力拟制出来的，并且处于不断更新完善之中。这种情况下的协商化解方式需要依据法律规范，同时借助国家强制力做后盾来确保化解结果落到实处。

除了治理理念外，治理路径同样是基层治理过程中值得认真考虑的问题。治理路径虽然是治理理念的某种体现和反映，但它又在一定程度上具有相当的独立性。因此，同样的治理理念下可能会采取不同的治理路径，而同样的治理路径也可能会被不同的治理理念所吸收。基层矛盾的协商化解案例，在一定程度上反映出不同的治理路径选择。梁寨镇乡贤调解和沙渠镇无讼社区遵循的是简便易行的调解程序，芦洲乡祠堂说事和松门镇民主恳谈遵循的是更复杂一些的协商程序。相对来说，调解程序适用于简单清晰的矛盾纠纷，利益纠缠的程度比较低，此时化解方式的灵活性和便捷性成为重要考虑因素；协商程序适用于更为复杂繁琐的矛盾纠纷，相关利益纠缠的程度一般都更高，双方当事人更担心因信息不对称或者私下交易所引发的利益损失，因此倾向于选用正式规范的化解方式。

总言之，基层矛盾协商化解的基本类型是从思辨性和理论性角度来简约描述的，主要是为了讨论的方便和分析的深入。四种基本类型没有理论上的优劣之分，基层矛盾协商化解的实践中也不可能找到一种放之四海而皆准的普适性处方。与此同时，对基层矛盾协商化解实践样态的案例分析，实际上也是着重考虑了讨论和比较的便捷性。这是因为，这些案例地的协商化解实践本身就具有一定的丰富性和多样性，并且也处于纵向上的动态发展和横向上的互相借鉴过程之中，很难说哪一个案例实践就是纯而又纯的某一类型。因此，对上述基层矛盾协商化解案例所做的分析探讨，有必要着重从利于深化理论认识的角度去把握。现实中，各地情况都是复杂多变的，所采用的协商化解方式不可能囿于某一类型、某一方式，往往你中有我、我中有你，需要始终采取一种相互学习、相互借鉴的态度来应对。

当然，这并不等于说无须对未来的发展趋势加以概括与总结。事实上，从当前基层矛盾协商化解的实践看，各地的协商化解方式呈现出两种比较明显的趋势，也就是化解依据的法治化和化解程序的规范化。这是因为，一方面，随着改革开放事业向纵深发展，中国的现代化进程进一步提速，卷入工业化、城镇化的地区越来越多，社会转型的速度不断加快。这就导致原有的村落共同体及单位社区等大量消解，长期共同生活的群体被打散重组到陌生人组成的社会中，小共同体的密集社会网络快速走向消亡，由此必然引发个体行为规则随之变化，人与人之间的社会交往转而更加依赖法律规范的硬约束。在此过程中，矛盾纠纷背后的权力关系和利益关系，越来越难以仅诉诸道德舆论就能得到必要的修复和调整，当事人之间的化解依据必然走向法治化。另一方面，在社会整体环境发生急剧变化的大背景下，基层矛盾纠纷的涉及领域迅速扩大，矛盾纠纷的数量和类型也在大幅增多，复杂程度同样不断加深。这些不同类型、不同成因的矛盾纠纷，意味着强度和烈度的不同，化解成本和潜在风险自然也各不相同，这就推动相关部门更愿意采用程序化、规范化水平高的化解方式。

基层民主是全过程人民民主的重要体现。基层矛盾协商化解既是基层治理的重要内容，也是检视基层群众自治能力和实效的一大契机。因此，各地有必要始终遵循人民当家作主的价值理念，站在发展全过程人民民主的高度，推动矛盾纠纷协商化解机制走向完善。这既需要重点考量本地的社会性质和矛盾状况，精心选取适宜的治理理念和治理路径，同时还应精准把握社会转型的具体进程，适时地推进化解依据的法治化及化解程序的规范化，推动实现人民之治与社会和谐的有机统一。

第 八 章

全过程人民民主与破除官僚主义

2017 年 12 月，习近平总书记在主持中共中央政治局民主生活会时深刻指出，"形式主义、官僚主义同我们党的性质宗旨和优良作风格格不入，是我们党的大敌、人民的大敌"①。形式主义、官僚主义损害党群干群关系，与人民当家作主的价值理念相背离。它们既是当前一些党员干部身上存在的作风性问题，也是新时代中国特色社会主义政治建设中遇到的突出矛盾。形式主义与官僚主义相互交织、相伴而行。至少在一定程度上，官僚主义是形式主义产生的重要根源，形式主义是官僚主义肆意蔓延的必然产物。依照基层干部的说法，形式主义是官僚主义逼出来的。② 为行文方便，这里聚焦于深入分析官僚主义的问题及演化。

学界通常将官僚主义分为体制性官僚主义和作风性官僚主义两种形态。前者是从政治机构、政治制度的角度而言的，指称作为一种社会体制的官僚主义，它与国家权力密切相关，属于一种国家制度或者说国家形态；后者是从思想作风、工作方法的角度而言的，指称作为一种思想作风、办事习气的官僚主义，它与掌握一定公共权力的官员或者干部有关。2013 年 6 月 18 日，中央召开党的群众路线教育实践活动工作会议，明确主要任务聚焦到作风建设上来，提出集中解决形式主义、官僚主义、享乐主义和奢靡之风的"四风"问题。这里的官僚主义，显然指的是作风性官僚主义。在中央看来，这种官僚主义同党的性质宗旨和优良作风格格不入，是阻碍党的路线方针政策和党中央重大决策部署贯彻落实的

---

① 《习近平谈治国理政》第 3 卷，外文出版社 2020 年版，第 500 页。
② 房宁：《"顶格管理"逼得基层搞形式主义》，《北京日报》2020 年 6 月 8 日。

大敌之一。

究其原因，一方面，随着中国改革进入攻坚期和深水区，改革任务愈发艰巨，改革难度不断加大，改革要求持续提高，干部畏难情绪和改革空转现象有所显露，整治官僚主义问题成为一个日益迫切的现实课题；另一方面，经过40多年的改革开放，中国的改革已经到了啃硬骨头、过险滩的关键时期，作风建设成为事关党和国家事业兴衰成败的重要课题，而官僚主义现象对人民政权的危害性越来越大。正是从推进党和国家事业发展、保证人民当家作主的战略考虑出发，中央针对官僚主义问题开展了多轮次的集中整治工作，取得了一些效果。不过，官僚主义问题具有顽固性、反复性，现实中虽有所收敛却又禁而不绝，在许多领域发生着适应性反应，成为困扰各级政府决策施政的一大难题，由此引发了政治学、社会学等诸多学科的持续关注。这里尝试从当前官僚主义的类型和特征入手，选取作风建设和官僚制两种理论视角对官僚主义的演化路径进行分析，揭示两种演化路径的同与异，力求更深入地剖析官僚主义问题，为更彻底地整治官僚主义、保障人民当家作主提供理论参考。

第一节　当前官僚主义的类型与特征

官僚是官吏、官员的别称，基本的含义是指由于社会分工而出现的专司管理事务的职业阶层，又可因这一阶层的作风、习气而进一步引申为官僚作风或者说官僚主义。从这一角度看，官僚主义是就特定群体的作风而言的，是官僚政治的衍生物、副产品，长期与官僚政治相伴而生，比如讲形式、打官腔、遇事推诿应付等，这在任何设官而治的社会差不多都可以见到。① 邓小平曾专门指出，"官僚主义是一种长期存在的、复杂的历史现象"，"官僚主义现象是我们党和国家政治生活中广泛存在的一个大问题"。②

---

① 王亚南：《中国官僚政治研究》，商务印书馆2010年版，第7页。
② 《邓小平文选》第2卷，人民出版社1994年版，第327页。当然，邓小平更多的是从体制的角度看待官僚主义，认为这种官僚主义同当时中央高度集权的经济政治体制有着很大的关系。

一　基于主观故意的两大类型：无知不为型和肆意任性型

类型化是界定和认识事物的一种基本方式，通过特定标准对一定范围内的事物予以归类分析，达到总体把握纷繁复杂事物的目的。1963年，周恩来在中共中央和国务院直属机关负责干部会议上详细列举过官僚主义的20种表现，用生动的语言对官僚主义逐一画像。[①] 2013年，习近平总书记在党的群众路线教育实践活动工作会议上对当前官僚主义做了简练概括，指出官僚主义"主要是脱离实际、脱离群众，高高在上、漠视现实，唯我独尊、自我膨胀"[②]，并用六个"有的"对官僚主义种种情形做了分类。当前这些官僚主义现象的背后，隐含着行为者的一种主观故意。这种主观故意，意味着行为人明知自己的行为会造成危害社会的后果，并且放任或者希望这种后果发生的心理状态。依据这种主观故意包含的是消极还是积极因素，可将当前官僚主义现象总体上概分为无知不为型和肆意任性型。

无知不为型含有消极故意因素，突出特点是对下无知、遇事不为，放任危害社会的后果发生。在官僚主义的这一类型中，行为者面对下级和群众常年保持高高在上、发号施令的姿态，不愿意同他们打交道，不了解基层的难处和群众的需求，习惯于做懒汉，或者在办公室里"闭门造车"，或者在文件流水线上照搬硬套。面对下级的合理化建议和群众的真实诉求，行为者总是视而不见、充耳不闻，表现出一身做官混饭吃的习气，推诿扯皮、冷硬横推，缺乏责任担当和实际作为。

肆意任性型含有积极故意因素，突出特点是任性妄为、爱耍官威，推动了危害社会的后果发生。这一类型的行为者习惯了当官做老爷，信奉官大一级压死人、小民口小不足恤的为官逻辑。他们熟悉政府的规章制度和办事规则，善于利用部门级别和自身职位的比较优势，对下级和群众颐指气使、嚣张拔扈，并且常常在明显不具备现实条件的情况下，执意提出一些过高、过急的工作要求，肆意妄为、大耍官威，不断折腾基层干部和群众。

---

① 《周恩来选集》下卷，人民出版社1984年版，第418—422页。

② 《习近平谈治国理政》，外文出版社2014年版，第369页。

在官僚主义现象中，无知不为型与肆意任性型可以相互转化，其中关键在于异乎寻常的权力欲是否得到满足。如果平日里无知不为型的行为者骤然间获得较大的职权，那么他就容易被特权思想、官老爷派头所冲昏，进而抱着"有权不用、过期作废"的错误信条，成为对下大耍官威的肆意任性之人；如果肆意任性型的行为者一朝权力旁落或者被边缘化，那么就容易被"仕途不顺、权力到头"的想法所麻痹，工作上变得消极颓废、遇事不为，反而将前来办事的下级和群众当成认打认罚的出气筒。

二　突出特征：身份、位置与次生灾害

官僚主义是各国较为普遍的政治现象，像"法兰西病"就是对法国由来已久的中央集权制和广泛存在的官僚主义现象的一种形象说法。就中国来说，官僚主义现象虽然纷繁复杂，但又共享着一些突出特征，集中体现在行为主体、方向和后果等方面。

一是官僚主义的行为者具有特定身份。身份是从社会分层角度研究社会群体的专门术语，是一套与权利义务相关联的社会位置。官僚主义现象离不开官僚，也就是行使一定权力的官员或干部。因此，官僚主义是领导机关、领导干部的常见病。这些权力从源头上看来自人民的授权，本质上应属于部门，而不是履行职责的个体。但由于担任公职，个体被授予了带有垄断性质的一定职权，在办理事务过程中就获得了相对于其他群体的实际支配地位。

二是官僚主义现象与行为者的科层位置相关。在公共科层组织中，位置即职位是与权力紧密相连的。位置不同，权力的比较优势就不同。通常来说，所处层级越高，因位置而来的权力优势就越大。官僚主义现象的发生，就是与自上而下、由内及外的权力行使密切相关的。在不同的场景中，行为者会扮演不同的角色，"如果说他对下为刀俎，那末对上则为鱼肉"[1]。某一层级的行为者既可以与下级共谋，以形式主义行为来共同应对上级的官僚主义作风，也可以向下顺势传导不符合实际情况的

---

① 《马克思恩格斯全集》第 1 卷，人民出版社 1956 年版，第 310 页。

工作标准和要求，以官僚主义行为来命令和督促下级。① 在面对人民群众时，行为者凭借体制内的职位优势，利用与职位相伴随的权力，由人民的公仆变身为摆官架子的主人。

三是官僚主义行为引发次生灾害。次生灾害是指由原生灾害所诱导出来的灾害，具有突发性、隐蔽性等特点。官僚主义行为发生后，常常会造成一些难以预料的后果，致使行为的危害范围进一步扩大，危害程度进一步升级。至少在一定意义上，可以说官僚主义就是形式主义的主要根源，而形式主义就是官僚主义典型的次生后果。② 无论是出于对下情的无知还是权力任性，官僚主义行为都会给下级和基层带来应对上的困难，悖离基层实际的要求和措施必然引发形式主义的做法。形式主义的反应原本就不是着眼于解决实际问题，它只会给官僚主义者带来虚假的表面政绩和暂时的权力满足，这又会催生新一轮的官僚主义行为，形成权力扭曲运作的恶性循环。

第二节　官僚主义的演化路径

早在 60 多年前，《中共中央关于反对官僚主义的指示》就在开头写道："官僚主义这种旧社会遗留下来的坏作风，一年不用扫帚扫一次，就会春风吹又生了。"③ 官僚主义的顽固性、反复性由此可见一斑，这反映出其背后必然存在着根深蒂固的再生产机制。所以说，不厘清官僚主义现象的这些机制性问题，而又想快速整治官僚主义并将成果巩固下来，显然属于一项近乎不可能完成的任务。官僚主义现象成因复杂，并非循着单一路径而产生。在借鉴学界现有成果基础上，这里将选取作风建设和官僚制两种理论视角，对官僚主义的演化路径进行针对性剖析，尝试从更深层次厘清官僚主义反复滋生的因果关系。

---

① 周雪光：《基层政府间的"共谋现象"——一个政府行为的制度逻辑》，《社会学研究》2008 年第 6 期。

② 戴焰军：《形式主义官僚主义的危害、根源与治理》，《人民论坛·学术前沿》2018 年第 5 期。

③ 《建国以来重要文献选编》第 13 册，中央文献出版社 1996 年版，第 143 页。

一　作风建设失灵导致官僚主义

马克思和恩格斯在《共产党宣言》中指出，"至今所有一切社会的历史都是阶级斗争的历史"①。资本主义社会分裂为两大直接对立的阶级即资产阶级和无产阶级。这一根本性的阶级对立不会自动消失，必须靠无产阶级政党领导的阶级斗争才能予以消除。共产党是以马克思主义武装起来的政党，是由无产阶级中最先进分子组成的，是无产阶级的先锋队，始终代表整个无产阶级和工人运动的利益，从来没有任何同整个无产阶级的利益不同的利益。1937 年 9 月，毛泽东在《反对自由主义》中提出，"一个共产党员，应该是襟怀坦白，忠实，积极，以革命利益为第一生命，以个人利益服从革命利益；无论何时何地，坚持正确的原则，同一切不正确的思想和行为作不疲倦的斗争，用以巩固党的集体生活，巩固党和群众的关系；关心党和群众比关心个人为重，关心他人比关心自己为重。这样才算得一个共产党员"②。共产党员的权力是人民给的，只能是人民的公仆或者说勤务员。共产党员虽与群众有区别，但绝不能与其所领导的人民相分开或者相脱离。

作风建设是共产党加强先进性建设的永恒主题，关系到党的形象、威望和事业发展。因此，各国共产党必须坚持马克思主义政党本色，不断加强作风建设，密切联系群众，反对个人崇拜和特权化现象，保持党和群众利益的一致性。列宁强调，"在人民群众中，我们毕竟是沧海一粟，只有我们正确地表达人民的想法，我们才能管理。否则共产党就不能率领无产阶级，而无产阶级就不能率领群众，整个机器就要散架"③。所以说，共产党员要想不断取得胜利，就必须与人民群众打成一片，始终依靠人民群众，充分调动人民群众的热情和积极性。

"共产党人的最近目的是和其余一切无产阶级政党的最近目的一样的：使无产阶级形成为阶级，推翻资产阶级的统治，由无产阶级夺取政

---

① 《马克思恩格斯全集》第 4 卷，人民出版社 1958 年版，第 465 页。
② 《毛泽东选集》第 2 卷，人民出版社 1991 年版，第 361 页。
③ 《列宁全集》43 卷，人民出版社 2017 年版，第 109 页。

权。"① 客观来说，在夺取政权前，共产党人搞革命是冒着极大风险的，随时都有被捕、杀头的生命危险，这可以说是每个党员生活的常态。作为革命党，党本身在社会上没有什么资源和权力。革命环境的残酷性，要求党必须与人民群众建立密切的关系，通过走群众路线来解决自身生存所必需的筹款、队伍来源等现实问题。这时候，加强作风建设的亟迫性是显而易见的。如果单想着从个人利益出发对人民群众发号施令，在生活中搞特殊化，就无异于自取灭亡。掌握政权后，党变成了执政党，党的干部成为国家机关正式工作人员，能够定期领取国家财政提供的工资，行使人民赋予的法定权力。此时，作风建设的必要性与党的生死存亡的关联就不那么明显了。党员干部一旦在思想上产生懈怠心理，认为当官就是高人一等，群众要听从自己的指示，就会在行动上不愿深入基层、深入实际来了解和解决群众的诉求期盼，与群众之间的隔阂越来越大，手中的权力异化为满足一己私欲的工具，造成党群干群关系日益疏远甚至完全背离。因此，在人民赋权后，如果作风建设出了问题，党员干部的权力就会走向变质，官僚主义的产生就是难以避免的了。

作风建设的核心是保持党同人民群众的血肉联系。官僚主义问题是作风建设失灵的表征，反映出党员干部理想信念在深层次上的弱化缺失、党群干群关系就此走向疏离化。习近平总书记反复指出官僚主义背后是官本位思想，根源是价值观走偏、权力观扭曲，严重脱离群众、脱离实际。② 当前，官僚主义现象是作风建设出问题的必然结果，带有更为鲜明的时代特点。在理想信念弱化缺失情况下，行为者的为官动力机制受到利益交换和货币价值的持续性侵蚀，由此导致其价值观走向扭曲和行为出发点的日益偏离，由原本的社会公仆逐渐变成脱离于群众、凌驾于群众之上、享有特权的人物。也就是说，官僚主义的表象背后，根本上看都与公共权力、公共责任密切相关，折射出的根本问题是权力异化与责任虚化，即权力异化为损害群众利益、谋取一己私欲的工具。③

---

① 《马克思恩格斯全集》第 4 卷，人民出版社 1958 年版，第 479 页。
② 《习近平谈治国理政》第 3 卷，外文出版社 2020 年版，第 502 页。
③ 刘红凛：《新时代如何根除官僚主义与形式主义滋生土壤》，《人民论坛·学术前沿》2018 年第 5 期。

二 官僚制弊端带来官僚主义

官僚制又称科层制，最初被用来描述"由官吏实施的行政管理"。现代国家出现之前，欧洲很多国家的官员只是王室事务的代办人员，按照君主的意志为其提供个人服务。随着现代国家的兴起，公共事务逐渐从王室事务中脱离出来，这就要求官员从王室管家角色转变为公共服务的提供者。与之相适应，对于官员个人素质的关注就超过了君主对官员的好恶，通过否定君主制的恩赐观念，现代意义的官僚制就诞生了。

自1764年首次有记载的使用以来，官僚制的含义得到了极大的扩展。到19世纪末时，官僚制已经扩展为指称所有大型组织中由受过专门训练的专职人员所组成的行政管理机构。① 对官僚制做系统分析始自马克斯·韦伯。他将官僚制创造性地改造为适应现代工业社会的一种组织类型，特别是对其理想类型的刻画与描述。这意味着一种基于理性原则而建立的层级化、制度化、专业化和非人格化的大规模组织形式。理想类型意义上的官僚制，具有六个方面的典型特征：一是职权法定，官职权限一般是由法律或行政规章决定，有精细的职责分工；二是科层制或者说等级制，存在一种公认的上下级隶属体系，这一体系内嵌有严格、系统的纪律约束；三是文档化或书面化，各层级之间的信息交流依托书面文件；四是专业化，基于鉴定考试或者专业证书择优录用人员，官职管理通常以某个专业化领域的训练为前提；五是专职化，有稳定的职业生涯和固定的薪金报酬，升迁制度主要看个人资历或功绩；六是专有知识，官职管理遵循全面、稳定并可习得的普遍性规则，这些规则性的专业知识成为官员的特殊技术专长。② 与其他管理模式相比，这种理想类型的官僚制适合处理常规性的日常事务，通过把成员之间的接触主要限制在事先规定的规范内，既能够建立他人行为的可预见性和一整套稳定的相互期望，实现办事效率的最优化，也可以将各种摩擦减少到最小限度，保护下级

---

① ［英］韦农·波格丹诺：《布莱克维尔政治制度百科全书》，邓正来编译，中国政法大学出版社2011年版，第67页。

② ［德］马克斯·韦伯：《经济与社会》第2卷，阎克文译，上海人民出版社2010年版，第1095—1097页。

免遭上级任意刁难。罗伯特·默顿认同韦伯对科层组织所做的权威性分析，认为"科层组织的主要优点是它的技术效率，因为它重视精确性、高速度、熟练控制、持续性、判断力，以及最佳的投资收入比。这是一种彻底摒弃了个人化关系和非理性考虑（如敌对情绪、忧虑、感情卷入等）的结构"①。

　　按照罗伯特·默顿的说法，官僚制的作用具有双重性，既有积极的正功能，也有一些公认的负功能。官僚主义现象之所以发生，至少有很大一部分原因就是官僚制的内在弊端。马克思对近代官僚制的扩展提出了一系列批评，认为国家事务变成官职是以国家脱离社会为前提的，官僚作为一个封闭的群体与市民社会相对抗，创造出一种幻想的普遍化利益；官僚制的存在将形式主义变成了目的本身，例行公事成了国家的任务，并且创造出一种知识的等级制，在各种细小问题的知识与有关普遍物的理解方面上层、下层彼此依赖却又都使对方陷入迷途。② 官僚制的组织结构和运作逻辑，内在地决定了不可避免地具有一些制度性缺陷。这集中体现在官僚制的非人格化和封闭性的群体意识上：一方面，官僚制要求按规章制度办事，服从规章原本是作为达成特定目标所选择的高效率手段，却在组织运行中遭遇了目标替代而成为最终价值，造就出一种训练有素的无能以及胆怯、保守和技术主义的工作作风。这就在官僚机构和服务对象之间形成了持续性的内在张力，不管是官僚机构还是官僚个体都强调忽略具体事务的特殊性而采取常规化的、不带感情色彩的工作方式，服务对象却希望得到个别式的、充满人情味的另眼对待。这种非人格化的处置方式，容易引起公众对官僚因循守旧、办事拖沓、推诿责任等的批评。另一方面，官僚制内部是一个自上而下、紧密相连的等级制结构，下级的权力来自上级的委托授予，上级制定的政策需要下级贯彻落实；对公众来说，官僚队伍则是一个具有垄断性质的共同体，他们在不同位置上分享着整个机构的权力。这种封闭性的身份容易制造一种命运相连的群体意识，形成一种脱离实际、脱离群众的倾向，在与公

---

　　① ［美］罗伯特·K. 默顿：《社会理论和社会结构》，唐少杰、齐心等译，译林出版社2015年版，第347页。

　　② 《马克思恩格斯全集》第1卷，人民出版社1956年版，第299—311页。

众产生利益冲突时就会近乎本能地首先考虑维护所属群体的利益。

理性官僚制是官僚群体发挥积极作用和功能的前提条件。现实中，如果偏离了理性官僚制的设计，不管是"过"还是"不及"，都更容易造成一些官僚主义的负面效应。事实上，当下中国杂糅着前现代问题、现代困境与后现代状况，处在理性官僚制不足与过剩并存的矛盾局面，由此造成了不少官僚主义的弊病。比如，在贫困地区县域发展中，逐渐弱化的自主权抵挡不住上级因权力集中和现代技术带来的过度有为冲动，导致其不得不长期应对上级、争取资源，因而深受官僚主义、形式主义的羁绊。[①] 在政府购买服务领域，政府利用资源的配置权，向社会组织施加了巨大影响，官僚体制的形式逻辑渗透进社会组织，出现了形式主义向社会组织延伸的现象。[②]

第三节　两种演化路径的同与异

官僚主义既可因作风建设失灵而滋生，也可因官僚制弊端而蔓延。这两种演化路径既有相互契合、交叠影响的相通一面，也有充满张力、各成一体的相异一面。当聚焦于相通面时，两种演化路径仿佛一体两面，给人一种对同一现象得出不同描摹的错觉，体现在对权力行使过程以及权力行使者与行使对象之间关系的相似揭示上。反之，当聚焦于相异面时，两种演化路径又好像同时存在的双轨制，道出了不同的国家治理逻辑，表现为不同治理主体、理性取向和作用机制的内在紧张。

一　相通性：对权力行使过程以及权力行使者与行使对象之间关系的揭示

权力是政治学的基本范畴之一，权为谁所用是政治实践中的一个根本性问题。近代以来，人民主权或者说主权在民原则已成为一项毋庸置疑的社会共识，解决了国家权力来源的合法性问题。因此，在一国政治运作中，各方面政治力量通过竞争国家权力来争夺人民的授权，进而实

---

① 曹东勃、宋锐：《克服县域治理中的官僚主义》，《文化纵横》2019 年第 5 期。
② 卢玮静、张欢欢：《形式主义向社会延伸》，《文化纵横》2019 年第 5 期。

现代表人民行使国家权力的目的。根据代议制民主理论，人民通过选举投票的方式选出自己的代表，组成代议机构来行使国家权力。同时，为提高行政运作效率，这些政治代表再将执行权整体性地委托给职业性的官僚群体来行使，由其承担政策的执行任务。人民通过周期性投票，将不符合多数人意志的政治代表予以撤换的方式来形成约束，并通过这些政治代表实现对官僚群体的间接控制。官僚群体负责人民意志的执行，通过行使政策执行权而服务于公众，通过选举产生的政治代表来间接地对人民负责。

与通过选举授权的代议制民主理论不同，马克思主义提出了另一种政治代表理论。马克思、恩格斯认为，"在实践方面，共产党人是世界各国工人政党中最坚决的、始终鼓舞大家前进的一部分；在理论方面，他们比其余的无产阶级群众更善于了解无产阶级运动的条件、进程和一般结果"[1]。在此基础上，列宁提出了先锋队理论，认为共产党是无产阶级的先锋队，是由工人阶级中最优秀、最忠于革命事业的有觉悟的先进分子组成的。在无产阶级和资产阶级斗争所经历的各个发展阶段，共产党人始终代表整个运动的利益。正是在领导无产阶级反对资产阶级的斗争中，共产党获得了人民的授权，在执政掌权后通过行使权力来直接对人民负责。

在形形色色的各种官僚主义现象中，共通之处在于权力没有按照既定的内在逻辑进行运作，反而是在行使过程中出现了不容小觑的异化现象。换言之，这些权力原本应该是为人民所用，却因权力异化而变成了满足一己私欲的工具。这种异化现象一定程度上造成了权力的失控，颠倒了权力行使者与行使对象之间的地位关系。权力行使者原本是暂时受雇的"公仆"，而权力行使对象原本是权力的真正主人和被服务对象，但在经过一番权力的授权与异化过程后，仆人和主人的地位彻底颠倒过来，前者以高高在上的姿态，窃据于这对关系中的支配地位。这就造成了权力行使者与行使对象关系的疏离化，二者之间关系和谐的理想预期被紧张冲突的现实状况所代替。

习近平总书记指出，"坚定理想信念，坚守共产党人精神追求，始终

---

① 《马克思恩格斯全集》第4卷，人民出版社1958年版，第479页。

是共产党人安身立命的根本。对马克思主义的信仰，对社会主义和共产主义的信念，是共产党人的政治灵魂，是共产党人经受住任何考验的精神支柱"①。对于党员、干部来说，思想上的滑坡是最危险的病变，体现在行动上就会背离全心全意为人民服务的根本宗旨，用贪图私利的行为和任性妄为的作风代替艰苦奋斗和无私奉献。从作风建设的视角看，党员、干部作为无产阶级中的先进分子，理应在理想信念上坚定不移，在行使权力的过程中坚持权为民所用、情为民所系、利为民所谋。这种权力逻辑要实现正常运作，必然要求共产党的党员、干部具有与马克思主义信仰和为人民服务宗旨相契合的觉悟、能力与素质。如果有的党员、干部把个人利益凌驾于人民利益之上，做不到为了历史使命和人民立场自觉奋斗、无私奉献，那么其行为就会背离权为民所用的合理预期，就会因主观上的故意任性而扭曲权力的正常行使，进而会对原本密切的党群、干群关系造成持续性损害。

"官僚制组织的发展有一个决定性的原因——它在纯技术层面上始终优越于其他形式的组织。……精确、迅速、明晰、档案知识、连续性、酌处权、统一性、严格的隶属关系、减少摩擦、降低物力人力成本，在严谨的——尤其是独断形式的——官僚制行政中都可以达到最佳状态。"②在技术优越性的推动下，官僚制成为各种社会大集团提高行政效率的有效方式，这种扩张趋势的背后却也潜伏着非人化的风险。这是因为，官僚制的运行依靠着僵硬的规则和标准化程序，将各种具体情形进行归类处理，在最大限度地减少人际接触和自由裁量空间的同时，也把个体困于"理性的铁笼"之中，带来了冷冰冰的非人化后果。凭借等级制结构中的位置和职权，官僚享有了对待下级和公众的支配性地位，在日常事务中逐步落入老马推磨、惰性相沿的例行公事之中，或者猝然陷入某一领导成员未经讨论推敲就付诸实施的天马行空设想中，并且时常无所顾忌地展现出居高临下的傲慢姿态和飞扬跋扈的粗野作风。这样的权力行使过程，缺少了必要的责任心和同情感，反而是被一种深深的蔑视感和

---

① 《习近平谈治国理政》，外文出版社 2014 年版，第 15 页。

② ［德］马克斯·韦伯：《经济与社会》第 2 卷，阎克文译，上海人民出版社 2010 年版，第 1112—1113 页。

由此引发的下级或公众的厌恶感所充斥。此外，现实中的官僚制也可能因为自身的发育不足而出现问题。比如，官僚制内部机构重叠、职能交错造成权力行使时的相互抵牾，官职之间的合法权限、互动规则缺乏明确界定时的权力空转，以及官员之间由于紧密的人身依附性而来的权力交换，这些都会引发权力行使对象的厌恶和反感，造成一种难以弥补的疏离关系。

二　相异性：凸显了国家治理的不同面向

正如有学者指出的，中国权威体制下的有效治理依赖于两个核心维系机制：一是科层制度，指涉中央政府及其下属各级政府机构间的等级结构；二是观念制度，指涉政府内外、全国范围的共享价值，表现为国家与个人、官僚与公民之间在社会心理和文化观念上的认同。[①] 这两个维系机制虽然是从维护和巩固权威体制的意义上来说的，却也从另一个角度触及了当前中国国家治理的复杂面向。国家治理是以国家为中心对公共事务进行处置和安排，需要回答谁治理、何种治理取向以及怎样治理这三个基础性问题。对于中国的国家治理来说，官僚主义问题无疑是一个观察不同治理面向的合适窗口，其两种演化路径凸显了国家治理过程中的不同治理主体、理性取向和作用机制。

一般来说，所有政府体制都存在两种主要的或基本的功能：政治功能指向国家意志的表达，主要与政策制定有关；行政功能指向国家意志的执行，主要与政策的执行有关。[②] 因此，国家治理既包括安排处置公共事务的意志表示如何形成，也包括这种安排处置的意志表示怎样落到实处，二者主要对应着政党和官僚组织两种治理主体。其中，政党是国家与社会之间政治性和组织性的联系机制，通过汇聚民意、组织政府而承担着表达国家意志的重要功能。相比之下，官僚组织因受长期专业训练和掌握专门化知识，主要负责执行国家意志，着力于提升政府运作的行

----

① 周雪光：《权威体制与有效治理：当代中国国家治理的制度逻辑》，《开放时代》2011年第10期。

② ［美］弗兰克·古德诺：《政治与行政——政府之研究》，丰俊功译，北京大学出版社2012年版，第18页。

政效率。从作风建设的视角看，国家治理的关键在执政党，执政党的执政能力和先进性状况关系到国家治理现代化的能力和成效。官僚主义现象的产生，就在于执政党成员因理想信念弱化缺失而被手中的权力所反噬，其行为和作风与党的初心使命和人民立场相背离，严重损害了人民的根本利益，恶化了党群干群关系，成为侵蚀党的执政根基的害群之马。从官僚制视角看，国家治理的有序运作，离不开一支规模庞大、训练有素的官僚队伍，这在任何现代国家都是如此。官僚主义现象是现实政治中可以预料的一种副产品，也是一种很难避免的代价。在经年累月的事务性工作中，官僚的责任心被僵化生硬的规则所消磨，与职位相伴随的职权变成了官僚个人的私有物，照章办事、规避责任成为指导日常工作的最高准则，态度傲慢、作风粗暴变成了官僚办事中的一种发泄和消遣，公众则不可避免地沦为官僚眼中低人一等的被支配对象。

工具理性和价值理性是理性的两个主要类别。在韦伯看来，从理性行动角度看，工具理性取向是基于对客体在环境中的表现和他人表现的预期，以此为条件或手段来实现自身的理性追求和特定目标；价值理性取向是基于对某种包含在特定行为方式中无条件的内在价值的自觉信仰，无论该价值是伦理的、美学的、宗教的还是其他的什么东西，追求的是这种行为本身，而不管其成败与否。[①] 工具理性涉及手段与目标之间的关系，注重手段的运用而非目标的制定，关注达成目标的手段是否有效率，也就是通过计算成本和收益来找出实现目标的最优化手段。与之相比，价值理性关注目标的制定，也就是目标是否符合自身信仰和终极价值，它不计较行为的手段和后果，仅看重行为本身的内在价值。[②] 作风建设是马克思主义政党加强先进性建设的重要内容，这种政治自觉是与马克思主义政党的历史使命紧密相连的。中国共产党是典型的马克思主义使命型政党，根据时代条件和具体国情，对马克思主义政党的历史使命做了时代化与国别化的再诠释，秉持价值理性的指引，领导人民进行有效的国家治理。在作风建设失灵的演化路径中，官僚主义问题是因放弃价值

---

① ［德］马克斯·韦伯：《经济与社会》第1卷，上海人民出版社2009年版，第114页。

② 张德胜、金耀基、陈海文、陈健民、杨中芳、赵志裕、伊沙白：《论中庸理性：工具理性、价值理性和沟通理性之外》，《社会学研究》2001年第2期。

理性的指引而产生，没有一以贯之地按照党的理想信念和终极价值目标来安排处置公共事务。官僚制是建立在工具理性之上的严密精细、务实高效的组织形式，是现代社会高扬工具理性的产物，而又具体体现为技术知识的支配。改革开放 40 多年来，中国国家治理日益表现出工具理性的一面，对成本与收益的计算以及对目标、手段和附带后果进行权衡，据此追求治理行动的效率最大化，并且日益推崇一种技术化的治理。① 从官僚制的内在弊端看，官僚主义问题是工具理性缺乏遏制、过度张扬的结果。按照规章制度、固定流程、量化指标处理各种常规性事务，是提高行政效率的必要手段，但当手段变成了最终的目的，就难免被繁文缛节、僵硬刻板、非人格化等特点所累，造成公众所厌恶的种种官僚主义现象。

国家治理通常分为常规化治理与非常规化治理两种类型。比较而言，常规化治理适用于日常状态，依托等级结构分明、权限界定清晰的庞大官僚组织，优势在于高效地处理日常性公共事务。它内在地要求常规化、科层化的治理，将重点放在制度规范、合法程序和政府官员方面，强调行政组织的结构完善、功能发挥与资源运用。非常规化治理如运动式治理，适用于常态化治理失灵或者说正式制度失败之时，通过采用诸如严打、集中整治、专项治理等方式，打破制度、常规和专业界限，把国家治理动力诉诸对社会的广泛动员上，以此强力改善国家治理的运行状态。② 作为一种追求高效率的社会组织形式，现代意义上的官僚制基于明确精细的理性规则，依托自上而下的层级体制传达指令，通过受过专门训练的工作人员以文档化的处理方式进行落实。当前，中国政府管理体系由中央、省、市、县、乡五级组成，各级公务员总数约为 800 万人。对于这样庞大的机构体系和队伍规模来说，要想实现有效的协调运转，势必离不开一整套较为成熟定型的制度体系和机构职能体系。在机构运转和事务处理过程中，各级公务员队伍普遍信奉"规则万能主义"，并且除

---

① 渠敬东、周飞舟、应星：《从总体支配到技术治理——基于中国 30 年改革经验的社会学分析》，《中国社会科学》2009 年第 6 期。

② 唐皇凤：《常态社会与运动式治理——中国社会治安治理中的"严打"政策研究》，《开放时代》2007 年第 3 期。

基层公务员外都是坚持对公不对私，这些处理事务的指导原则诱导公务员走向习惯性地推卸责任、冷漠对待群众之路，由此引发官僚主义的指责批评远非个例。政治动员是马克思主义政党格外重视的一种政治领导方式。列宁鲜明强调，"阶级政治意识只能从外面灌输给工人……为了向工人灌输政治知识，社会民主党人应当到居民的一切阶级中去，应当派出自己的队伍分赴各个方面"①。就中国共产党来说，无论是在革命战争年代还是执政掌权时期，我们党历来强调做好对群众的政治鼓动，充分调动群众的政治热情和工作积极性，通过发动和组织群众来推动革命、建设和改革事业的发展。政治动员是党实现非常规治理的前提条件。针对某一领域、某一方面的任务或问题，党发动各类宣传机器做广泛的宣传动员，营造集中治理的思想共识，从而为组织优势资源和力量来快速完成任务或处理问题提供动力。在广泛动员和集中治理时，如果个别党员干部不是从人民群众的立场出发，做不到从群众中来、到群众中去，其所制定的目标要求就会脱离群众、脱离实际，治理过程中就会表现出蔑视群众、凌驾于群众之上的粗野作风。

第四节　以全过程人民民主破除官僚主义

全过程人民民主是习近平总书记创造性提出的重大理念，发展全过程人民民主是新时代以来党和国家事业取得的一项显著成就。概括来说，全过程人民民主涉及价值、制度和实践三个层面：从价值层面看，全过程人民民主奉行人民主权原则，人民当家作主是发展全过程人民民主的根本原则和核心取向；从制度层面看，全过程人民民主有着完整的制度程序做保障，是以人民当家作主制度体系作为核心内容和实践基础的；从实践层面看，全过程人民民主具有鲜明的全过程参与特色，是以人民群众广泛持续深入的参与做支撑的。全过程人民民主蕴含着全面否定官僚主义的内在可能性，发展全过程人民民主是新时代破除官僚主义的一大利器。

---

① 列宁：《怎么办?》，人民出版社 2018 年版，第 80—81 页。

一　全过程人民民主内含着破除官僚主义的要求

正如民主是个多棱镜一样，全过程人民民主同样有着不同的面向，是价值、制度与实践的有机统一体，在新的时代条件下展现出蓬勃生机和旺盛活力。全过程人民民主是与官僚主义根本对立的，在价值原则、制度程序和参与实践三个层面都对破除官僚主义提出了明确要求和现实路径。

人民性是民主理应含有的价值意蕴。在马克思看来，民主作为一种国家制度只表现为一种规定即人民的自我规定，换言之，民主意味着国家权力由人民掌握。列宁认为，"马克思在使用'人民'一语时，并没有用它来抹煞各个阶级之间的差别，而是用它来概括那些能够把革命进行到底的一定的成分"①。只有由人民自己当自己的家，才是真正民主构建的开始。毛泽东认为，中国革命所要建立的政权和国家，应该是各革命阶级联合起来的人民的民主与专政。他指出，"人民的国家是保护人民的。有了人民的国家，人民才有可能在全国范围内和全体规模上，用民主的方法，教育自己和改造自己"②。

全过程人民民主具有鲜明的人民性，是与人民主权或者说主权在民的根本原则相适应的。人民当家作主是全过程人民民主理念的根本意涵，内在地要求民主实践必须坚持人民主体地位，致力于让人民的意愿充分表达和有效实现，让国家权力的运行充分接受人民的制约和监督。③ 从全过程人民民主的价值原则进行推演，就必然推断出必须由人民掌握并行使管理国家的权力。官僚主义是与人民当家作主的价值原则相背离的。在权力异化的作用下，官僚主义造成了主人和公仆之间的位置颠倒。坚持全过程人民民主理念，势必要求广大党员干部始终牢记权力是人民赋予的，必须坚持人民至上的政治立场和全心全意为人民服务的根本宗旨，做到用手中的权力真正为维护和增进人民利益服务，而非

---

① 《列宁全集》第 11 卷，人民出版社 1987 年版，第 117 页。
② 《毛泽东选集》第 4 卷，人民出版社 1991 年版，第 1476 页。
③ 王阳亮：《人民监督权力：全过程人民民主的内在价值与保障机制》，《探索》2022 年第 3 期。

窃据于主人地位，将权力变成满足私欲的工具。因此，持续性的作风建设是破除官僚主义的重要举措，这有助于党员干部树立正确的权力观、地位观、利益观，确保其在自身工作的全过程始终做到一切为了人民、一切依靠人民。

民主有形而上的一面，也有形而下的一面。人民主权原则要落到实处，必须有坚实的制度做保障。在新中国成立以来的探索实践基础上，人民民主在新时代完成了迭代升级，形成了全过程人民民主的新形态。全过程人民民主把人民主权原则贯穿持续性的社会主义民主政治建设过程中，推动已经形成的一整套人民当家作主制度体系日益走向成熟和定型。这些完整的制度程序，保证了人民能够享有平等充分的投票权，让人民有机会通过各种民主渠道和形式实现广泛、持续、深入的参与，有助于在国家治理和社会治理中构建出关系和谐、凝聚人心、充满活力的政治秩序。

由于在地域和人口方面远胜古希腊时期的城邦，现代国家的民主实践普遍采取了代议制民主的方式。它通过周期性选举形式，让民众选出代表他们意愿的人来掌握政治权力，这样就在政治人物和普通民众之间形成了委托—代理关系。[①] 按照政治—行政的二分法，政治人物又将权力进一步委托给官僚队伍，让其负责执行国家意志、回应人民需求。这种多层委托—代理关系，容易因信息不对称而产生权力倒置问题。避免权力倒置现象，就必须从制度层面加强对权力的制约和监督。全过程人民民主通过日益成熟定型的制度体系，鼓励人民群众借助各种民主渠道、形式和手段进行政治参与，通过有序畅通的政治参与机制达成人民监督权力的预期效果。因此，从制度建设入手发展全过程人民民主，就有可能为破除官僚主义提供必要的制度约束，从而在权力的实际运作中及时抑制官僚的自主性，不断增强权力对民心民意的回应性。

美国学者科恩认为，"民主是一种社会管理体制，在该体制中社会成员大体上能直接或间接地参与或可以参与影响全体成员的决策"[②]。因此，

---

① 程竹汝等：《全过程人民民主：基于人大履职实践的研究》，上海人民出版社 2021 年版，第 10 页。

② ［美］科恩：《论民主》，聂崇信、朱秀贤译，商务印书馆 1988 年版，第 10 页。

参与就成为衡量民主尺度的关键变量。科恩进一步将衡量民主的尺度区分为三个方面，即民主的广度、深度和范围。民主的广度是指受政策影响的社会成员中实际或可能参与决策的比例；民主的深度是由参与的性质确定的，也就是说看参与者参与时是否充分、有效；民主的范围是指在何种问题上人民的意见起决定作用，以及对人民意见的权限做哪些限制。① 全过程人民民主是对中国民主政治性质、特点和优势的新概括，强调了中国社会主义民主的广泛性、真实性和有效性特质。② 从民主的广度看，全过程人民民主是全体中国人民共同享有的民主，是涵盖最大多数人的最广泛民主，而不论个体是来自哪一地区、民族、阶层，抑或从事何种职业、具有怎样的教育程度、信仰哪种宗教。从民主的深度看，全过程人民民主的参与是真实充分的，人民不仅能够选出自己信得过的人来行使权力，还能够参与到民主政治的全过程，在决策之前和决策实施之中进行充分的协商讨论。从民主的范围看，全过程人民民主不是局限于政治领域的，而是主张政治民主与经济民主、国家民主与社会民主的有机结合，坚持所有国家和社会公共事务都应纳入民主参与的范围内，各项重大决策都应是民心民意的充分体现。

参与就是对权力最好的监督。1945 年，面对黄炎培提出的如何跳出历史周期率的问题，毛泽东回答说，"我们已经找到新路，我们能跳出这周期率。这条新路，就是民主。只有让人民来监督政府，政府才不敢松懈。只有人人起来负责，才不会人亡政息"③。人民广泛、持续、深入的参与是全过程人民民主的鲜明特质。它支持并保障人民全过程参与到国家政治生活和社会生活之中，侧重于用丰富多样、行之有效的参与和监督实践来确保国家权力的行使始终服务于最广大人民的根本利益。因此，新时代新征程发展全过程人民民主，有利于进一步扩大人民有序政治参与的广度、深度和有效度。这些广泛、真实、有效的参与，能够为制约和监督权力提供充足的民意基础，从而为切实破除官僚主义提供良好的现实条件。

---

① ［美］科恩：《论民主》，聂崇信、朱秀贤译，商务印书馆 1988 年版，第 12—29 页。
② 商红日：《全过程人民民主发展机理研究》，《统一战线学》2021 年第 5 期。
③ 逄先知、金冲及主编：《毛泽东传》第 3 册，中央文献出版社 2011 年版，第 978 页。

二 破除官僚主义需要防范的不良倾向

官僚主义现象并非新事物,负面影响也不限于一时一国。当前,中国的官僚主义现象在高压整治下仍然禁而不绝,成为影响党和人民事业健康发展的大敌。官僚主义是发展全过程人民民主的主要障碍之一,在国家和社会治理中严重阻碍了人民行使当家作主的权利,也阻碍了民主集中制原则的贯彻落实,由此与人民当家作主的价值理念相背离。反过来,官僚主义的破除,也依赖于全过程人民民主的充分发展。当然,官僚主义现象的产生不是偶然的,背后隐藏着一些值得深思的深层次因素。

荷兰学者马克·波文斯曾将官僚问责概念区分为美德问责制与机制问责制两种类型:前者从规范的意义上评估官僚这类代理人的实际行为;后者从描述意义上将问责视作一种制度关系或安排。① 这反过来提示我们,官僚主义现象的产生,既有因理想信念缺失而来的作风建设失灵问题,也掺杂着官僚制的固有弊端及其发育不足的问题。官僚主义的两种演化路径,一定程度上折射出中国国家治理的复杂面向。要实现更加健康、更有活力的国家治理,就必然需要采取综合系统的系列举措,在改进作风建设与官僚制方面持续保持双向发力的态势。换言之,中国的国家治理既需要广大党员、干部对理想信念和人民立场的坚守与践行,也需要理性高效的官僚组织提高对公众的回应性和责任性。不管哪方面出现了松动迹象,权力的行使者都会实质上把个人私利凌驾于人民群众的长远利益、根本利益之上,违反自身的角色设定和行为预期,最终影响到良政善治的实现。

从官僚主义的两种演化路径看,当前中国国家治理需要注意防范两个重要倾向:其一,需要防范党员干部队伍出现大面积的理想信念缺失情况。习近平总书记指出,"一个政党的衰落,往往从理想信念的丧失或缺失开始。中国共产党是否坚强有力,既要看全党在理想信念上是否坚定不移,更要看每一位党员在理想信念上是否坚定不移"②。党员干部是

---

① Mark Bovens, "Two Concepts of Accountability: Accountability as a Virtue and as a Mechanism", *West European Politics*, Vol. 33, No. 5, 2010, pp. 946 – 967.

② 《习近平在庆祝中国共产党成立 95 周年大会上的讲话》,《人民日报》2016 年 7 月 2 日。

发展党和国家事业的决定性力量，作风建设状况是影响其作用发挥的关键性因素。改革开放 40 多年来，随着中国社会主义市场经济的不断发展，社会各领域普遍弥漫着浮躁功利情绪，作风建设的正面效应时常被利益交换、货币价值的侵蚀效果所抵消，理想信念和公仆意识被程序主义和即事取向所代替。理想信念的这种缺失情况已非个案，这在干部被查后的情况通报中愈发常见。因此，必须采取有效举措切实增强党员干部的理想信念和为民情怀，防范出现大面积思想滑坡的情形，将权为民所用的执政意识和密切党群、干群关系的政治自觉贯穿到国家治理的全过程。其二，需要约束官僚自主性的肆意滋长。孟德斯鸠说过，"一切有权力的人都容易滥用权力，这是万古不易的一条经验。有权力的人们使用权力一直到遇有界限的地方才休止"①。官僚自主性与权力的扩张性有关，在无法根除的情况下必须全天候地加以监督和约束。就中国来说，各级干部队伍是国家治理任务的主要承载者、实施者，有着稳定的职业发展预期，容易在群体内部造成一种封闭性的身份意识，形成日益与群众和实际相脱离的权力内循环。对这种封闭性的身份意识、脱离群众和实际的行为趋向，必须进行针对性的防范和抑制，比如逐步剥离干部身份背后的附加待遇，增强干部队伍内部及其与社会其他群体之间的流动性，提升公众舆论的监督制约力度等。应该说，这两个问题是相互关联、互为因果的，需要以战略思维、系统观念进行综合性整治。毕竟党员干部理想信念上的滑坡，一定程度上意味着部分政党成员的官僚化现象以及官僚自主性的明显滋长；反过来，官僚自主性的过度滋长，也反映出执政党内至少部分政党成员出现了明显的理想信念缺失问题。

作为一种政治常见病，探讨官僚主义的成因是与如何看待这些现象紧密相连的。目前，中国主要是从思想作风的角度看待官僚主义现象的，将其列为"四风"问题之一加以整治，取得了一些比较明显的成效。当然，官僚主义问题在深层次上依然存在，这就需要在发展全过程人民民主过程中利用治标赢得的时间向治本去努力，从作风整治及时地递进到在完善体制机制层面下功夫，从而彻底清除滋生官僚主义的深层土壤。

---

① ［法］孟德斯鸠：《论法的精神》（上册），张雁深译，商务印书馆 1961 年版，第 154 页。

第九章

全过程人民民主视域中的
西方民主

民主在西方有着漫长的发展史。无论是在概念层面还是在实践维度上，通常都将其追溯至古希腊时期。当代的考古学发现，民主有着更早的东方源头。比如说，古希腊语的民主（dēmokratia）很可能与古苏美尔语的"DUMU"（意指居民、儿子或孩子）有着语义上的联系，古叙利亚—美索不达米亚一带城镇或部落层面的大会式自治在时间上也要远早于古希腊时期的民主实践。因此，二者之间的深层连贯性为学者们所注意。美国专治古代两河流域史的学者弗莱明通过对玛里文书档案的研究提出，民主性的集体治理是两河流域西北部乃至整个两河流域通行的政治模式，虽然它不是希腊民主制的直系前身，但可以被视作更大范围内民主的"祖先"。① 澳大利亚政治哲学家约翰·基恩（John Keane）认为，民主很可能源起自东方，它对于西方而言是个舶来品。② 即便不考虑东方的城镇或部落等层面的大会式自治实践，西方民主的故事也足够吸引人。历史上，它既曾长时间饱受争议，也经历过长达千年的沉寂，最终却迎来了世人的瞩目与赞誉。事实上，自古希腊以降的 2500 多年时间里，西方民主一直处于流变之中。在经历无数次或大或小的修正和扩充后，这一概念的内涵早已变得面目全非，其所涵括的古今实践更是名同实不同

---

① ［美］丹尼尔·E. 弗莱明：《民主的古代先祖》，杨敬清译，华东师范大学出版社 2017 年版，第 391—392 页。

② ［澳］约翰·基恩：《生死民主》，安雯译，中央编译出版社 2016 年版，"前言"第 3 页。

了。不过，对于民主的这些内涵和实践，我们都有必要放在全过程人民民主视域中加以分析、予以扬弃，真正做到为我所用而非在一味偏信中受其蛊惑和伤害。

第一节　西方民主的历史流变

一　西方民主历史流变的阶段划分

从历史轨迹看，西方的民主概念由简单走向复杂，由清晰走向模糊，在几番变化后先后呈现出多种迥然不同的核心内涵。从长时段的宏观考察来看，在民主的发展历程中具有代表性的民主内涵主要从属于三个阶段：一是古希腊的民主政体，意味着平民们执掌城邦的最高权力；二是近现代的代议制民主，强调由民众推选做政治决定的人；三是当代的治理民主[①]，侧重于公众对社会政治生活更大程度的参与。

（一）古希腊的民主政体

古希腊一直被视作西方文明的摇篮，考察民主源流也有必要从古希腊时期开始。从词源学角度看，现代英语中的"democracy"是从中古法语的"democratie"转译而来，其又可以经后期拉丁语的"democratia"而上溯至希腊语的"dēmokratia"（δημοκρατία）。[②] 在希腊语中，"dēmokratia"（δημοκρα-τία）属于阴性名词，它被雅典人奉为女神，庇护着雅典民众，可以决定他们的生死。该词由"dēmos"（δήμος）和"kratos"（κρατος）两部分组成的。其中，"dēmos"至少有五重含义：一是雅典境内基层的自治村社"德莫"；二是全体成年男性公民；三是在公

---

① 目前，国内学术界从理论层面对"治理民主"的讨论还不算多，其中比较有代表性的观点有：何显明认为，治理民主是一个开放性的话语体系，能够实现程序民主与实质民主的融合，将参与民主、协商民主等民主创新思路纳入自身的理论框架，可视作一种正在成长中的复合民主范式；杨光斌则多次强调，治理民主是对自由民主的超越，它由参与—自主性回应—责任三要素构成，强调国家与社会的互动，更合乎实质正义原则。参见何显明《治理民主：一种可能的复合民主范式》，《社会科学战线》2012年第10期；杨光斌《超越自由民主："治理民主"通论》，《国外社会科学》2013年第4期；杨光斌、石本惠《治理民主：民主研究的新进程——对话杨光斌教授的民主理论研究》，《党政研究》2014年第5期。

② ［美］梅里亚姆–韦伯斯特公司编：《韦氏词典》，世界图书出版公司1996年版，第206页。

民中占绝大多数的平民；四是公民大会；五是民主政体本身。① 与之相比，"kratos" 的含义相对简单，它原本是一个粗鄙的词，指的是力量、权力及支配。在古希腊神话中，克拉托斯（Kratos）是强力的化身，曾经与比亚（Bia，暴力的化身）等一起束缚过取火者普罗米修斯。② 因此，"dēmokratia" 即民主的基本含义应为全体公民或平民的统治，强调的是作为多数的平民具有统治或支配地位。③

在古希腊时期，政体实际上就是指政府形式，也就是对城邦中的各种官职特别是最高官职的某种制度或安排。民主是当时政体中的一种。在民主政体中，平民在城邦政治中占据统治地位，拥有最高的决定权，能够直接参与包括议事和法庭审判在内的各种城邦事务。在早期著作《理想国》中，柏拉图曾将政体分为五类，民主政体位居第四，它是寡头政体腐化的结果，也很有可能进一步腐化成僭主政体。在柏拉图看来，民主政体不加区别地把平等给予一切人，公民们都有同等的公民权及担任官职的机会，这样的城邦里充斥着不必要的欲望，并且容许有广泛的自由，最终却又由于过分追求自由而产生极权政治。④ 亚里士多德采纳了柏拉图《政治家》中的双维度政体分类法。他在《政治学》中先按照是否以公民的共同利益为标准，将政体分为正确政体和堕落政体；再按照通常掌握最高权力的人数，将政体分为三类，即一个人、少数人或多数人统治。这样，两种维度交叉结合后，就可以得到六种政体类型。⑤ 其中，共和政体是正确政体的一种，它是寡头政体与民主政体的混合，并且倾向于民主政体，兼具了财富与自由两种要素。民主政体是共和政体的变体，只着眼于穷人或者说平民的利益，仅比同样为堕落政体的寡头

① 王绍光：《抽签与民主、共和》，中信出版社 2018 年版，第 13 页。

② ［德］斯威布：《希腊的神话和传说》，楚图南译，人民文学出版社 1978 年版，第 6 页。

③ 伯里克利在阵亡将士国葬典礼上的演说佐证了这一点。他说："我们的制度之所以被称为民主政治，因为政权是在全体公民手中，而不是在少数人手中。……任何人，只要他能够对国家有所贡献，绝对不会因为贫穷而在政治上湮没无闻。"修昔底德：《伯罗奔尼撒战争史》，谢德风译，商务印书馆 1960 年版，第 147 页。

④ ［古希腊］柏拉图：《理想国》，郭斌和、张竹明译，商务印书馆 1986 年版，第 316—343 页。

⑤ ［古希腊］亚里士多德：《政治学》，本杰明译，上海世界图书出版公司 2001 年版，第 53 页。

政体和僭主政体不坏而已。民主政体的内在精神是自由原则，这种自由是就政治层面来说的，意指全体公民都拥有以同等身份参与处理城邦事务的自由，因此，这里的自由等同于平等。那些没有财产或者说财产很少的平民，仍有资格参与城邦的议事和审判事务。他们通常在人数上占多数，共同执掌着城邦的最高权力。

在古希腊民主政体之后的近两千年时间里，民主在大多数时间里被人们忘却了。不过，在偶尔被提起时，民主都被视为暴民政治、多数暴政的代名词，受到众多政治理论家的批评和厌弃。比如，在启蒙时代，民主被视作颠覆性的暴民统治，并且总是被各种派系所分裂。丹麦古典学家摩根斯·汉森（Mogens Herman Hansen）对此做了生动形象的比喻。他将当时的民主比作刚刚苏醒的睡美人，"当她醒来时，王子们都害怕她，哲学家都厌恶她，政治家都认为她不可行"①。麦迪逊（James Madison）同样反复强调，民主政体意味着民众亲自组织和管理政府，它不能制止派别斗争的危害，必然造就动乱和争论；它同个人安全和财产权并不相容，往往由于暴亡而夭折。②

（二）近现代的代议制民主

代议制民主的出现不是一朝一夕间完成的。从代议制到代议制民主，历史上经历了一个长达几百年的过渡期。并且，与其说代议制民主是在民主基础上加上了修饰词"代议制"，毋宁说它是在代议制的框架上披上了一层民主的面纱。

代议制的关键载体是议会，来自不同社会群体的代表们依此共同讨论决定事情。约翰·基恩通过研究梳理提出，最早的议会出现于12世纪末欧洲伊比利亚半岛的西北部（今西班牙的西北部）。那个时候议会被称为"科特"（Cortes），比英国的议会还要早一些。在信奉伊斯兰教的摩尔人持续进犯下，莱昂王国的国王阿方索九世希望发动对抗摩尔人的持久战。为此，他于1188年召集了由贵族、主教及城镇市民参加的议会，并

① Mogens Herman Hansen, *The Tradition of Ancient Greek Democracy and Its Importance for Modern Democracy*, Copenhagen: The Royal Danish Academy of Sciences and Letters, 2005, p. 7.

② ［美］汉密尔顿、杰伊、麦迪逊：《联邦党人文集》，程逢如译，商务印书馆1980年版，第48—49页。

与他们进行了妥协：在贵族和主教支持下，阿方索九世负责向被围困的城镇提供保护，而城镇市民负责提供必要的士兵和经费。当时，莱昂议会的成员自称"procurator"。这个拉丁语的意思是代表或代理人。它既可指称全体议会代表，也可特指那些被提名参加议会并在议会保护本城利益免受君主侵害的城镇官员。应该说，莱昂议会在历史上产生了深远的影响，议会由此先在今西班牙范围扩散，之后数百年时间里传播至整个欧洲，许多国家的这类议会甚至一直持续到法国大革命爆发。① 此外，在议会早期发展的同时，乡村、城镇、宫廷中的代表大会式组织连同基督教的教会会议，一起推动欧洲历史加速步入代议制时代。②

自近代以来一直到18世纪末，代议制可以说是混合政体即共和制的代名词，被众多政治人物视作理想的政府形式，而民主制就是其主要的"假想敌"。二者之间的差异和对立，集中体现在立法权的归属与行使上：民主制强调由公民直接制定法律，代议制偏重于由已经推选的代表们进行立法。代议制的混合性质决定了它内在地具有一定的制度弹性，这种制度弹性又有助于其及时回应工业革命以来社会形势所发生的急剧变化。到19世纪中期时，工业革命的不断拓展，明显改变了欧美主要国家的社会结构，贵族、大地主与中下层力量此消彼长，社会力量对比的显著变化要求政治权力配置做出积极的回应。在这种背景下，不少政治人物和政治理论家们开始设想代议制与民主制的结合，强调代议制内含的民主成分，通过逐步扩大选举权范围，以此应对欧美社会不可阻挡的民主趋势。

与此同时，一些政治理论家开始着手将民主概念融入代议制框架中，致力于打造秩序可控、程度有限的代议制民主。他们借助主权与治权的区分，将民主概念限定为间接的人民主权。一方面，主权名义上归属于人民；另一方面，治权由民众选举产生的代表们所掌握。③ 因此，民主由代议制的竞争对手内化为代议制框架的有机组成部分，民主的实践不再是民众直接参与和管理公共事务，而是转换成代表得以产生的选举过程。

---

① ［澳］约翰·基恩：《生死民主》，安雯译，中央编译出版社2016年版，第146—158页。
② ［澳］约翰·基恩：《生死民主》，安雯译，中央编译出版社2016年版，第186—187页。
③ 王绍光：《抽签与民主、共和》，中信出版社2018年版，第400—402页。

这种民主就是代议制民主或者说代议民主，自 19 世纪中叶起历经百年的持续论证，最终由熊彼特给出了备受西方社会认可的标准定义。在熊彼特那里，民主变成了一种竞争政治领导权的程序方法，"就是那种为作出政治决定而实行的制度安排，在这种安排中，某些人通过争取人民选票取得作决定的权力"①。与古希腊的民主不同，这里的民主仅把选举做出政治决定的人作为最初目标，而把选民决定政治问题放在了第二位。因此，民主政治意味着政府的执政权应交给在自由投票的竞选中获得更多支持的人。②

（三）当代的治理民主

参与是民主政治的题中应有之义。在近现代的代议制框架里，民众的参与行为一直被限定在政治领域，主要是参与竞争性选举的投票过程，通过选举投票完成政治意义上的授权。授权之后，政治权力具体如何行使则不属于民众参与的实然范围。尤其是政治与行政的分离，在显著提升行政效率的同时，却也极大地限制了民众参与的广度与深度。进入当代以来，行政国家的特征愈发突出，庞大的官僚队伍和行政主导的国家都是代议制民主局限性的体现和反映，民主逻辑的延伸已不是修修补补代议制民主所能胜任的，民众的参与热情也亟须通过革新民主理念、民主形态来调动和释放。

20 世纪六七十年代，西方主要国家一度出现了"民主的危机"，遭遇了选举投票率明显下降的难题。应该说，这种政治冷漠症的出现，很大程度上反映了民众对当时政治运作的不满，是对缺乏实质性政治参与机会的一种抵制。在这种背景下，参与民主理论正式出现，它强调不断扩大参与范围、拓展参与渠道，让更多的人最大限度地参与到民主过程中来。美国政治学家佩特曼认为，全国层面上代议制的存在不是民主的充分条件，真正的民主势必生长在一个参与性社会中，它要求把"政治"的范围延伸到政府以外的领域，尤其是与人们生活息息相关的社区或工

---

① ［美］约瑟夫·熊彼特：《资本主义、社会主义与民主》，吴良健译，商务印书馆 1979 年版，第 396 页。

② ［美］约瑟夫·熊彼特：《资本主义、社会主义与民主》，吴良健译，商务印书馆 1979 年版，第 395—400 页。

作场所等领域，让公众直接而又充分地参与公共事务的决策，这样才能够显著地提升公众的政治效能感，发展个体的社会和政治能力，从而成就一种更富生命力、以参与理念为核心的民主实践。① 到了20世纪八九十年代，在参与民主理论基础上，民主理论出现了一种协商转向，而在这之前事实上已经有了大量的协商实践。在协商民主看来，民主意味着公众通过共同的审议活动来对公共事务做出决策。它推崇审慎的反思和理性的讨论，更加侧重于参与质量的提升。在这种审议性对话中，参与个体之间是自由而平等的，他们在获取充分信息和深思熟虑基础上，通过公开说理的方式，相互陈述符合公共理性的各种理由，消除彼此的分歧，寻求群体内部的最大共识，从而确保公共决策的正当性以及公共利益的实现。②

无论是参与民主论者将"政治"的范围延伸至政府以外的领域，还是协商民主论者强调的参与公共决策讨论，二者实际上都将民众的参与行为推进到了治理领域。这样，以参与民主与协商民主为代表的治理理论和实践，就已经把民主概念从代议制框架中解放出来，将民主参与从政治领域的选举投票拓展到社会各领域的治理过程中。这种民主理念、民主形态的革新，可以概称为"治理民主"。在治理民主的视野里，民主不再局限于一种特定的政治制度安排，而是成为公众通过多样化途径参与公共生活的过程。它改变了公众以往在治理过程中的被动参与局面，提升了其在民主实践中的主体性地位，也推动了整个社会生活趋向民主化，使得民主实践的空间得到进一步扩展。③

二 西方民主流变的双层比较

民主的流变如同一条奔腾不息的长河，不同历史时期既有水位高低不同、水速快慢相异的水体，也有形态相近、成分不变的河床。因此，对民主流变三个阶段的纵向比较，需要分为两层来考量：一是上层"水

---

① [美]卡罗尔·佩特曼：《参与和民主理论》，陈尧译，上海人民出版社2012年版，第39—40、98—104页。

② [美]埃米·古特曼、丹尼斯·汤普森：《审议民主意味着什么？》，载谈火生等编译《审议民主》，江苏人民出版社2007年版，第7页。

③ 何显明：《治理民主：一种可能的复合民主范式》，《社会科学战线》2012年第10期。

体"的比较，关注民主流变的一面；二是底层"河床"的比较，关注民主流变背后不变的另一面。

（一）上层的"水体"：流变的本质内涵和核心指向

民主的流变，主要体现在两方面（见表9-1）：一是本质内涵的变化，回答的是民主在不同阶段到底指什么；二是核心指向的变化，回应的是民主在不同阶段主要解决什么问题。

表9-1　　　　　　　　　　西方民主流变比较

阶段	流变	
	本质内涵	核心指向
民主政体	政体类型之一	最高权力归属
代议制民主	涉及政治领导权分配的制度安排和政治方法	实现利益满足
治理民主	较为理想的治理形态和治理机制	促进公众参与

在古希腊时期，人们谈论民主是在政体类型层面上来说的，指的是民主政体或民主制。当时的民主政体，只是众多政体类型中的一种，并且完全不被当时的政治理论家所看好。在这些政治理论家看来，政体类型通常就是按照掌权者的人数来划分的，民主政体意味着构成公民绝大多数的平民们掌握最高权力，在城邦政治中居于统治地位。当时，每个城邦的公民人数最多不过几万人，平民们通常包括农民、工匠、商贩和雇工，他们只拥有少量财产或者几乎没有财产。古希腊城邦的政体结构简单而又粗糙。在实行民主制时，城邦最高权力属于公民大会所有，这种大会通常由数千名成年男性公民临时组成。因此，平民们据此能够直接参与管理城邦的大部分事务。以当时的雅典为例，任何一个过着正常成人生活的公民，都可能会有一天时间担任（作为公民大会常设机构的）议事会的执行主席，并作为城邦代表接见外国使节，或者为议事会或公民大会的正式会议准备议程。①

到了近现代时期，民主概念经历了名称的延续与内涵的更替。原先

---

①　[英] 约翰·邓恩编：《民主的历程》，林猛等译，吉林人民出版社2010年版，第203页。

的民主政体或者说民主制意义上的民主，仍旧被当作"坏东西"而逐渐抹去。与之相应的是，代议制中的民主成分逐步壮大，最终民主概念被内化到代议制框架之内，再造为代议制民主的一部分。加上代议制的"笼套"后，民主彻底地被驯化，成为舆论认可、精英满意的"好东西"。此时的代议制民主，在主权与治权的区分下，不再执着于虚化的最高权力由谁掌握，而是直截了当地追逐更具实质意义的治权。在这种情况下，民众的利益偏好上升到前所未有的重要位置，而民主的任务变成了挑选最优秀、最合适的政治人物来做政治决定，以此达到更好地实现利益满足的根本目的。这样一来，民主的本质内涵就发生了变化，由最初的一种政体类型或政府形式变成一种分配政治领导权的制度安排和政治方法。

近几十年来，治理问题的重要性日益凸显出来。此时，公众不再满足于在周期性选举中参与投票，转而希望把民主扩展到更为广泛的社会各领域。比如，参与民主论者主要关心的是，在正式政府机构之外的公民社会各种制度里，如何促进民主的发展；[①] 协商民主论者强调，所有受到公共政策影响的公民都有权参与到协商讨论中，并以公开说理的方式证成公共政策的合法性。[②] 因此，这一阶段的民主出现了从政治领域向治理环节的流动，其核心指向是更多的参与、更好的治理，也就是说，它要求不断增加多样化参与渠道，进一步拓宽参与范围、深化参与层次，以更大范围、更大程度的政治参与来实现更加优良的治理。治理民主将民主的价值内涵赋予治理，通过促进公众参与来寻求公共利益的最大化，形成一种较为理想的治理机制，由此达致一种更佳的治理状态。

（二）底层的"河床"：民主内含的一种根深蒂固的偏见

在民主的流变过程中，无论民主一词是贬义还是褒义，其间都始终掺杂着一种根深蒂固的偏见。这种偏见固执地认为，民众是无知和愚蠢的，他们短视、自私并且冲动，容易受人蛊惑和摆布。具体来说，指向民众的这种偏见，呈现为同向而行、各有侧重的双线结构：一条线指向

---

① ［加］弗兰克·坎宁安：《民主理论导论》，谈火生、年玥、王民靖译，吉林出版集团有限责任公司 2010 年版，第 167 页。

② 谈火生、霍伟岸、何包钢：《协商民主的技术》，社会科学文献出版社 2014 年版，第 12—14 页。

认识论，认为民众缺乏理性，容易冲动，并且缺乏处理政治事务所必需的专业知识；另一条线指向实践论，认为民众参与政治会带来多数暴政，他们势必会利用人数优势和手中权力，危及富人们的安全，并剥夺他们的财产。

古希腊时期的柏拉图和亚里士多德是两条线的早期代表人物。柏拉图从职能的专业化角度提出，城邦治理应当是一门依靠精准知识的艺术，民主政体下的政客却由各行各业的平民组成，他们除了迎合"强烈的兽性"外一无所知，因而给民主政体埋下了无能的种子。[①] 亚里士多德则担忧民主政体助推平民大众胁迫富人，认为他们会仗着人多势众的优势，瓜分居于少数地位的富人的财产。[②] 到了近现代，民众依然备受歧视。在18 世纪的启蒙思想家看来，大众是群氓、畜生、"怪异的野兽"，他们愚昧迷信、无可救药，并且容易受激情支配，能够解救他们的只有少数精英。[③] 熊彼特认为，大多数公民并不那么聪明，他们很难超越狭隘的私心自用，也无力进行理性的辩论，一旦聚集在一起还必然会失去控制。[④] 应该说，在这一阶段私有财产权越来越受到重视。受法国大革命等的影响，针对民众的偏见更侧重于实践论层面，欧洲各国都害怕多数暴政不利于个人安全和财产权。无论是英国的柏克、密尔，还是法国的贡斯当、托克维尔，抑或是美国的麦迪逊等人，都把相当大的精力放在防止多数暴政上，害怕那些占多数的民众损害少数有产者的利益。[⑤] 从长远来看，经济和社会的现代化势必会带来民众参与的扩大，这里的民众参与指的就是民众试图影响政府决策的各种活动。在当代社会，治理民主主要涵括参与民主和协商民主两种具体类型，注重扩大参与范围，提升参与质量。在这一阶段，民众在参与过程中遭遇的质疑，主要是认识论意义上的。在批评者看来，民众天然地缺乏政治参与的知识和能力。一方面，他们

---

① ［美］萨拜因：《政治学说史：城邦与世界社会》，索尔森修订，邓正来译，上海人民出版社 2015 年版，第 97—101 页。

② ［古希腊］亚里士多德：《政治学》，本杰明译，上海世界图书出版公司 2001 年版，第57 页。

③ 王绍光：《抽签与民主、共和》，中信出版社 2018 年版，第 391—392 页。

④ 林·M. 桑德斯：《反对审议》，载谈火生等编译《审议民主》，江苏人民出版社 2007 年版，第 329 页。

⑤ 王绍光：《民主四讲》，生活·读书·新知三联书店 2014 年版，第 31 页。

为了生计奔波忙碌，没时间也没有精力关注政治生活，势必缺乏与公共政策讨论和公共事务处理相关的专业知识；另一方面，他们感性有余、理性不足，缺乏高质量参与所必需的理性思维及语言表达能力。

三 西方民主流变的内在逻辑

在西方民主流变的背后，隐藏的是民众与精英的持续性博弈，彰显的是二者之间的持久性冲突。一方面，民众的范围不断扩大，整体力量持续走强；另一方面，精英根据历史环境的变化，采取务实有效的博弈策略，对民众力量予以有限度的承认。在持续性博弈过程中，与民众相比，精英借助民主话语的解释权，占据了更加主动的位置。在精英们的有意识引导下，博弈重心经历了两次大的变化：先由最高权力归属的争夺到人民主权与政府治权的各得其所，再到政府治权的共享。

（一）民众力量的持续走强

公元前 508 年至前 323 年间的雅典，是古希腊民主政体的典型代表。不过，即便是在当时的雅典，具有公民资格的人员仍然非常有限，只有年满 20 岁的男性才有可能具有公民资格，妇女、儿童、奴隶以及外邦人因不同原因都不具备公民资格。据估算，在雅典全盛时期，享有充分权利的公民总数约有 4 万人，他们的妻儿约有 5 万人，外邦人约 4 万人，奴隶总数则多达 35 万人。因此，公民在总人口中的占比大概仅有 1/10 左右。① 到了近现代以后，随着经济社会的发展，民众力量稳步增强，集中体现为选举权范围不断扩大，直至普选权的实现。以近现代的英国为例，先是 19 世纪的经济和社会改革导致了周期性的选民范围扩大，然后在 20 世纪上半叶最终实现了普选权。具体来说，1832 年英国议会改革后，选民财产和身份方面的限制有所降低，选民人数大约增加了 30 万，在 20 岁以上人口中的占比由 4.4% 提高到 7.1%。之后，1867 年的改革使得大部分城市工人获得了选举权，选民人数在 20 岁以上人口中的占比提高到16.4%。② 到 1884 年时，选民的财产资格进一步降低，农业工人也获得了选举权，英国成年男子的普选权基本实现。这之后，1918 年英国议会

---

① 王绍光：《民主四讲》，生活·读书·新知三联书店 2014 年版，第 3—4 页。
② ［美］罗伯特·达尔：《论民主》，李柏光、林猛译，商务印书馆 1999 年版，第 27 页。

将选举权扩展到年满 30 岁的女性，1928 年又将女性的选举权年龄降至 21 岁，至此英国女性正式享有了与男性相同的选举权。在当代社会，民众的力量愈发不可小觑。自 20 世纪 60 年代中期以来，围绕种族、移民、女权、生态等主题的各种新社会运动在西方社会层出不穷。借助大众传媒的广泛普及与互联网的快速发展，这些集体行为和社会抗议运动的规模及强度不断增大，能够广泛影响到所在国家的政治运作及社会生活的方方面面。

在民主流变的三个阶段之间，民众力量的持续增强首先表现为公民资格的显著扩大，这种公民资格集中表现为政治生活的参与权。在古希腊的民主制城邦里，所谓"多数人的统治"仅仅是相对于其他政体类型而言的，其公民人数占比证明了它仍然是极少数人的统治，因而具有很大的历史局限性。到了近现代时期，除极少数特殊情况外，个体都获得了某一民族国家的公民资格，伴随这种公民资格而来的是选举参与的政治权利。尤其是普选权实现后，公民只要达到了法定年龄，基本上都可以参加所在国家的选举投票。此外，大众力量的持续增强还表现为民众政治参与的影响范围不断扩展。与近现代的代议制民主相比，在治理民主阶段，民众的参与行为不再局限于选举领域，而是全面拓展到社会各个领域，并且参与过程中的主体性更加突出，参与实践的形式更加丰富多样。

（二）精英博弈策略的务实有效

与民众力量持续走强的趋势相对应的是，精英在博弈策略方面格外注重务实有效。无论在古希腊的何种城邦里，与贵族相比，平民们仅在人数上占有相对优势，在政治知识和理性能力上则处于绝对的劣势。在这一时期，除了一小部分政治家对民主政体抱有好感外，更多的政治家和政治理论家都对平民掌权嗤之以鼻，并且直接选择了污名化策略，将民主政体等同于暴民统治，视平民为无知愚蠢的群氓。这一策略一直持续到近现代的早期。这之后，由于工业革命的大力推动，欧美国家的社会结构出现明显变化，精英们对民众日益高涨的力量已经无法视而不见。因此，精英们一方面开始着手改造民主概念，对民主做了无害化处理，将民主话语的解释权牢牢抓在手里；另一方面，在继续贬低民众的同时，有意识地抬高"人民"这一抽象的集体概念，并且借助人民主权的理论表述，将主权和治权进行切割分离，再把名义上的主权归属于人民，采取了明升实降的策略手法来糊弄民众，让他们甘于接受没有实质意义的主权，而把治权通过代议制的形式依然交给精英们去行使。在治理民主阶段，精英们迫于民众的参与热情，不得不承认民众拥有更广泛的政治参与权利，但与此同时，精英们却又始终掌握着参与行为和参与质量的评价权。他们无视个体之间的天赋差异以及财富和权力资源的不平等分布状态，对参与能力、参与质量甚至参与事件等都提出了较高的要求。这样，民众要想实现充分的参与，就必须在工作之外拿出专门时间，大量补充参与行为所需要的专业知识，再按照理性的标准和要求进行参与讨论，同时还需要采用有利于公共对话的通用语言及逻辑表达方式。

（三）民众—精英博弈重心的显著变化

西方民主流变的历史，就是一部民众与精英的博弈史。民众与精英的持续性博弈，看似始终围绕"民主"二字进行，但其博弈重心却发生了显著变化。在古希腊时期，平民们与贵族争夺的是城邦的最高权力。一旦平民在城邦中掌握了最高权力，那么贵族们就会用贴标签的方式称呼其为民主政体，这一名称在当时以及后来的很长一段时间里显然都带有浓重的贬义意味。到了近现代时期，工业革命推动了经济社会的进步和发展，民众力量随之不断增强，其政治参与热情相应地不断高涨。对此，精英们也不得不承认民主趋势不可逆转的事实。在应对这一波民主浪潮时，精英们采取了一定的让步策略，主动将民众斗争的重心引向虚置的人民主权。这样，民众与精英表面上就实现了共赢：民众赢得了名义上最高的主权，精英们通过代议制形式继续行使更具实质意义的治权。到了当代，民众已经不再满足于拥有名义上的主权，不再满足于行使几年一次的选举权，而是希望更深入地参与到治权的行使过程中。精英们在形势的逼迫下，不得不接受民众参与权利扩大的博弈结果，但对民众的参与行为和质量却又提出了高标准和严要求，以此把控着民众参与进程的发展方向和实质内容。

从民众—精英的博弈史可知，西方民主流变经历了一种正、反、合的辩证演进过程。在古希腊的民主政体里，由于城邦政体结构的粗糙简单，民众得以直接参与处理城邦的大部分事务。到了近现代时期，国家规模的大幅扩张使得民众不再可能直接参与管理公共事务，代议制形式由此成为一种必然选择。此时，民众接受了人民主权的民主话语，其参与行为限定于周期性的选举投票。选举过程中获胜的人，便取得了民众的正式授权，有权组织政府、处理与政治权力有关的各类公共事务。当代的民主发展，是在前两个阶段基础上进行择取和融合，民众在保留名义上人民主权的同时，也会在重大政治议题或身边的公共事务上积极参与，从而塑造出一种更加健康向上的公共精神以及一个更有生机活力的公民社会。因此，可以说，西方民主的流变史就是民主概念的辩证发展史。

总言之，在当前的政治学领域，或许没有哪一个概念能像民主一样既备受关注又充满歧义。浩如烟海的研究著作纷纷将"自由""威权"等一系列的修饰词加诸民主，这在丰富民主内涵的同时却让民主逐渐丧失了自身的内在规定性，民主的"所指"陷入了众说纷纭的混乱之中。事实上，概念内涵的混乱与差异，很大程度上是人们在不同历史环境下做出的不同界定所引发的。这与其说是民主理论内在逻辑的思辨结果，倒不如说是因应政治实践不断发展的实际需要。正是由于人们将民主之名指称了不同的政治实践，这才造成了名同实异的理解难题。当然，从长远来看，只要西方的政治实践在向前发展，民主的流变或许就没有穷期。

正如前文所述，在西方民主现象波谲云诡的背后是民众与精英的持续性博弈，并且这种博弈在短期内必然不会结束。在长期的博弈过程中，主流民主话语体系内含着持续不变的精英视角，社会舆论的"场景再现"更多的是对精英所持民主态度的近似描摹。在对民主保持审慎态度的同时，精英们对民众一直处于高度提防状态之中，他们总是希望民众在政治上隐而不显，保持必要的冷漠。与之相比，民众在西方民主流变史上无疑属于失语的一方，他们不善于从自身立场出发对民主实践做出有力的阐释，或者说他们的态度和看法总免不了被历史的云烟所遮蔽。因此，在西方民主议题上，民众的实践创新注定很难被历史和社会所重视，一定程度上只能被动地等待精英们的拣选，进而民众们也只能被动接受精英精心勾勒的民主谱系。

第二节 当前西方民主国家的典型实践

早在改革开放初期，邓小平就反复强调，中国搞政治体制改革，不能搬用西方那一套所谓的民主，而是要根据社会主义国家自己的实践、自己的情况来决定改革的内容和步骤。1987 年 6 月 12 日，邓小平在会见南斯拉夫共产主义者联盟中央主席团委员科洛舍茨时指出，"一般讲政治体制改革都讲民主化，但民主化的含义不十分清楚。资本主义社会讲的民主是资产阶级的民主，实际上是垄断资本的民主，无非是多党竞选、三权鼎立、两院制"[①]。多党竞选、三权鼎立、两院制，抓住了西方民主国家政治实践的重心所在，涉及了政党竞争、行政、立法等方面的政治实践。下面将结合以美国为代表的西方民主国家的典型实践，对当前西方民主政治的运作机制做一番宏观式考察。

一 多党竞选与政党制度

民主的原意是人民的权力、人民的统治。19 世纪中叶以来，西方国家持续对民主做实质性改造，将民众直接参与的民主偷换为民众选举代表的过程。熊彼特对这一改造过程做出了决定性贡献，形成了当今流行的西方民主观念。在他看来，民主的古典理论将决定政治问题的权力赋予全体人民，也就是说，人民做出政治决定是第一位的；民主的另一个理论是急需的和可行的，它把选举做出政治决定的人放在第一位。[②] 这样，人民做政治决定的实质民主就被替换为围绕选举来竞争选票的程序民主。对于这种选举式民主来说，如果没有政党，民主政治就成为不可想象的事情。这是因为，政党作为国家与社会之间政治性和组织性的联系机制，既能够对分散化的民意表达进行有效汇聚，将这种汇聚后的意见诉求输入政治体系中，也能够简化选民的政治选择，而在选举胜出后快速地组建政府并推动日常政治的有序运作，由此对民主政治发挥着不

---

① 《邓小平文选》第 3 卷，人民出版社 1993 年版，第 240 页。

② ［美］约瑟夫·熊彼特：《资本主义、社会主义与民主》，吴良健译，商务印书馆 1999 年版，第 395—396 页。

可或缺的基石性作用。

现代民主政体的运转离不开政党，其与政党制度可以说是互栖共生。这里的政党制度即政党体制或政党体系，是指多个政党之间以及这些政党与整个政治体系之间的相互作用。① 它是在同一国家各政党之间长期而又反复的互动过程中形成的，是主要政党之间经常性竞争与合作的反映和体现。法国政治学家迪维尔热认为，"除了一党制国家外，每个国家都有几个政党共存：它们共存的形式和模式定义了特定国家正在考虑中的'政党体制'"②。在西方国家政党制度的分类方法中，按照政党数目进行分类是最早，也最被广为接受的一种研究方法。由于这里的政党制度是由政党之间相互作用所形成的，而非国家法律规定的结果，因此，单一政党的情形就不包含政党制度的类型之内。当仅考虑政党数目而不考虑政党的相对规模时，民主国家的政党制度大致可区分为一党独大制、两党制、多党制三种主要类型。③ 无论属于哪一类型，它都是所在国家多党竞选、反复博弈的实践结果。

一党独大制是指某一政党在选举投票中经常性胜出，能够单独控制政府、实现长期稳定执政的政党制度。与一党制相比，一党独大制的重要区别之一是允许反对党自由参加竞选，角逐政治职位。在一党独大制下，主要政党长期垄断执政权，面对的是分裂的反对派，其他政党即便组成选举联盟，也很难成为主要政党的真正竞争对手。这样一来，主要政党在选民中就被认同为国家的政党，在选举过程中没什么竞争压力，也不需要主动求新求变，就能很轻松地保持独大型政党的地位。④ 比如说，从1955年至1993年，日本自民党虽然大多数时候的选举得票率低于50%，但却一直把持执政地位，形成一党独大的态势。在一党独大制下，

---

① ［美］迈克尔·罗斯金等：《政治科学》（第十版），中国人民大学出版社2011年版，第227页。

② ［美］理查德·S.卡茨、威廉·克罗蒂编：《政党政治研究指南》，吴辉译，汲惠忠校，江苏人民出版社2020年版，第98—99页。

③ 虽然一党独大制的提法已经考虑了政党的相对规模，但因其与一党制有本质不同，与多党制也有巨大差异，所以在政党制度类型中，这里予以单列。［英］艾伦·韦尔：《政党与政党制度》，谢峰译，北京大学出版社2011年版，第144—145页。

④ ［英］艾伦·韦尔：《政党与政党制度》，谢峰译，北京大学出版社2011年版，第146页。

主要政党的执政地位非常稳固，相对于其他政党具有非常明显的选举优势。一方面，在主要政党长时间连续执政的情况下，很多选民的投票行为表现出明显的路径依赖倾向，这种投票惯性使得主要政党拥有了稳定的票源地，可以比较轻松地获得过半数的选票；另一方面，即便是主要政党不再能获得大多数的选票支持，其也可以利用选举制度形成的优势，获得大多数议会席位。因此，在一党独大制下，各政党之间的竞争非常有限，主要政党的生存环境相对宽松，社会上各利益团体的不同诉求只能寻求主要政党内部的各派系来代表，这样党内竞争就部分取代了党际竞争，其组织化程度和激烈程度反而会很高。

两党制是指政治权力的交替只发生在两个大党之间，其他小党没有能力参与政治权力的组织与运行，不仅根本无法与两大政党相抗衡，还经常受到两大政党的排挤和瓦解。一般来说，两党制被视为一种相对公平、比较负责任的温和体制，选民可以在两个可替换的政府中做出明确选择，防止某一政党无限期垄断政治权力，并且两个主要政党都得积极争取选民中间阵营的投票支持，这就鼓励了相对温和的政治竞争。① 英美两国是两党制的典型代表，虽然这两个国家的主要政党在历史上曾经发生不少变化，但总体看选举竞争仍然主要发生在两个大党之间。在两党制国家里，政党竞争更接近于零和博弈状态，也就是说，一党之所得就是另一党之所失。因此，两大党在竞选过程中缺乏合作动力，都是一心追求本党选票收益的最大化，这在第三党并非相关性政党②、影响不到两大党的竞选策略时尤其如此。两个同等规模的政党都面临着不小的选举压力，自身内部都需要保持一定的团结度，这样其党内竞争的组织化程度必然要被限制在一定范围内，竞争激烈程度比一党独大制更为温和。

多党制是指议会里存在不少于三个政党，并且通常任一政党都很难取得过半数席位，这就使得组建联合政府成为常态。由于各政党代表的

---

① ［英］韦农·波格丹诺主编：《布莱克维尔政治制度百科全书》（新修订版），邓正来主编译，中国政法大学出版社，2011年，第450页。

② 萨托利认为，"一个政党的存在或出现时，将影响政党竞争的技术，尤其是改变了'执政取向'政党的竞争方向，使其向左转、向右转或同时左右转，由向心的竞争变成离心的竞争，都有资格称之为'相关性政党'"。［美］乔万尼·萨托利：《政党与政党制度》，雷飞龙译，（台湾）韦伯文化事业出版社2000年版，第150页。

利益群体和政治主张不同，一旦联盟内部基于明显的意识形态差异而展开离心竞争，那么这些联合政府将变得非常脆弱，造成政权频繁更迭，德国魏玛共和国、法国第四共和国都是这类形态的典型例子。如果组成联盟的各政党之间意识形态距离相对较小，彼此之间进行的是向心竞争，这样的联合政府会比较稳定，例如斯堪的纳维亚半岛的国家。根据这两种互动情形的不同，美国政治学家萨托利将多党制进一步细分为极化多党制与温和多党制。温和多党制下的政党竞争类似于两党制，竞争机制是向心式的，各政党都在争夺中间选票；极化多党制的动力机制是离心式的，处于中间位置的政党和选民被拉向政党光谱的两侧。[①] 在多党制国家里，各政党面临着严峻的竞争压力，尤其是一些小党遇到的生存压力更大。当然，政党并不是与其他所有政党开展竞争，这种竞争实际上更可能发生在彼此相似的政党之间，也就是要与政党光谱上位置接近的其他政党来争夺选民的投票支持。多个政党的格局提供了多种政治选择，有利于社会各利益集团寻求最适合的利益代表。这样，多党制下政党内部的利益主张相对就纯粹得多，也更为一致。此外，基于组建政治联盟的需要，政党内部必然需要有足够的向心力和团结度，因此，多党制下党内竞争的程度比较低，竞争后的派系弥合也更为迅速。

二　三权鼎立与政体类型

政体是指一个国家的政权组成形式。在当前的西方民主国家，按照立法权与行政权关系的不同，政体通常被分为议会制、总统制和半总统制三种类型。在不同的政体类型下，国家权力横向维度的配置形态不同，立法权与行政权或者相互融合，或者彼此制衡，又或者两种情形兼而有之。三权鼎立即三权分立，意味着行政权、立法权、司法权独立行使而又相互制约，它是总统制的显著特点之一，并不适用于其他政体类型。

议会制又称议会内阁制、责任内阁制，是由内阁总揽国家行政权并对作为国家权力中心、执掌立法权的议会负责的政治体制。英国是典型代表之一，很多西方民主国家采用了这一政体形式。在议会制下，议会

---

① ［美］理查德·S. 卡茨、威廉·克罗蒂编：《政党政治研究指南》，吴辉译，汲惠忠校，江苏人民出版社 2020 年版，第 107—108 页。

成员由选民投票选出，具有充分的合法性支持；政府组成取决于议会的选举结果，组成人员是同一个责任共同体，均由议会成员兼任，而政府首脑通常由占议会多数席位的政党或政党联盟领袖担任。由于政府的合法性源自议会，其需要得到议会多数席位的支持，政府作为整体须对议会负责并间接对选民负责。① 在这一政体类型下，议会处于中心地位，除制定法律外，还负责组成政府以及支持、监督政府；政府在议会中并通过议会来实施统治，无论事实上的权力有多大，它都必须先得到议会的信任，因此议会制格外强调立法权与行政权的相互融合。

总统制指的是议会和总统由选民分别选举产生、总统既是国家元首又是政府首脑的政治体制。美国是其最为典型的代表，拉美地区也有很多国家采用这一体制。在总统制下，议会与总统均由选举产生，分别行使宪法赋予的立法权和行政权，同时议会与政府之间存在人事上的正式分离，其选举时间及任期都是固定的。在这一类型下，立法与行政机构严格遵循权力分立原则，议会和总统均有直接源自选民的合法性支持。总统负责组织政府，并且直接对选民负责，议会除经特殊的弹劾程序外不能直接罢免总统，由此可知总统制着重强调立法权与行政权的相互制衡。② 分立政府是总统制下一种比较常见的政治现象，其实质是行政权和立法权由不同的政党所掌握，行政权和立法权之间相互竞争。分立政府体现了分权制衡的宪政精神，但在政治极化条件下容易造成"否决政治"，致使政府的正常运作无法持续，形成政策滞塞、立法僵局等负面影响。

半总统制是指总统由选民直接选举产生、总理及政府对议会负责的政治体制。半总统制的政治实践，始自德国魏玛共和国时期，自20世纪90年代以来在世界范围内的数量和比例都大为增加。这其中，法国是半总统制最为典型的国家，其在议会制的基础上强化了行政部门的权力，将此权力交到不受议会控制的民选总统手中。在这种政体下，总统由直

---

① ［英］安德鲁·海伍德：《政治学核心概念》，吴勇译，天津人民出版社2008年版，第214—215页。

② ［英］安德鲁·海伍德：《政治学核心概念》，吴勇译，天津人民出版社2008年版，第222—224页。

接选举产生，与内阁总理分享行政权，形成行政上的二元权力结构；总理及内阁独立于总统，其去留依赖于议会的信任与否，同时任何法案都需要议会审议通过。① 因此，半总统制的政治运作更为复杂，属于议会制与总统制在一定程度上的结合体，立法权与行政权的互动关系呈现为两面性，既相互融合又彼此制衡。

三　两院制与立法机构

立法机构是西方国家的民主象征，也是政策合法化的必经通道。一般认为，立法机构除了立法这一本职工作之外，还具有其他的一些功能，比如代表功能、对行政部门进行监督的功能、政治录用的功能、政策合法化功能和公民教育功能等。从组织形式来看，当今西方国家的立法机构基本上可以划分为两种：一院制（立法机构由一院组成）和两院制（立法机构由两个独立运作的议院组成）。美国政治学家利普哈特通过对36 个民主国家的研究发现，截至 2010 年，只有 14 国的立法机构采用一院制，并且它们大多是小国；其余 22 国均采用两院制，例如美国、英国、法国、德国、日本等大国均实行两院制。②

比较而言，两院制在组织形式和具体运作方面比一院制复杂得多。利普哈特认为，两院制议会的三个主要特征决定了两院制的权力。第一，宪法正式赋予两院的权力。一般的模式是第二院服从第一院，如英国；但也有国家的宪法赋予两院平等的权力，如美国、意大利和瑞士。第二，议员的产生方式。各国立法机构的第一院议员都是由直接选举产生，第二院的议员则绝大多数由间接选举（如荷兰）或任命（如英国、加拿大）的方式产生。很显然，非经直接选举产生的第二院在民主合法性上要弱于直接选举产生的第一院。按照这两个标准，可以将两院制立法机关分为对称的两院制和不对称的两院制。当宪法赋予两院的权力和两院的民主合法性完全平等或相差不大时，就是对称的两院制，以美国最为典型

---

① 沈有忠：《制度制约下的行政与立法关系：以我国九七宪改后的宪政运作为例》，《政治科学论丛》（台湾）2005 年第 23 期。

② ［美］阿伦·利普哈特：《民主的模式：36 个国家的政府形式和政府绩效》，陈崎译，上海人民出版社 2017 年版，第 159 页。

（一个值得注意的事实是，几乎所有平衡的两院制都出现在联邦制国家）。美国参、众两院的地位和权力是同等的，两院共同平等行使立法权，任何一院通过的法案必须送交另一院通过才能成为法律，任何一院对另一院通过的法案都拥有绝对的否决权。两院如发生分歧，只能通过协商解决。不对称的两院制是指两院在宪法赋予的权力和民主合法性两方面都高度不平等，以英国最为典型。英国本来也是对称的两院制，由于作为社会保守势力代表的上院不适应时代变化需要，其权力受到了明显限制，下院成为真正的权力主体。第三，第二院可以通过不同于第一院的方式选举产生，或者做出安排让某些少数群体获得超额代表权。如法国参议院的参议员由选举团选出，人口不足全国 1/3 的小城镇在选举团中拥有半数以上的选票，乡村和小城镇就获得了超额代表权。按照第三个标准，可以将两院制立法机关分为成分一致的两院如意大利、奥地利等和成分不一致的两院如美国、法国、加拿大等。①

由于西方民主国家政治体制上的差异，其立法机构的实际运作存在着很大的不同。美国政治学家波尔斯比曾将现代立法机构分为两种理想类型：竞技场式立法机构和转换式立法机构。竞技场式立法机构是对观念和政策进行讨论的竞技场，其主要的活动就是讨论和争辩。这种情况下，政治体系越开放，政治体系内各股力量也就越具有代表性和责任性。相比之下，转换式立法机构积极主动地将观念转换成法律，其主要的活动是创造、修正和采纳各种立法提案，并将其转化为法律。② 前者以对抗为特征，后者注重沟通与妥协。英国议会是竞技场式立法机构的典型，美国国会则是转换式立法机构的典型，其他国家的立法机构则可以在二者之间找到自己的位置。与之对应的是，学界一般将立法机构的运作方式区分为两种类型：院会中心主义和委员会中心主义。③ 前者以英、法为代表，主要考量标准是民意；后者以美、德、日为代表，主要考量标准

---

① ［美］阿伦·利普哈特：《民主的模式：36 个国家的政府形式和政府绩效》，陈崎译，上海人民出版社 2017 年版，第 161—165 页。

② ［美］格林斯坦、波尔斯比主编：《政府制度与程序》，（台湾）幼狮文化事业公司 1983 年版，第 354—380 页。

③ 王元廷：《立法院常设委员会制度与运作之评析》，（台湾）立法院法制局专题研究报告，专题 152 号，2000 年，第 8—10 页。

是专业性。比如说，英国尽管在法律上讲内阁须对议会负责，但在实际运作中，由于政党组织趋向中央集权，而且党纪严明，多数党领袖不仅能顺利组阁，领导内阁推动行政，而且能在议会领导立法。美国是总统制国家，其制度设计的基本理念是权力分立与制衡。美国国会为有效行使其职权，不仅在组织结构上力求专业分工，成立类似专家委员会性质的常设委员会，使国会有各种专业知识的议员能与行政机构各部官员相抗衡，同时，设有庞大的立法助理与支持系统，使议员有足够信息与能力拟定或检讨政策法案，能够有效监督行政部门，防止政府滥用权力。

第三节　全过程人民民主视域下西方民主的内在缺陷

美国是当今世界唯一的超级大国，拥有其他国家难以抗衡的政治、经济、军事力量。一谈起民主，人们往往把它与美国直接联系起来，认为美国的制度是最理想的民主制度，全世界都应该向美国学习。改革开放以来，中国始终认为，不能搬用西方国家的资产阶级民主，不能照搬多党竞选、三权鼎立、两院制，而应该发展社会主义民主，坚持中国共产党领导的人民民主制度，保持并扩大自身的优势和特点，避免西方民主的内在缺陷和体制性弊端。那么，在全过程人民民主视域下，西方民主主要存在哪些缺陷和弊端呢？

一　利益集团捕获国家与政党制衡沦为否决政治

现代民主政治表明，政党与民主存在紧密的因果关联，这种关联性在不同国家又有着不一样的反映和体现。笼统来说，西方国家的政党是近代以来代议制民主发展的产物，是随着选举权范围不断扩大、适应选举政治的组织需要而产生的。这些政党是社会不同利益群体的代表，在政治市场中通过争取民众的选票来竞争政治领导权，再通过做出政治决定的方式回报所代表利益群体的选举支持。从这样的民主逻辑出发，以社会制约权力、以权力制约权力就成为西方国家格外推崇的两条民主经验。在西方民主框架下，各种各样的社会制衡普遍存在。以社会制约权力，预设了民众以利益群体的方式影响政治决策，而不同利益群体纷纷通过提高自身的内聚性和组织化程度，力求有效地对公权力形成制约并保护公民个体的自由权利。达尔对此论述道："在民主国家当中，至少在大规模的民主国家当中，独立的组织十分必要。……它们对于民主程序自身的运行、对于使政府的高压统治最小化、对于政治自由、对于人类福祉也是必须的。"① 以权力制约权力，是从权力必然被滥用的前提假设出发的，认为掌权者使用权力直到遇有界限时方休止。因此，孟德斯鸠做出了这样的经典论断——"要防止滥用权力，就必须以权力约束权力"②。按照这一制衡思路，公权力被分割为立法、行政、司法等不同的权力束，并由互不隶属的多个政治机构所掌握，不同政治机构之间通过相互制约而达成一种微妙的权力均衡状态。

然而，当前西式民主的现实与其理想状态存在很大距离，强大利益集团捕获国家、政党制衡沦为否决政治远非个例。一方面，在以社会制约权力的实践中，利益集团往往会最大限度地追逐自身的特殊利益，由此对政权合法性和民主政治造成不容忽视的负面影响。美国经济学家奥尔森就认为，利益集团的目的在于重新分配国民收入而非创造更多的社会财富，大量特殊利益集团的存在会降低社会效率或总收入，招致政治分歧加剧、社会失序等严重政治后果。③ 另一方面，在以权力制约权力的实践中，如果整个社会走向极化状态，权力之间的有效制衡就会被盲目而又任性的否决所代替，进而陷入一种无所作为的政治僵局状态。美国政治学家赛贝利斯提出，无论何种政治体制，某种程度上都可能存在许多个体或集体性的"否决玩家"。④ 如果他们从自身利益出发行使否决权，那么政治体制就很难做出有效的决策，民主政治就将陷入没有意义的空转状态。

---

① ［美］达尔：《多元主义民主的困境：自治与控制》，周军华等译，吉林人民出版社 2006 年版，第 1 页。

② ［法］孟德斯鸠：《论法的精神》（上册），张雁深译，商务印书馆 1961 年版，第 154 页。

③ ［美］曼瑟·奥尔森：《国家的兴衰——经济增长、滞胀和社会僵化》，李增刚译，上海人民出版社 2018 年版，第 58—61 页。

④ George Tsebelis, *Veto Players*：*How Political Institutions Work*, Princeton University Press, 2002, pp. 117 - 121.

二　政治参与的局限性及其引发的政治冷漠现象

民主有着多种多样的发展模式。比如，当代西方马克思主义政治思想家麦克弗森将 19 世纪以来西方的自由民主划分为保护型、发展型、均衡型、参与型四种模式，英国政治学家赫尔德则以更为宏大的历史视野展示了民主的四种古典模式以及 20 世纪引起激烈政治争论的另外四种民主模式。民主模式不同，其所包含的民众参与形式和参与功能往往有着不一样的逻辑设定，民众对公共决策和治理过程的影响程度由此有着显著的差异。

当前流行的西式民主是从现实经验中得出的民主模式，也就是对西方国家实际运行的政治制度所做的一种描述和解释。这种民主仅仅是选择和授权政府的一种机制，而不具有某种社会目的或道德目的。民众的角色被设定为政治市场机制的消费者，仅仅是在周期性选举时从贴有政党标签的政治家中选择，然后让这些人代替他们做决定。一旦投完票，民众就对政府的各种政策和计划几乎不能施加直接的影响，其与国家治理之间的联系就被割断了。法国启蒙思想家卢梭早就对这类状况直白地写道："英国人民自以为是自由的；他们是大错特错了。他们只有在选举国会议员的期间，才是自由的；议员一旦选出之后，他们就是奴隶，他们就等于零了。"① 即使民众对当下的政府严重不满，他们也只能等待下一个选举时刻的到来，而不管这期间国家治理状况糟糕到何种程度。因此，在西式民主制下，民众的政治参与是局部的、有限的、间歇性的，民意也不能转变为政府的行为，看似热闹的政治竞争仅能提供一些最低限度的责任。

由于政治效能感的严重缺失，西方国家的选举投票率持续走低，出现了普遍性的政治冷漠现象。美国著名民主理论家达尔等人认为，"在大多数的多头制中，有 1/5 到 1/3 的合法选民并不在全国性的选举中投票"②。即便是自诩"民主灯塔"的美国，大选时的选民投票率也不过徘

---

① ［法］卢梭：《社会契约论》，何兆武译，商务印书馆 2003 年版，第 120—121 页。

② ［美］罗伯特·A. 达尔、布鲁斯·斯泰恩布里克纳：《现代政治分析》（第六版），吴勇译，中国人民大学出版社 2012 年版，第 136 页。

徊在 50%—60% 之间。吊诡的是，政治冷漠现象不仅没有被西方社会的精英们视为民主运作出了问题，反而被当作民主制正常运作所必需的条件。早在 20 世纪 70 年代，美国当代政治学家亨廷顿就针对本国民主的问题提出，"民主在很大程度上需要节制"，"民主政治系统的有效运转通常需要就某些个体和群体而言的某种程度上的冷漠和回避"。① 显然，这里的政治冷漠是有阶级差异的，是西式民主运作中始终处于弱势地位的民众所专有的冷漠。

三　政府回应的片面性与民主的劣质化

人民主权原则是现代民主制度的理论基石，意味着国家的权力来源于人民，国家的权力要对人民负责。对于这一价值层面的民主观念，我们必须通过接地气的具体化操作，将抽象的价值原则借助规范的制度框架和具象运作机制，体现到有血有肉的利益协调和增进过程中。从这一角度来说，回应性和治理效能显然是评判民主质量的重要指标，二者是内在相连的，都是高质量民主的题中应有之义。其中，回应性是治理效能的必要前提，强调公权力对民众的利益诉求做出积极的反应，并且采取务实行动来解决民众关心的问题；治理效能则是回应性的派生结果，强调公权力在满足民众利益诉求时的效率和作用。

就回应性而言，西方国家的政党信奉竞争性选举的民主逻辑，执着于对本党选民群体的意见代表，竞选获胜后忙于用倾斜性政策回报这些选民尤其是金主们的选举支持，这就造成了政府回应的片面性，衍生出公共政策的周期性震荡后果。意大利经济学家洛蕾塔·纳波莱奥尼在接受西班牙《先锋报》采访时就提出，"我们今天施行民主并非真正的民主。在过去 20 年间，我们的民主一直在为金钱寡头服务，而不是为人民服务，这就是西方民主不起作用的原因，也是西班牙和意大利等国家现在面临着以前从未有过的问题的原因"②。又或者在与其他政党的激烈对抗中，各自偏执于维护和实现本党派选民的利益，造成不同政策倾向之

---

① ［法］米歇尔·克罗齐、［美］塞缪尔·P. 亨廷顿、［日］绵贯让治：《民主的危机》，求实出版社 1989 年版，第 100—101 页。

② 《意大利专家：中国经济制度比西方有优越之处》，《国际人才交流》2011 年第 10 期。

间的持续性紧张，进而导致政治过程沦为一种无效回应的极化僵局状态。

就民主效能而言，民主被普遍认为是当前人类社会最可取的政治组织形式，是与国家治理过程相互衔接、相得益彰的。一方面，高质量的民主能够为国家治理提供需求充分表达与利益公正分配的制度框架和运作机制，并最终表现出高质量的治理效能；另一方面，有效的国家治理可以为民主发展提供可持续性的推进动力和有利的民意基础，从而助推实现更优质的民主。回溯历史可知，作为以工业化为核心的现代化的先行者，西方国家的民主是其经济社会长期发展的产物，并且在这些国家殖民扩张和对外掠夺过程中充当了极不光彩的帮凶角色。总有一些人缺乏历史思维、罔顾历史事实，把西方国家的经济社会发展说成是其民主实践的成果，并将西方的民主视作一贯美好的东西。这就难免犯下倒果为因、偏执短视的思维谬误。再就是近些年来，西方国家的贫富分化不断加剧，治理乱象层出不穷，国家无法提供高质量的公共服务，使得其民主模式的合法性越来越受到广泛质疑。"历史终结论"的提出者福山就认为，国家能力跟不上民主责任制的步伐，国家治理状况糟糕，是当前西式民主在全球范围遭遇众多挫折的重要因素。①

---

① Francis Fukuyama, "Why Is Democracy Performing So Poorly?", *Journal of Democracy*, Vol. 26, No. 1, 2015, pp. 11 – 20.

结　语

全过程人民民主的价值意义与
研究前瞻

习近平总书记多次指出，实现民主有多种方式，不可能千篇一律。各国只能在历史和国情条件的限制下，选择适合本国国情和实际的民主发展路径。全过程人民民主是符合中国国情和实际的民主模式，其价值意义有必要从理论和实践两方面加以全方位的挖掘，这样才能进一步讲清楚全过程人民民主好在哪里、新征程上应该如何发展。

一　全过程人民民主的显著优势与现实意义

（一）全过程人民民主的理论创新性

全过程人民民主诞生于党团结带领人民实现当家作主的光辉历程，是总结提炼社会主义民主政治实践的伟大创造，在中国特色社会主义新时代彰显出突出的理论创新价值。

全过程人民民主是当代中国的马克思主义民主理论、21世纪马克思主义民主理论。马克思主义认为，任何民主同任何政治上层建筑一样，归根到底是为生产服务的，是由社会中的生产关系决定的。无产阶级专政让民主制度前所未有地大规模扩大，使它能够真正成为人民的而非少数人享有的民主形态。中国的人民民主专政实质上就是无产阶级专政，就是实行真正的人民民主，也就是工人、农民、知识分子和其他劳动者共同享受的民主。全过程人民民主是以习近平同志为核心的党中央做出的重大理论创新，是新时代马克思主义民主理论的最新发展，是当代中国的马克思主义民主理论、21世纪马克思主义民主理论，鲜明体现了人民当家作主的本质属性和全过程参与的时代特质。

全过程人民民主生动体现新时代的人民观。人民观是对人民群众的立场、地位、作用、评价标准所持的总体性看法和态度。进入新时代，我们党坚持马克思主义群众史观，在新的历史条件下系统回答了"相信谁、依靠谁、为了谁"的根本政治问题，深刻阐述了群众路线对于党和国家事业的极端重要性，深入揭示了党同人民群众的血肉联系，形成了特质鲜明的新时代人民观。全过程人民民主生动体现新时代人民观的价值取向，始终将人民放在社会主义民主政治建设的最重要位置，坚守以人民为中心的根本政治立场，坚持人民主体地位，坚定一切为了人民的全面发展。

全过程人民民主科学运用系统思维和方法。系统思维和方法，是把认识对象作为一个有机整体进行综合性考察的思维方式。全过程人民民主将民主政治建设视作一项复杂的系统工程，从民主发展的系统性、整体性和协同性出发，构建并运用全过程机制贯彻落实人民当家作主理念。展开来说，首先，从时代问题中发现民主政治的建设重点，结合人民群众的急难愁盼问题，讨论确定中国社会主义民主政治的议事日程。其次，从上下互动中厘清民主政治的发展策略，既注重完善中国社会主义民主政治建设的顶层设计，又坚持试点推进的务实思路，充分激发各层级民主实践的创新活力。最后，从全过程运作中落实人民之治的价值理念，通过多样、畅通、有序的民主形式和渠道，充分保障人民群众的全周期有序参与，把人民当家作主理念贯彻落实到国家政治生活和社会生活的方方面面。

（二）全过程人民民主的实践优势

优势之问内含着民主发展的比较视野。相较于当前流行的西式民主，全过程人民民主到底具有何种实践优势，这是事关全过程人民民主价值意义的重要内容。对优势之问的回答，需要在把握全过程人民民主内在逻辑基础上，聚焦中国社会主义民主政治的运行机制与治理效能，从中提炼概括全过程人民民主值得向往和追求的可贵之处。

第一，中国共产党是全过程人民民主形成和发展的领导力量，确保中国社会主义民主政治能够消除利益集团捕获国家、权力机构相互否决的潜在风险。政党与民主的因果关联，在中国有着与西方国家不一样的反映和体现。在百年奋斗历程中，中国共产党带领中国人民取得了新民主主义革命的胜利，争得人民民主；完成社会主义革命并推动社会主义建设，构建人民民主；推进改革开放和社会主义现代化建设，发展人民民主；开创中国特色社会主义新时代，把人民民主升华为全过程人民民主。① 质言之，中国共产党是中国人民民主事业的开创者、引领者、推动者，没有中国共产党就没有人民当家作主。

中国共产党不是西方式的"部分党"，不代表社会上某一利益集团、权势团体或者特权阶层的特殊利益，而是代表最广大人民的整体利益、根本利益和长远利益。中国共产党和人民利益的一致性，从根本上保证了中国社会主义民主政治建设始终拥有一个发挥总揽全局、协调各方作用的坚强领导核心，决定了全过程人民民主能够积极消除利益集团捕获国家、少数人独占改革发展成果的重大风险。在中国共产党领导下，原本是无产阶级政党根本组织原则的民主集中制不断发展，成为民主基础上的集中和集中指导下的民主相结合的制度。民主集中制不仅是中国共产党的根本组织原则，也是中国国家组织形式和活动方式的基本原则。因为有中国共产党的正确领导，各国家机关不是相互制衡的关系，而是成为一个统一整体，彼此既合理分工又密切协作，既充分发扬民主又有效进行集中。这就使得中国的全过程人民民主不仅可以避免西式民主相互掣肘、效率低下的体制弊端，而且能够统筹考虑各方利益，有效协调各方面资源力量，更好地维护和发展最广大人民的整体利益、根本利益和长远利益。

第二，人民群众的全过程参与有利于将人民当家作主理念贯穿到治国理政的各领域、各方面，促使其对公共决策和治理过程保持必要的发言权和影响力。通俗来说，民主就是人民说了算，这就是民主最初的实质性内涵。中国始终坚持人民当家作主的实质民主立场，民主的这种实质性价值必然体现为人民对民主运作的全过程参与。从民主环节看，全过程人民民主通过一系列的法律和制度安排，将民主选举、民主协商、民主决策、民主管理、民主监督各环节真正贯通起来，形成了民主链条的完整闭环，实现了人民全周期有序参与，确保了民主的所有环节一个

---

① 包心鉴：《论全过程人民民主的内在逻辑和时代价值》，《当代世界与社会主义》2022 年第 2 期。

都不少。从民主层级看，全过程人民民主将选举和协商两种重要形式有机结合起来，推动了人民参与从中央到地方再到基层的全方位发展。从民主领域看，全过程人民民主以多样、畅通、有序的民主形式和渠道实现了民主空间的大拓展，全面覆盖了经济、政治、文化、社会等各领域，让人民能够便捷畅通地参与到国家治理和社会治理的方方面面。

事实上，全过程人民民主的实践优势不仅表现为人民的全过程、全周期参与，更体现在显著的政治效能感上，集中民意民智办大事就是高质量民主参与的例证。新中国成立以来，中国持续推进社会主义民主政治建设，不断丰富政治参与的制度、机制、渠道和方式，广泛汇聚社会各方面的力量和智慧，充分调动了人民群众的积极性、主动性和创造性，共同推动以国强民富为目标的社会主义现代化建设。毛泽东认为，"没有民主，意见不是从群众中来，就不可能制定出好的路线、方针、政策和办法"①。新时代以来，中国进一步推动集中民意民智办大事制度化、规范化、常态化，形成了采取座谈会、论证会、听证会、协商会等各种方式的民意收集体系。其中，基层立法联系点是党的十八届四中全会推出的具体措施之一，是中国汇聚民意民智、拓宽民主参与渠道的创新性实践，在中央和地方层面得到了大力推广，并且取得了显著的成效。与此同时，法律草案网上广泛征求意见越来越常态化、制度化。根据全国人大常委会法工委的统计，近10年来共有205件次法律草案在中国人大网上公开征求意见，参与人次超过119万，共提出350多万条意见，很多意见得到充分吸收采纳。② 此外，全过程人民民主在基层群众自治的各领域、各方面、各环节同样有着生动的体现，人民群众在日常社会生活中能够充分依法管理自己的事情，既可以参加所在城乡社区如垃圾处理、车辆停放、健身设施增设、微环境整治等公共事务处理的全过程，又可以依托职工代表大会制度广泛、持续、深入地参与企事业单位的民主管理，比如单位改革发展规划和重要决策的讨论、工资和福利政策的制定、对本单位领导人员的民主评议和监督等，直接行使民主选举、民主协商、

①　《毛泽东文集》第8卷，人民出版社1999年版，第294页。
②　本报评论部：《建设法治中国，良法善治护航美好生活》，《人民日报》2022年9月13日。

民主决策、民主管理、民主监督的各项权利，在全过程参与中实现民事民管、民事民议、民事民办、民事民享，由此政治效能感越来越高。

第三，全过程人民民主的实质导向保证了各级政府具有主动回应民意的意愿和能力，能够高质量满足人民群众对美好生活的需要。民主不能仅仅是抽象玄奥的价值原则，它应该也必须落实于人民的生活中，体现到有血有肉的利益协调和增进过程中。中国共产党是马克思主义使命型政党，不仅仅是中国工人阶级也是中国人民和中华民族的先锋队，代表着中国最广大人民的整体利益、长远利益和根本利益。在中国共产党领导下，中国的社会主义民主政治建设始终坚持以人民为中心，能够充分运用群众路线了解人民群众的真实诉求，并且积极主动地用切实的政策措施回应人民群众的多样化需求。此外，从宽泛角度讲，政治参与就是对公权力的制约和监督。只有人人都能参与、人人起来负责，政府才不敢松懈。全过程人民民主内含的全过程参与就是对公权力的全天候监督，能够有效地倒逼各级政府及时精准地回应人民群众的不同需求。

众所周知，中国的民主是在近代以来现代化成效甚微的背景下开始的，人民国家的创建早于现代化的大发展。新中国成立 70 多年尤其是改革开放以来，中国经济社会发展的成效离不开社会主义民主政治建设的积极支持，并且完全可以作为人民民主内在优越性的一种证明。中国人民期待的民主是有道德内涵的，是实质性的而非形式上的。人民群众对中国民主政治建设的诉求有着层次性的差异。有学者将人民的需求归纳为生存需求、交往需求、发展需求和共荣需求四个方面。[①] 这里基本认同这一归纳，并且认为这些需求是需要自下而上逐层实现的，也就是说逻辑上是有优先顺序的。首先，最基本的需要是安全。政治因安全而生。英国政治思想家霍布斯提出，"我们看见天生爱好自由和统治他人的人类生活在国家之中，使自己受到束缚，他们的终极动机、目的或企图是预想要通过这样的方式保全自己并因此而得到更为满意的生活"[②]。个体之所以逃离自然状态并将自己的权利让渡给国家，就是为了消除对暴死的恐惧。安全作为人类最基本的需要，是所有政治共同体最基本的功能。

---

① 唐亚林：《当代中国政治发展的逻辑》，上海人民出版社 2019 年版，第 230—231 页。
② ［英］霍布斯：《利维坦》，黎思复、黎廷弼译，商务印书馆 1985 年版，第 128 页。

早在新中国成立前夕，我们党就公开声明"人民的国家是保护人民的"①。
在保障生命安全方面，中国自改革开放以来创造并续写了社会长期稳定
奇迹，人民群众的安全感和满意度不断提升，成为国际社会公认的最有
安全感的国家之一。公安部 2022 年 7 月发布的数据显示，全国群众安全
感始终保持高位并持续上升，已经由 2012 年的 87.55% 上升至 2021 年的
98.62%。其次是发展，用通俗的话说就是过上好日子，满足人的物质和
精神两方面的发展需求。民主既是目的，也是造福人民的手段。从改革
开放初期的"调动积极性就是最大的民主"② 到新时代以来"人民对美
好生活的向往，就是我们的奋斗目标"③，党和政府把让老百姓过上好日
子作为一切工作的出发点和落脚点，带领人民实现了从贫困到温饱再到
全面建成小康社会的翻天覆地变化。这里的小康是全方位的，不仅满足
了人民基于人身的物质性需求，同样观照了人民发乎内心的精神性需求。
最后是满足国强民富的复兴期盼。这种期盼是与中国的集体本位观相契
合的，是一种群体意义上的自我实现感。在满足复兴期盼方面，中国用
几十年的时间走过了发达国家几百年走过的工业化历程，经济总量稳居
世界第二。2021 年，中国向全世界庄严宣告全面建成了小康社会，历史
性地解决了绝对贫困问题，顺利开启了全面建设社会主义现代化强国新
征程，成为影响世界百年未有之大变局的最大正能量。

　　实践充分证明，中国的社会主义民主政治建设有利于社会长期稳定、
经济持续发展、人民生活水平不断提高。正因如此，国际权威机构的民
调纷纷显示，中国民众对本国政府的满意度、信任度在世界各国中长期
名列前茅。美国哈佛大学肯尼迪政府学院 2020 年发布的《理解中国共产
党韧性：中国民意长期调查》报告显示，2003 年以来，中国民众对政府
的满意度不断提升，对中央政府的满意度持续超过 90%，对县、乡两级
政府的满意度也有了大幅增长。④《2022 年爱德曼全球信任度调查报告》

①　《毛泽东选集》第 4 卷，人民出版社 1991 年版，第 1476 页。

②　《邓小平文选》第 3 卷，人民出版社 1993 年版，第 242 页。

③　《习近平谈治国理政》，外文出版社 2014 年版，第 4 页。

④　Edward Cunningham, Tony Saich & Jesse Turiel, "Understanding CCP Resilience：Surveying
Chinese Public Opinion Through Time"，哈佛大学网站（https：//ash. harvard. edu/files/ash/files/fi-
nal_ policy_ brief_ 7. 6. 2020. pdf），访问日期 2022 年 9 月 10 日。

显示，在民众对本国政府的信任度排名中，西方国家的信任度出现了断崖式下跌，中国政府则达到91%，是唯一一个信任度超过90%的国家。① 总言之，中国的人民民主始终聚焦人民群众反应强烈的突出问题，积极回应人民群众的诉求期盼，逐步满足人民群众的安全需要、发展需求和复兴期盼，高质量地实现着人民群众对美好生活的向往。

（三）全过程人民民主的价值意义

马克思主义认为，民主是历史的、具体的、发展的。这至少包含着两层意蕴：一方面，作为一种国家制度、国家形态的民主不是永恒的，终究会随着国家的消亡而走向消亡；另一方面，这种民主没有所谓的完美范本，始终处于有待改进的状态。全过程人民民主是在人民民主基础上发展而来的，是新时代中国特色社会主义民主政治的生动实践和理论创新。在世界百年未有之大变局背景下，全过程人民民主恰逢其时、大有可为，正在为人类民主事业提供源自本土实践的中国智慧。

第一，对民主政治发展规律的认识达到新高度。全过程人民民主标志着中国共产党对民主政治发展规律的认识达到新高度，是中国不断坚定民主自信的最大底气所在。民主在中国不是装饰品，是要解决人民需要解决的问题的。从实质民主观的立场出发，习近平总书记明确否定了将民主等同于竞争性选举的形式性标准，明确指出："实现民主的形式是丰富多彩的，不能拘泥于刻板的模式，更不能说只有一种放之四海而皆准的评判标准。"② 在此基础上，他针对民主的发展模式，先后提出了"八个能否""四个要看、四个更要看"的一系列新标准，强调从制度运行和实践效果来评判政治制度是否民主、有效，进一步凸显了评判一国民主关键看人民当家作主理念的落实情况。中国国家主席习近平在参加国际会议、会见外国领导人时多次提出，"民主是各国人民的权利，而不是少数国家的专利"③。在一国实现民主的方式上，应该由所在国家的人民来决定，而民主与否及实现程度同样应由这一国家的人民来评判；至

---

① "2022 Edelman Trust Barometer"，爱德曼网站（https：//www.edelman.com/trust/2022-trust-barometer），访问日期2022年9月15日。

② 《习近平谈治国理政》第2卷，外文出版社2017年版，第292页。

③ 《习近平谈治国理政》第4卷，外文出版社2022年版，第259页。

于该国在国际社会上是否被视作民主国家，理应由国际社会的大多数国家共同评判，而不应该由自我标榜为民主范本的少数国家说了算。按照这种理解，中国共产党带领人民发展全过程人民民主，从来不会停留在抽象的价值原则层面，而是不断推动人民当家作主制度体系的健全完善以及人民群众广泛、持续、深入的参与实践，把人民当家作主具体地、现实地体现到人民群众有血有肉的利益协调和增进过程中。

第二，提升人民群众的参与感、获得感和幸福感。近代以来，人类社会的民主实践长期被局限在政治领域，民众参与仅限于数年一次的选举投票，而投票后的政治运作完全成了精英们的禁脔。全过程人民民主在借鉴人类优秀民主成果基础上，通过各种民主形式、渠道和手段，让普通民众参与管理国家事务和社会事务、管理经济和文化事业，大大拓宽了民主实践的发展空间，极大提升了人民群众的参与感、获得感和幸福感。这是因为，中国人民期待的从来都不是可有可无的形式性民主，而是能够真正解决群众急难愁盼问题、满足人民对美好生活向往的实质性民主。新时代的中国特色社会主义民主政治实践已经充分证明，全过程人民民主能够积极回应人民群众的诉求期盼，不断增强人民群众的参与感、获得感和幸福感，在新的历史条件下成功续写了经济快速发展和社会长期稳定两大奇迹。这正是当今中国共产党和中国政府备受人民认可与支持的奥秘所在。

第三，推动全球范围内民主实践的多样化趋势。全过程人民民主有助于推动全球范围内民主实践的多样化趋势。30 多年前，苏东剧变让西方国家忘乎所以地欢呼雀跃，自由主义民主被极力吹捧为民主进步的唯一代表，历史终结论甚嚣尘上。凭借民主话语霸权，西方国家将民主化直接等同于西方化，在全球范围内持续投入包括金钱在内的大量资源"输出民主"，通过"跑马圈地"的粗暴方式实现了自由主义民主的全面扩张。然而，近年来随着经济全球化陷入困境，利益长期受损的民众推动了民粹主义的肆意蔓延，再加上新冠疫情应对不当的叠加影响，西方国家的民主失能和劣质化状况暴露无遗，世界期盼着民主发展的新希望。全过程人民民主是中国人民民主实践长期坚持、渐进改进、内生性演化的成果，满足了人民群众日益增长的美好生活需要，展现出蓬勃生机和旺盛活力，成为在国际社会正面应对西方民主话语霸权的大国重器。全过程人民民主的成功实践，让越来越多的发展中国家走出对西方自由主义民主的迷恋，更加坚信民主不可能定于一尊，更不可能千篇一律，由此显著提振了广大发展中国家加快自身民主探索的信心，在全球范围内推动民主发展格局变得更加开放、更加多样。

二　全过程人民民主研究的方向与重点

无论从理论概括还是实践形态来看，全过程人民民主都是一个备受关注的新事物。学界对全过程人民民主的研究持续保持着高度的热情，仍处在快速丰富和深化过程之中。那么，未来在全过程人民民主的研究上，应该从哪些方面去着力呢？本书认为，有四个方面是需要重点考虑的：一是从新时代人民观中夯实全过程人民民主的价值根基；二是从习近平总书记关于社会主义民主的重要论述中阐发全过程人民民主的理论内涵；三是从新时代中国特色社会主义民主政治建设中挖掘全过程人民民主的实践来源；四是从原创性民主话语体系的建构中增强发展全过程人民民主的自信自觉。

（一）加强新时代人民观研究

相信谁、依靠谁、为了谁，是否始终站在最广大人民的立场上，是区分唯物史观和唯心史观的分水岭。马克思主义群众史观是唯物史观的重要组成部分，概括了马克思主义对待人民群众的总看法和基本观点。在马克思主义看来，人民群众是社会物质财富和精神财富的创造者，是实现社会变革与进步的主体和决定性力量。中国共产党是用马克思主义武装起来的先进政党。一百年来，我们党始终与人民站在一起，在不同历史图景中不断回答"相信谁、依靠谁、为了谁"的时代之问，形成并发展了富有历史意蕴和时代内涵的人民观。[①] 这里的人民观，主要指中国共产党对人民群众的立场、地位、作用以及评价标准的总体看法和具体态度。正如前文所说，党的十八大以来，以习近平同志为核心的党中央继承和发展了马克思主义的群众史观，在新的时代继续回答"相信谁、依靠谁、为了谁"的永恒问题，深入阐述了人民与党的执政之间的紧密

---

① 张文龙、李建军：《中国共产党百年人民观的历史演进及其经验启示》，《重庆大学学报》（社会科学版）2021 年第 4 期。

相关性，深刻揭示了党同人民群众的血肉联系，形成了全面系统的新时代人民观。

新时代人民观是马克思主义人民至上思想在当代中国的运用与发展①，是在中国社会主要矛盾发生历史性变化的时代背景下形成的，是我们党对为什么人、靠什么人这一根本性问题做出的创新性回答，深刻点明了人民是新时代党和国家治国理政最重要的关键词。人民主体地位是习近平新时代中国特色社会主义思想的核心理念，具体体现为权利主体、价值主体、实践主体以及评判主体四个维度的相辅相成。② 在新的历史条件下，习近平总书记对群众路线提出了一系列新内涵、新要求，强调坚持人民是决定我们前途命运的根本力量，要求全党坚持全心全意为人民服务的根本宗旨，同人民群众保持密切的血肉联系，真正让人民来评判党的各项工作。③ 因此，新时代人民观的主要内容至少包括：一是坚持人民是社会历史和实践的主体；二是坚持以人民为中心的发展思想；三是坚持让人民评判党的工作；四是密切党同人民群众的血肉联系。这其中，人民作为党的工作的最高和最终评判主体是习近平总书记反复强调的，认为党的执政水平和执政成效不是由自己说了算，必须而且只能由人民来评判，这也正是坚持人民主体地位、坚持以人民为中心的发展思想的逻辑延伸和内在要求。

新时代人民观让人民成为中国特色社会主义建设的权力主体、认识主体、价值主体、实践主体和评判主体，这为中国发展社会主义民主政治提供了根本性的方向指引。正确的民主观源自正确的人民观。全过程人民民主与新时代人民观高度契合，是后者在民主政治领域的具体运用和体现。全过程人民民主彰显了人民至上的根本价值取向，始终将人民放在新时代中国特色社会主义民主政治建设的重要位置，用更加成熟、更加定型的制度体系保证人民当家作主。从新时代人民观这一价值根基看，全过程人民民主坚持国家的一切权力属于人民并由人民行使，在制

---

① 邹安乐：《马克思主义视域中的新时代人民观》，《前线》2018 年第 10 期。

② 肖贵清、田桥：《人民主体地位：习近平治国理政思想的核心理念》，《思想理论教育》2016 年第 12 期。

③ 《习近平谈治国理政》，外文出版社 2014 年版，第 27—28 页。

度运行和参与实践中充分体现人民意志、保障人民权益、激发人民创造活力，真正让人民掌握民主真不真、好不好、有没有效的最终评判权。因此，加强新时代人民观的研究，不仅有利于全面深入领会习近平新时代中国特色社会主义思想的精髓要义，也是推动全过程人民民主研究走向深入的基点所在。

（二）加深对习近平总书记关于社会主义民主重要论述的体系化研究

民主是历史的、具体的、发展的，对民主的认识同样需要与时俱进。党的十八大以来，以习近平同志为核心的党中央在深刻洞察国内国际形势基础上，总揽中国共产党的百年奋斗历程，不断深化对民主政治发展规律的认识，在新的历史条件下深刻回答了发展什么样的社会主义民主政治、怎样发展社会主义民主政治等一系列重大问题，形成了内涵丰富、逻辑严密、系统完整的社会主义民主思想。

概括来说，这一方面的思想主要包括十个部分的内容：一是共同价值论，强调"民主是全人类的共同价值，是中国共产党和中国人民始终不渝坚持的重要理念"①；二是目标导向论，强调"没有民主就没有社会主义，就没有社会主义的现代化，就没有中华民族伟大复兴"②；三是领导力量论，强调"我国人民民主与西方所谓的'宪政'本质上是不同的。中国共产党领导是中国特色社会主义最本质的特征"③；四是主体力量论，强调"人民是历史的创造者，是决定党和国家前途命运的根本力量"④；五是全过程机制论，强调"我们走的是一条中国特色社会主义政治发展道路，人民民主是一种全过程的民主"⑤；六是民主精神论，强调"在中国社会主义制度下，有事好商量，众人的事情由众人商量，找到全社会意愿和要求的最大公约数，是人民民主的真谛"⑥；七是实质民主论，强调"民主不是装饰品，不是用来做摆设的，而是要用来解决人民要解决

---

① 《习近平谈治国理政》第 4 卷，外文出版社 2022 年版，第 258 页。

② 习近平：《论坚持人民当家作主》，中央文献出版社 2021 年版，第 74 页。

③ 《习近平关于全面依法治国论述摘编》，中央文献出版社 2015 年版，第 21 页。

④ 《习近平谈治国理政》第 3 卷，外文出版社 2020 年版，第 16 页。

⑤ 习近平：《论坚持人民当家作主》，中央文献出版社 2021 年版，第 303 页。

⑥ 《习近平谈治国理政》第 2 卷，外文出版社 2017 年版，第 292 页。

的问题的"①；八是民主形式论，强调"人民通过选举、投票行使权利和人民内部各方面在重大决策之前进行充分协商，尽可能就共同性问题取得一致意见，是中国社会主义民主的两种重要形式"②；九是民主标准论，强调"实现民主的形式是丰富多彩的，不能拘泥于刻板的模式，更不能说只有一种放之四海而皆准的评判标准"③；十是各国权利论，强调"民主是各国人民的权利，而不是少数国家的专利"④。

这十个方面是相互联系、相辅相成、相得益彰的，分别从价值理念、目标导向、领导力量、主体力量、运作机制、内在精神、政治观、实现形式、评判标准以及共处原则等维度对中国社会主义民主理论的基本观点做了创造性的继承和发展。习近平总书记在新的历史条件下对社会主义民主所做的这些重要论述和阐释，已经在民主理论上形成了全面、系统、完整的原创性贡献，是马克思主义民主理论中国化的最新成果。

对这些重要论述和阐释，学界已经做了很多努力，取得了不少有分量的研究成果。有些成果从文本和思想体系的角度，关注了习近平总书记对社会主义民主或者人民民主所做的重要论述，认为习近平总书记关于发展人民民主的重要论述为"发展全过程人民民主"科学命题的正式提出做了必要准备⑤，或者将包括全过程人民民主在内的所有人民民主重要论述视作一个有机统一的整体，概括出民主本质论、民主功能论、民主评判论、民主实现论、民主发展论等内容要义。⑥ 当然，更多的成果是选择从某一方面对习近平总书记关于社会主义民主重要论述进行重点解读，以此佐证自身对诸如党的建设、国家治理、基层治理、人民监督等其他问题的研究，或者是以全过程人民民主重大理念为统领，对中国社

---

① 《习近平谈治国理政》第 2 卷，外文出版社 2017 年版，第 296 页。

② 《习近平谈治国理政》第 2 卷，外文出版社 2017 年版，第 293 页。

③ 《习近平谈治国理政》第 2 卷，外文出版社 2017 年版，第 292 页。需要注意的是，这里所否定的"放之四海而皆准的评判标准"是形式上的而非实质上的。因此，习近平总书记创造性地提出了"八个能否""四个要看、四个更要看"的实质性标准。

④ 《习近平谈治国理政》第 4 卷，外文出版社 2022 年版，第 259 页。

⑤ 郭红军：《习近平关于发展全过程人民民主的重要论述及其重大价值》，《中州学刊》2022 年第 7 期。

⑥ 周竞、张军成：《习近平关于人民民主的重要论述及其时代价值》，《决策与信息》2022 年第 9 期。

会主义民主政治建设的丰富实践进行再概括、再提炼。

全过程人民民主重大理念是习近平总书记关于社会主义民主重要论述的一大亮点，但以全过程人民民主的研究来取代对后者的体系化研究是需要推敲的。这种努力方向，容易窄化习近平总书记关于社会主义民主重要论述的丰富内涵，凭空制造出全过程人民民主与协商民主的紧张关系，不利于对新时代中国特色社会主义民主政治建设的连贯解读。因此，有必要从原创性民主思想体系的研究视角，加强对习近平总书记关于社会主义民主重要论述的体系化研究。这不仅有助于准确把握全过程人民民主在这一思想中的体系位置，推动全过程人民民主研究进一步走向深入，也有助于正确把握中国政治发展怎么看、怎么干等一系列重大理论和实践问题，对进一步推动中国社会主义民主政治高质量发展、全面建设社会主义现代化国家具有重要意义。

（三）加大对新时代中国特色社会主义民主政治建设的总结与引导

实践和认识辩证关系的原理是辩证唯物主义的基本原理之一。根据这一原理，实践是认识的基础、来源和发展动力，也是认识的目的和归宿；认识对实践具有反作用，正确的认识、科学的理论对实践有着正向的指导作用，错误的认识、不科学的理论对实践只会起到阻碍作用。在民主议题上，理论与实践同样必须保持统一。一旦脱离了鲜活的民主实践，民主理论就会走向僵化；如果没有了正确民主理论的指导，民主实践就容易变得盲目。

那么，全过程人民民主作为一个新事物，到底是理论还是实践呢？换言之，当前全过程人民民主是仅作为一个重大理念而存在，还是在中国社会主义民主政治实践中已经有广泛的基础和进展？这个问题至少在全过程人民民主提出之初，确实给很多人带来了思想上的困惑，是发展全过程人民民主亟待深入研究的基础性问题之一。有学者提出，应从完成式和进行式两种视角来理解全过程人民民主：一方面，新中国成立以来，中国经过70多年的探索和实践，在打造人民政权、推进民主政治建设上已经取得了很多进展，从这一意义上说全过程人民民主是完成式的；另一方面，社会主义民主政治是一个不断向前发展的过程，在当下尤其需要进一步的推动和落地，由此全过程人民民主又是进行式。① 这里认同这一看法，认为全过程人民民主是理念和实践的统一体，需要结合民主问题的讨论场景来确定其属于哪一层面。事实上，习近平总书记在这两个层面都使用过全过程人民民主的提法，既指出党中央在深化对民主政治发展规律认识基础上提出了全过程人民民主的重大理念，也强调党的十九大以来党中央团结带领人民扎实推进全过程人民民主。

既然全过程人民民主是理念和实践的统一体，那么全过程人民民主研究就不能停留在以重要论述为中心的文本分析和以基本内涵、内在逻辑及其时代价值为焦点的理论研究上，而应该积极地与鲜活生动的实践实现有效互动，承担起总结实践、指导实践的双重责任。

从理念层面看，全过程人民民主是来源于实践的一种新认识，其深入研究离不开对新时代中国特色社会主义民主政治建设的不断总结。新时代以来，党的领导、人民当家作主、依法治国有机统一得到全面贯彻，社会主义民主政治制度化、规范化、程序化全面推进，中国特色社会主义政治发展道路越走越宽广。展开来说，其一，中国共产党在发展社会主义民主政治中的领导作用显著加强，党中央印发《关于新时代坚持和完善人民代表大会制度、加强和改进人大工作的意见》《关于加强社会主义协商民主建设的意见》等重要规范性文件，坚持党的全面领导的要求被载入了全国人大组织法、地方组织法以及全国政协章程中，党领导人民推进社会主义民主政治建设的能力和定力进一步提高。其二，人民当家作主制度体系更加健全，在坚持人民民主专政国体前提下，人民代表大会制度更加成熟定型，包括中国共产党领导的多党合作和政治协商制度在内的中国特色协商民主体系蓬勃发展，民族区域自治制度和基层群众自治制度得到进一步的坚持和完善，最广泛的爱国统一战线不断巩固和发展。其三，人民依法有序政治参与持续扩大，以基层立法联系点和法律草案网上征求意见为代表的立法直通车拓宽了人民群众的立法参与渠道，七大协商渠道在全国范围内推动形成了广泛多层制度化的协商民主实践，"小院议事厅""板凳民主""坝坝会"等一系列基层民主创新

---

① 桑玉成：《发展全过程人民民主需要深入研究的若干基础性问题》，《探索与争鸣》2022年第4期。

让民意得到充分表达和有效实现。新时代中国特色社会主义民主政治建设的新进展、新成效,为全过程人民民主研究提供了源头活水,这就要求我们必须加大总结提升力度,以全面的总结提升工作推动从实践创新向理论创新转化。

理论的价值在于实践,全过程人民民主研究同样肩负着指导实践的使命责任。全过程人民民主是基于新时代中国特色社会主义民主政治实践而提出的重大理念,其理论魅力在于追求民主的真实性、彻底性和有效性,主张人民当家作主应该体现到国家政治生活和社会生活的各领域、各方面、各环节。因此,有必要以全过程人民民主重大理念为指导,着眼于全过程人民民主的可操作性,注重中微观层面的研究和推进,加强对中国社会主义民主政治建设新征程的理论引导,瞄准人大立法、预算监督、协商议事、基层治理等重点领域不断拓展全过程人民民主的发展空间,进一步把全过程人民民主的原则和精神落实到现实的政治实践中。

(四) 加快中国原创性民主话语体系的建构进程

习近平总书记指出, "落后就要挨打,贫穷就要挨饿,失语就要挨骂。……前两个问题基本得到解决,但'挨骂'问题还没有得到根本解决。争取国际话语权是我们必须解决好的一个重大问题"①。国际话语权意味着控制国际舆论的权力或能力,属于一个国家文化软实力的重要指标之一。国际话语权之争需要有自主的话语体系做支撑,否则就会陷入有理说不出、说了传不开、说了也挨骂的被动境地。

民主在当今世界等同于政治正确,与现代国家的政治合法性紧密相关。民主话语是政治话语的核心内容和关键要素,并且具有高度的涵括性和延展性,是当前中国面临的国际话语权之争的交锋焦点。因此,建构中国原创性民主话语体系,服务于中国民主的国际话语权之争,已经成为中国政治学界面临的一项重大而又紧迫的任务。这种建构工作,无论是从理论根基、实践基础还是文化渊源看都具备了可行性。这是因为,中国始终坚持以马克思主义民主理论做指导,在不同历史时期提出了一系列具有标识性的民主概念,形成了各具特色、成效显著的制度实践,

---

① 习近平:《在全国党校工作会议上的讲话》,《求是》2016 年第 9 期。

同时又有着中华优秀传统文化做积淀。① 因此，在百年未有之大变局背景下，有必要从巩固党长期执政的合法性基础的战略考量出发，不断强化重新审视民主的主体自觉，在全过程人民民主研究中做到守正笃实、久久为功，推动中国民主话语体系建构工作取得更为明显的实质性进展，进一步增强全党全社会的民主自信。

毛泽东在《新民主主义论》中针对新旧文化之争指出，"不破不立，不塞不流，不止不行，它们之间的斗争是生死斗争"②。当前，中国面临的民主话语权之争，是一个长期而又艰巨的斗争过程。对这种斗争的长期性、艰巨性和复杂性，我们必须保持足够的清醒和坚定的意志，坚持破立并举原则，在深化全过程人民民主研究中系统推进中国民主话语体系的建构工作。一方面，要全面清理当下流行的错误民主观念，彻底摒弃将民主等同于竞争性选举的错误看法，同时要溯流而上、究其滥觞，对西方自由主义民主的历史源流、核心要义、代表性观点、思想基础以及思维方式等做出全方位的批判式考察，坚决肃清其对中国发展社会主义民主政治带来的种种不利影响；另一方面，要系统总结中国共产党团结带领中国人民追求民主、发展民主、实现民主的百年历程，尤其是新时代以来中国特色社会主义民主政治建设的成功经验，从这些本土实践中积极主动地提炼出具有原创性的民主概念命题，以全过程人民民主为基准厘清这些概念命题之间的相对位置和逻辑关系，形成源自中国实践的原创性民主理论和民主话语。

在民主话语体系的建构过程中，我们应该坚持普遍性与特殊性相统一的科学方法论，既要聚焦中国特色，充分彰显中国特色社会主义民主的特质和优势，也要着眼人类未来，不断增强新的民主理论的开放性和包容性。具体来说，全过程人民民主研究应从以下几方面入手，加快中国原创性民主话语体系的建构进程：一是以习近平总书记关于社会主义民主的重要论述为指导，全面梳理其围绕社会主义民主政治建设提出的一系列新思想、新观点、新论断、新要求；二是突出对中国特色社会主义政治制度的学理化阐释，讲清楚人民当家作主制

---

① 王衡：《加快构建新时代中国民主话语体系》，《中国社会科学报》2019 年 11 月 20 日。

② 《毛泽东选集》第 2 卷，人民出版社 1991 年版，第 695 页。

度体系的显著特点和比较优势；三是做好对新时代中国特色社会主义民主政治建设的系统总结，以我们正在做的事情为中心，充分挖掘全过程人民民主实践充满活力背后的理论意蕴和现实价值，凸显出其对人类政治文明新形态的独特贡献。

理论是时代的产物，好的理论是对时代之问的精彩作答。全过程人民民主是在近年来国际意识形态斗争愈演愈烈背景下提出的，是党中央深刻把握时代变局演进趋势所得出的理论成果。因此，要做好全过程人民民主研究工作，必须正确认识百年未有之大变局的时代特征和发展趋势，紧紧抓住重新审视民主的历史性契机，从理念阐释和实践总结两方面充分回应新时代新征程推进中国特色社会主义民主政治建设的现实需求，从而为民主理论的丰富发展、民主实践的光明未来贡献中国智慧和力量。

客观地说，虽然全过程人民民主重大理念提出的时间还不算长，但在学界同仁的积极努力下，全过程人民民主研究已经积累了一批数量可观的成果，从多个方面深化了我们对全过程人民民主的认识和理解，初步回答了全过程人民民主是什么、全过程人民民主是怎么来的、全过程人民民主是什么样的以及全过程人民民主好在哪里这些基础性问题。从这些回答中，我们深深感知到，国内学者通过全过程人民民主研究实现了借势发展，在民主研究上取得了若干过去想过却没有完成的新突破。比如说，全过程人民民主研究推动了民主议题在国际社会实现脱敏，否定了当下流行的民主即选举的错误观念；对新时代中国特色社会主义民主政治建设及时做出了提炼和概括，进一步充实了中国民主的内涵；论证中国民主合理性的角度从特殊性向普遍性与特殊性相统一的方向转变，并且开始尝试在中西民主之上建构一种更具普遍性的民主理论；增强了在民主议题上建立原创性话语体系的理论自觉，以全过程人民民主为基点积极反击西方自由主义民主的话语霸权。这些新突破见证着人民当家作主理念落地生效，一定程度上拓展了中国民主的生存空间，并且推动民主话语权之争的攻守态势开始发生转变。

总言之，在共产主义社会到来之前，民主不会消亡。在民主消亡之前，民主没有最好，只有更好。从这个意义上说，全过程人民民主建设永远在路上。实践发展永无止境，理论研究就没有穷期。未来，全过程人民民主研究要进一步走向深入，就需要从新时代人民观研究、习近平总书记关于社会主义民主重要论述研究、新时代中国特色社会主义民主政治建设研究以及原创性民主话语体系构建四个方向去努力，从价值根基、理论内涵、实践来源以及自信自觉等方面全方位地拓展民主研究的深度和广度，同时需要秉持强烈的现实关怀，善用理论的说服力、感染力推动新时代新征程上人民意愿的充分表达和有效实现，从而为全面建成社会主义现代化强国、实现中华民族伟大复兴进一步筑牢民主基石。

主要参考文献

《马克思恩格斯全集》第 1、4、7、17 卷，人民出版社 1956、1958、
1959、1963 年版。

《列宁全集》第 40、43 卷，人民出版社 2017 年版。

《建党以来重要文献选编（一九二一——一九四九）》第 1—26 册，中央
文献出版社 2011 年版。

《建国以来重要文献选编》第 4、9、13 册，中央文献出版社 1993、1994、
1996 年版。

《十五大以来重要文献选编》（上、中、下），人民出版社 2000、2003
年版。

《毛泽东文集》第 1、2、6、7 卷，人民出版社 1993、1999 年版。

《毛泽东选集》第 1—4 卷，人民出版社 1991 年版。

《邓小平文选》第 1—3 卷，人民出版社 1994、1993 年版。

《江泽民文选》第 1—3 卷，人民出版社 2006 年版。

《胡锦涛文选》第 1—3 卷，人民出版社 2016 年版。

《习近平谈治国理政》第 1—4 卷，外文出版社 2014、2017、2020、2022
年版。

《中共中央关于党的百年奋斗重大成就和历史经验的决议》，人民出版社
2021 年版。

中华人民共和国国务院新闻办公室：《中国的民主》，人民出版社 2021
年版。

习近平：《论坚持人民当家作主》，中央文献出版社 2021 年版

《中国共产党第二十次全国代表大会文件汇编》，人民出版社 2022 年版。

包刚升：《民主的逻辑》，社会科学文献出版社 2018 年版。

陈家刚：《协商民主与国家治理》，中央编译出版社 2014 年版。

陈朋：《国家与社会合力互动下的乡村协商民主实践——温岭案例分析》，上海人民出版社 2012 年版。

陈奕敏主编：《从民主恳谈到参与式预算》，世界知识出版社 2012 年版。

程竹汝等：《全过程人民民主：基于人大履职实践的研究》，上海人民出版社 2021 年版。

房宁等：《民主与发展：亚洲工业化时代的民主政治研究》，社会科学文献出版社 2015 年版。

房宁：《民主的中国经验》，中国社会科学出版社 2013 年版。

费孝通：《乡土中国》，人民出版社 2015 版。

何包钢：《协商民主：理论、方法和实践》，中国社会科学出版社 2008 年版。

李剑农：《中国近百年政治史》，中华书局 2019 年版。

李铁映：《论民主》，人民出版社、中国社会科学出版社 2001 年版。

林尚立：《论人民民主》，上海人民出版社 2016 年版。

林尚立、赵宇峰：《中国协商民主的逻辑》，上海人民出版社 2016 年版。

罗荣渠：《现代化新论——世界与中国的现代化进程》（增订版），商务印书馆 2004 年版。

桑玉成等：《全过程人民民主理论探析》，上海人民出版社 2021 年版。

商红日：《人民观念的话语生产：中国特色政治话语体系构建的研究个案》，天津人民出版社 2022 年版。

史卫民：《"政策主导型"的渐进式改革——改革开放以来中国政治发展的要素分析》，中国社会科学出版社 2011 年版。

谈火生：《协商治理的当代发展》，广东人民出版社 2018 年版。

谈火生等编译：《审议民主》，江苏人民出版社 2007 年版。

谈火生、霍伟岸、何包钢：《协商民主的技术》，社会科学文献出版社 2014 版。

田改伟：《党内民主与人民民主》，天津人民出版社 2015 年版。

佟德志主编：《全面发展全过程人民民主》，中国人民大学出版社 2022 年版。

王绍光：《抽签与民主、共和》，中信出版社 2018 年版。

王绍光：《民主四讲》，生活·读书·新知三联书店 2014 年版。

王绍光：《中国·政道》，中国人民大学出版社 2014 年版。

王亚南：《中国官僚政治研究》，商务印书馆 2010 年版。

汪仲启：《民心政治：生活中的全过程人民民主》，学林出版社 2023
　　年版。

许纪霖、陈达凯主编：《中国现代化史：第一卷 1800—1949》，上海三联
　　书店 1995 年版。

杨光斌等：《中国民主：轨迹与走向（1978—2020）》，中国社会科学出版
　　社 2016 年版。

杨琥编：《李大钊卷》，中国人民大学出版社 2014 年版，第 225—227 页。

俞可平等：《中国的治理变迁（1978—2018）》，社会科学文献出版社
　　2018 年版。

张树华等：《民主化悖论：冷战后世界政治的困境与教训》，中国社会科
　　学出版社 2015 年版。

［古希腊］柏拉图：《理想国》，郭斌和、张竹明译，商务印书馆 1986
　　年版。

［古希腊］亚里士多德：《政治学》，本杰明译，上海世界图书出版公司
　　2001 年版。

［澳］约翰·基恩：《生死民主》，安雯译，中央编译出版社 2016 年版。

［丹麦］摩根斯·赫尔曼·汉森：《德摩斯提尼时代的雅典民主：结构、
　　原则与意识形态》，何世健、欧阳旭东译，华东师范大学出版社 2014
　　年版。

［德］马克斯·韦伯：《经济与社会》第 1、2 卷，阎克文译，上海人民出
　　版社 2009、2010 年版。

［俄］伊诺泽姆采夫主编：《民主与现代化：有关 21 世纪挑战的争论》，
　　徐向梅等译，中央编译出版社 2011 年版。

［法］托克维尔：《论美国的民主》，董果良译，商务印书馆 1988 年版。

［加］弗兰克·坎宁安：《民主理论导论》，谈火生、年玥、王民靖译，吉
　　林出版集团有限责任公司 2010 年版。

［美］阿米·古特曼、丹尼斯·汤普森：《民主与分歧》，杨立峰、葛水

林、应奇译，东方出版社 2007 年版。

［美］艾丽斯·M. 杨：《包容与民主》，彭斌、刘明译，江苏人民出版社 2013 年版。

［美］本杰明·巴伯：《强势民主》，彭斌、吴润州译，吉林人民出版社 2011 年版。

［美］戴蒙德：《民主的精神》，张大军译，群言出版社 2013 年版。

［美］费正清、刘广京编：《剑桥中国晚清史（1800—1911 年）》上、下卷，中国社会科学院历史研究所编译室译，中国社会科学出版社 1985 年版。

［美］弗兰克·古德诺：《政治与行政——政府之研究》，丰俊功译，北京大学出版社 2012 年版。

［美］汉娜·费尼切尔·皮特金：《代表的概念》，唐海华译，吉林出版集团有限责任公司 2014 年版。

［美］吉尔伯特·罗兹曼主编：《中国的现代化》，国家社会科学基金"比较现代化"课题组译，江苏人民出版社 2010 年版。

［美］卡罗尔·佩特曼：《参与和民主理论》，陈尧译，上海人民出版社 2012 年版。

［美］科恩：《论民主》，聂崇信、朱秀贤译，商务印书馆 1988 年版。

［美］罗伯特·达尔：《论民主》，李柏光、林猛译，商务印书馆 1999 年版。

［美］罗伯特·A. 达尔：《民主及其批评者》，曹海军、佟德志译，欧阳景根校，中国人民出版社 2016 年版。

［美］乔万尼·萨托利：《民主新论》，冯克利、阎克文译，上海人民出版社 2009 年版。

［美］塞缪尔·P. 亨廷顿、琼·纳尔逊：《难以抉择——发展中国家的政治参与》，汪晓寿、吴志华、项继权译，华夏出版社 1989 年版。

［美］亚当·普沃斯基：《民主的危机》，周建勇译，上海人民出版社 2022 年版。

［美］约瑟夫·熊彼特：《资本主义、社会主义与民主》，吴良健译，商务印书馆 1999 年版。

［美］詹姆斯·菲什金、［英］彼得·拉斯莱特主编：《协商民主论争》，

张晓敏译，中央编译出版社 2009 年版。

［意］诺伯托·博比奥：《民主的未来》，王宇平译，西北大学出版社 2019 年版。

［英］戴维·赫尔德：《民主的模式》，燕继荣等译，王浦劬校，中央编译 出版社 1998 年版。

［英］韦农·波格丹诺：《布莱克维尔政治制度百科全书》，邓正来编译，中国政法大学出版社 2011 年版。

［英］约翰·邓恩编：《民主的历程》，林猛等译，吉林人民出版社 2010 年版。

［英］詹姆斯·布赖斯：《现代民治政体》，张慰慈等译，吉林人民出版社 2011 年版。